학교폭력

해소와 법률적 대처

편저 이창복

법문북스

머 리 말

　과거에는 학교폭력이 주로 물리적인 신체적 폭력이었다면 최근의 학교폭력은 언어폭력이나 사이버 폭력으로 발전하고 또 집단적·반복적으로 발생하고 있습니다. 아울러 그 가해·피해 연령이 점점 낮아진다는 특징이 있으며, 특히 정보통신망의 발전으로 인터넷이나 SNS 등을 이용한 사이버 폭력이 급증하고 있습니다. 이렇게 심각하게 사회문제로 대두하고 있는 학교폭력 문제에 효과적으로 대처하기 위해 정부에서는 2004년 「학교폭력예방 및 대책에 관한 법률」를 제정하였습니다.

　이 법에서 '학교폭력'이란 교내 또는 교외에서 학생을 대상으로 발생한 상해, 폭행, 감금, 협박, 약취·유인, 명예훼손·모욕, 공갈, 강요·강제적인 심부름 및 성폭력, 따돌림, 사이버 따돌림, 정보통신망을 이용한 음란·폭력 정보 등에 의해 신체·정신 또는 재산상의 피해를 수반하는 행위를 말한다고 규정하고 있습니다.

　정부는 이러한 학교폭력의 최근 경향에 대응하기 위해서 전담기구의 설치, 정기적인 학교폭력 예방교육의 실시, 학교폭력 피해자의 보호와 가해자에 대한 선도·교육 등 학교폭력의 예방 및 대책을 위한 제도적 틀을 마련하였으며, '학교폭력근절 7대 실천 정책'을 제시하고 학교폭력 근절을 위해 노력하고 있습니다.

　이 책에서는 이러한 법 제정취지에 맞춰서 제1장에서는 학교폭력의 개념을, 제2장에서는 학교폭력 사전대응에 대해, 제3장에는 학교폭력 사후대책에 대해, 제4장에는 일상생활복귀의 지원에 대해 해설과 함께 이에 대한 질문과 답변을 모아 편집하였으며, 부록으로는 관련된 법령들을 수록하였습니다.

　이러한 자료들은 대법원의 판결례 자료와 법제처의 생활법령 및 교육부 학교폭력사례 Q&A집, 대한법률구조공단의 상담사례들을 참고하여 이를 체계적으로 정리, 분석하고, 이를 누구나 이해하기 쉽게 나열하였습니다,

　이 책이 학교폭력을 담담하시는 분과 학교폭력의 가해자 및 피해자와 그들의 학부모님 모두에게 큰 도움이 되리라 믿으며, 열악한 출판시장임에도 불구하고 흔쾌히 출간에 응해 주신 법문북스 김현호 대표에게 감사를 드립니다.

2017. 8.
편저자

목 차

제1장 학교폭력 개념

제2장 학교폭력 사전대응

제3장 학교폭력 사후대책

제2절 신고 및 고발 ··· 171

제4장 일상생활복귀의 지원

부 록 - 관계법령

제1장
학교 폭력 개념

제1장 학교폭력 개념

1. 학교폭력의 개요 및 실태

① 학교폭력이란 교내 또는 교외에서 학생을 대상으로 발생한 상해, 폭행, 감금, 협박, 약취·유인, 명예훼손·모욕, 공갈, 강요·강제적인 심부름 및 성폭력, 따돌림, 사이버 따돌림, 정보통신망을 이용한 음란·폭력 정보 등에 의해 신체·정신 또는 재산상의 피해를 수반하는 행위를 말합니다.

② 최근의 학교폭력은 집단적·반복적으로 이루어지며, 그 가해·피해 연령이 점점 낮아진다는 특징이 있습니다. 또한, 인터넷이나 SNS 등을 이용한 사이버 폭력이 급증하고 있습니다. 정부는 이러한 학교폭력의 최근 경향에 대응하기 위해서 '학교폭력근절 7대 실천 정책'을 제시하고 학교폭력 근절을 위해 노력하고 있습니다.

1-1. 학교폭력의 개념

① '학교폭력'이란 학교 내외에서 학생을 대상으로 발생한 상해, 폭행, 감금, 협박, 약취·유인, 명예훼손·모욕, 공갈, 강요·강제적인 심부름 및 성폭력, 따돌림, 사이버 따돌림, 정보통신망을 이용한 음란·폭력 정보 등에 의해 신체·정신 또는 재산상의 피해를 수반하는 행위를 말합니다[학교폭력예방 및 대책에 관한 법률(이하 '학폭법'이라 줄여 씁니다) 제2조제1호].

◆ 실제 폭행이 없었으며, 단순한 말다툼이지만 경찰에 신고까지 한 경우에는 어떻게 처리해야 하나요?

Q. 학생 A는 학생 B가 말다툼 도중에 때리려고 했다는 이유로 117 학교폭력 신고센터에 학교폭력으로 신고를 하였습니다. 이에 신고를 받은 경찰이 학교로 출동하였고, 학교폭력신고가 들어왔으니 학교에서 처리해달라며 통보를 하고 돌아 갔습니다. 이 후 담임교사가 사실을 확인해보니 실제 폭행이 일어나지도 않았고 단순한 말다툼인 것으로 확인됐습니다. 단순한 말다툼이지만 경찰에 신고까지 된 사안인 경우 담임교사는 어떻게 처리해야 하나요?

A. 경찰에 신고 여부와 관계없이 담임교사는 동 말다툼이 학교폭력 사안인지를 확인하여 자체종결하거나, 전담기구 소속교사에게 학교폭력 발생 사실을 보고해야 합니다. 만약 단순한 말다툼이 아니라 욕설 등 언어폭력이 있었다면 학교폭력사안이므로 담임교사가 종결할 수 없음을 유의하시기 바랍니다.

< 해 설 >

□ **담임교사가 종결할 수 있는 사안 여부**
① 가해행위로 인해 피해학생에게 신체·정신 또는 재산상의 피해가 있었다고 볼 객관적인 증거가 없고, 가해학생이 즉시 잘못을 인정하여 피해학생에게 화해를 요청하고, 이에 대해 피해학생이 화해에 응하는 경우에는 담임교사가 처리할 수 있고, 담임교사는 조치사항에 대하여 학교폭력 전담기구에 알리고 종결할 수 있습니다.
② 따라서 117에 신고 되어 학교에 통보된 사안이라 하더라고 담임교사가 종결할 수 있는 사안에 해당된다면 담임교

사가 사건을 종결할 수 있습니다.
③ 위 사례의 경우 단순한 말다툼으로 두 학생 간 화해한 경우 담임교사가 사안을 종결할 수 있어 보이나, 만약 학생 간 욕설 등 언어폭력이 있어 피해학생이 모욕을 느끼는 등 심리적 고통을 호소하는 경우 명백한 학교폭력 사안으로 담임교사는 자체 종결하지 못하고 전담기구 소속 교사에게 사실을 알려 학교폭력 사안 조사를 진행해야 합니다. 또한, 담임교사가 종결한 사안이라 할지라도 이후에 피해학생 및 그 보호자가 자치위원회 개최를 요구할 경우 자치위원회를 개최하여야 합니다(학폭법 제13조 제2항 참조).

□ **신체·정신 또는 재산상의 피해에 대한 해석**
① '가해행위로 인한 신체·정신 또는 재산상의 피해가 있었다고 볼 객관적인 증거가 없다'는 의미는 다음과 같이 해석할 수 있습니다.
② 통상 가해행위 자체가 피해학생에게 금전적인 피해를 야기한 경우(공갈), 가해행위로 피해학생이 신체적인 피해를 입었음이 명백한 경우(상해), 가해행위 자체가 피해학생에게 정신적인 피해를 야기함이 명백한 경우에는 가해행위로 인한 신체·정신 또는 재산상의 피해가 있었다고 볼 객관적인 증거가 명확한 경우가 많으므로 자치위원회가 소집되어야 합니다.
③ 나머지 학교폭력 유형의 경우에도 피해학생이 그 가해행위로 인하여 생긴 피해를 회복하기 위하여 이미 비용을 지출하였거나 향후 위와 같은 비용이 지출될 것임이 예견되는 경우 등은 가해행위로 인한 신체·정신 또는 재산상의 피해가 있었다고 볼 객관적인 증거가 있는 경우로 보아 자치위원회가 소집되어야 합니다.

◆ 학교 바깥에서 벌어진 일도 학교폭력으로 볼 수 있나요?

Q. 학원을 다녀오다가 학교 선배에게 끌려가 골목길에서 구타를 당했어요. 학교 바깥에서 벌어진 일도 학교폭력으로 볼 수 있나요?

A. 학교폭력은 단순히 학교 안에서 일어난 것만을 말하지 않으며 학원, 공원, 놀이터, 친구집 등 학교 외의 장소에서 벌어진 사건을 모두 포함합니다. 따라서 질문에서처럼 골목길에서 학교 선배한테 구타를 당한 것은 학교폭력으로 볼 수 있습니다.

◆ 같은 학교 학생도 아니고 전 초등학생인데, 그 형을 학교폭력으로 신고할 수 있나요?

Q. 중학교 형이 담배심부름을 시키고, 사오지 못한다는 이유로 뺨을 여러 차례 때리고 술을 강제로 먹였어요. 같은 학교 학생도 아니고 전 초등학생인데, 그 형을 학교폭력으로 신고할 수 있나요?

A. 학교급(초등학교와 중학교)이 다르고 소속 학교가 다르다고 해서 학교폭력에 해당하지 않는 것은 아닙니다. 질문과 같이 중학교 학생이 초등학교 학생을 때린 사건은 학교폭력에 해당되며, A학교의 학생이 B학교의 학생을 때린 것도 학교폭력에 해당됩니다.

◆ 선배가 반갑다면서 머리를 툭툭치고 돈을 뺏어 갔을 경우도 학교폭력이 될 수 있나요?

Q. 학교에서 돌아오는 길에 퇴학당한 선배를 만났어요. 선배가 반갑다면서 머리를 툭툭치고 돈을 뺏어 갔습니다. 이런 것도 학교폭력이 될 수 있나요?

A. 학교폭력을 행사한 사람이 누구인지에 관계없이 학생을 대상으로 발생한 사건은 학교폭력입니다. 따라서 자퇴 등을 해서 현재 학생이 아닌 사람에게 맞은 경우에 피해자가 학생이라면 학교폭력으로 볼 수 있습니다.

◆ 학교폭력 가해자가 자퇴생인 경우 학교에서는 어떻게 조치해야 하나요?

Q. 자퇴생 A가 학생 B를 폭행하여 B가 입원하게 된 경우, 학교

에서는 A와 B에 대해 각각 어떻게 조치해야 하나요? 또한 B
의 입원기간을 출석으로 인정할 수 있는지 궁금합니다.

A. 가해자 A는 학생이 아니므로 자치위원회에서 조치를 결정할 수
   없으나, 경찰 등 수사 기관에 신고할 수 있습니다. 그리고 A의
   폭행에 대해 학생 B는 학폭법 제16조에 의한 피해학생으로서
   보호조치를 받을 수 있으며, 이 경우 입원기간을 출석으로 인정
   할 수 있습니다.

〈 해 설 〉

□ **A가 학생 B를 폭행한 사안**
  ① A는 학생이 아니므로 학교에서는 경찰 등 수사기관에 신고
     하여 처리할 수 있으며, A에 대한 자치위원회의 조치는 불
     가능합니다.
  ② A가 B를 폭행한 행위는 형법상 상해죄에 해당하는 가해행
     위이며, A에게 형사상 책임이 따를 수 있습니다.

□ **학생 B의 입원에 따른 결석을 출석일수에 산입할 수 있는지
  여부**
  ① A의 폭행에 대해 학생 B는 학폭법 제16조에 의한 피해
     학생으로서 보호조치를 받을 수 있습니다.
  ② 또한 학폭법 제16조제4항에 따라 피해학생 보호조치를 위
     해 학교의 장이 인정하는 경우 그 조치에 필요한 결석을
     출석일수에 산입할 수 있으므로 이 경우 입원 기간을 출석
     으로 인정할 수 있습니다.

(생활지도 Tip)

□ **피해학생에 대한 보호 조치**

---

① 자치위원회는 필요하다고 인정하는 경우 피해학생의 보호
조치를 할 수 있습니다.

② 피해학생에 대한 보호 조치는 아래와 같습니다.

□ **학교폭력 피해학생 보호조치에 대한 구체적 설명**

제1호 : 심리상담 및 조언

- 학교폭력으로 받은 정신적·심리적 충격으로부터 회복할 수
  있도록 하기 위하여 학교 내의 교사 혹은 학교 외의 전문상
  담기관의 전문가에게 심리상담 및 조언을 받도록 하는 조치
  입니다. 학교 내 상담교사가 없을 때는 외부 상담기관과 연
  계합니다.

제2호 : 일시보호

- 지속적인 폭력이나 보복을 당할 우려가 있는 경우 일시적
  으로 보호시설이나 집 또는 학교상담실 등에서 보호를 받을
  수 있도록 하기 위한 조치입니다.

제3호 : 치료 및 치료를 위한 요양

- 학교폭력으로 인하여 생긴 신체적·정신적 상처의 치유를
  위하여 일정기간 출석을 하지 아니하고 의료기관 등에서 치
  료를 받도록 하는 조치입니다.

- 피해학생이 보호조치로 집이나 요양기관에서 신체적·심리
  적 치료를 받을 때는 치료기간이 명시된 진단서 또는 관련
  증빙자료를 첨부하여 자치위원회에 제출하도록 학부모에게
  안내합니다.

제4호 : 학급교체

- 지속적인 학교폭력 상황 및 정신적 상처에서 벗어나도록

하기위해서 피해학생을 동일 학교 내의 다른 학급으로 소속을 옮겨주는 조치입니다.

- 피해학생 입장에서는 새로운 학급에 적응해야 하는 부담이 있으므로, 조치 결정에 있어 피해학생의 의견을 적극 반영하는 것이 좋습니다.

제5호 : 그 밖에 피해학생의 보호를 위하여 필요한 조치

- 피해학생 보호를 위하여 필요하다고 판단되는 다양한 조치 방법으로는 치료 등을 위한 의료기관에의 연계, 법률 구조기관 등에 필요한 협조와 지원요청, 신변보호지원 등을 할 수 있습니다.

◆ 가해학생 및 피해학생이 이미 졸업한 경우 학교는 어떻게 대응해야 할까요?

Q. 수사기관(경찰서)에서 학교폭력에 해당하는 사건을 처리하였다는 통지를 받고 학생A를 불러 확인해 보니 작년에 중 학교 다닐 때 가해행위를 저지른 폭력사안이었습니다. 학교는 어떻게 대응해야 할까요?

A. 졸업한 중학교에서 이미 조치가 이루어졌다면 이중 조치가 되므로 새로운 조치는 필요 없습니다. 다만, 졸업한 중학교에서 자치위원회가 개최되지 않았던 사안의 경우 가·피해학생이 현재 재학 중인 고등학교에서 자치위원회를 개최하여 조치해야하며, 이 때, 가해학생과 피해학생이 재학 중인 고등학교가 서로 다른 경우 자치위원회를 공동으로 개최할 수 있습니다.

□ **가해학생이 중학교 때 자치위원회 조치를 받지 않은 경우 현재 재학 중인 고등학교에서 자치위원회를 개최하여 조치를 해야 함**

① 가해학생이 학교폭력에 해당하는 가해행위를 할 당시 재학 중이던 중학교에서 이미 학폭법에 따라 가해학생에 대한 조치가 내려졌다면 가해학생에 대한 학교폭력 사안은 이미 종결된 것이므로 우선적으로 해당 중학교에 문의하여 사건 처리 여부를 확인하여야 합니다.

② 다만, 가해학생이 중학교 재학 중 자치위원회가 개최되지 않은 경우 현재 고등학교에 재학 중인 학교에서 가해학생이 중학생 때 저지른 학교폭력 사안에 대해 자치위원회를 개최하여 학폭법이 정하는 절차를 진행하여야 합니다.

□ **수사기관의 사법처리와 관계없이 학교의 선도 및 교육적 조치 필요**

① 가해학생과 보호자는 이중 처벌의 민원을 제기 할 수 있으므로 학교는 가해학생과 보호자를 대상으로 법률에 명시된 절차와 선도·교육목적의 가해학생 조치가 취해져야 하는 내용을 상세히 설명하여 이해시켜야 합니다.

② 경찰 조치는 범죄의 처벌을 위한 사법조치이고, 자치위원회의 조치는 선도·교육을 위한 교육적 조치로서 별개의 법적 근거에 의한 것이기 때문에, 경찰과 자치위원회의 개별적인 조치가 필요합니다.

(생활지도 Tip)

□ **학교폭력 사안 조사 절차**

① 통지를 받은 책임교사는 해당 학생을 불러 사실 확인을 먼저 하고, 가해 행위 당시 중학교에 조회하여 그 사안으로 인한 조치여부를 먼저 확인하여야 합니다.

② 가해행위 당시 중학교에서 자치위원회의 조치를 받았다면 사안 종결로 처리하고, 학교장에게 보고하며, 가해행위 당시 중학교에서 어떠한 조치도 받지 않았다면 사안조사 절차를 진행하여야 합니다.

□ **피해학생과 가해학생의 소속이 다를 경우 공동자치위원회 개최**

가해학생과 피해학생이 동일한 고등학교에 재학 중이면 자치위원회를 개최하여 학교폭력 사안을 조사하도록 하여야 하며, 피해학생과 가해학생의 소속이 다를 경우, 현재 소속된 고등학교가 공동으로 자치위원회를 개최하여 조치를 완료해야 합니다.

1-2. 학교폭력의 실태

1-2-1. 학교폭력 실태조사 및 공표

① 교육감은 학교폭력의 실태를 파악하고 학교폭력에 대한 효율적인 예방대책을 수립하기 위해 학교폭력 실태조사를 연 2회 이상 실시하고 그 결과를 공표해야 합니다. 실태조사를 할 때는 교육부장관과 협의해서 다른 교육감과 공동으로 실시할 수 있습니다(학폭법 제11조제8항).

② 교육감은 학교폭력 실태조사 내용을 학교폭력대책위원회와 학교폭력대책지역위원회에 보고하고, 공표해야 합니다(학폭법 제11조제7항).

1-2-2. 도움 요청 유무 및 요청 대상

* 학교폭력 피해를 당했을 때 피해학생은 부모님, 담임선생님, 친구들에게 도움을 요청하는 것으로 조사되었습니다. 그러나 '일이 커질 것 같다', '이야기해도 소용없을 것 같다', '보복당할 것 같다' 등의 사유로 도움을 요청하지 않는 경우가 더 많았습니다.

1-3. 학교폭력의 최근 경향

정부 관계부처합동으로 발표한 「학교폭력근절 종합대책」에 따르면 최근의 학교폭력은 다음과 같은 특징이 있는 것으로 조사되었습니다.

1-3-1. 학교폭력 최초 발생 연령의 연소화

학교폭력 피해학생 중 53.6%가 초등학교 때 최초로 학교폭력 피해를 경험했으며, 학교폭력 가해학생 중 58.0%가 초등학교 때 최초로 학교폭력 가해를 하는 등 학교폭력 경험 연령이 점점 낮아지고 있습니다.

1-3-2. 중학생의 학교폭력 발생 비율 급증

학교폭력대책자치위원회 총 심의건수 중 중학교가 차지하는 비율이 전체 심의건수의 69%에 달하며, 국민신문고에 신고된 학교폭력 관련 민원도 중학생의 증가율이 초등학생의 7배, 고등학생의 2배 수준에 달하고 있습니다.

1-3-3. 가해자와 피해자 구분의 불분명

학교폭력은 가해자와 피해자의 구분이 불분명한 특징이 있습니다.

학교폭력 피해 경험이 있는 학생이 다시 학교폭력을 당하지 않기 위해 다른 학생에게 학교폭력을 행사하는 피해와 가해의 악순환이 지속되고 있습니다.

1-3-4. 정신적 폭력의 증가

과거의 학교폭력이 단순한 신체적 폭력 중심이었던데 반해 최근 강제적 심부름, 사이버 폭력, 성적 모독 등 언어적·정신적 폭력이 증가하고 있습니다. 특히, 언어적·정신적 폭력은 휴대전화 문자 등 SNS 등을 통해 손쉽게 반복적으로 이루어지고 있어 그 심각성을 더하고 있습니다.

1-3-5. 폭력의 지속성 확대

처음 피해를 준 학생이 단독으로 또는 친한 주위 학생과 함께 2회 이상 지속적으로 폭력을 행사하는 경우가 많습니다.

1-3-6. 학교폭력의 집단화 경향(폭력서클 등)

학교폭력 피해학생 중 66.2%가 2명 이상의 가해자에게 학교폭력을 당하고, 가해학생의 수가 '6명 이상'인 경우가 16.3%에 이르는 것으로 조사되었습니다. 학생들이 학교폭력 피해를 입지 않기 위해 일진 등 조직에 가입하고, 학교별 일진이 정보를 공유해서 피해자를 지속적으로 괴롭히는 문제가 발생되고 있습니다.

2. 학교폭력근절 종합대책

2-1. 학교폭력근절 종합대책이란?

정부는 학교폭력으로 고통 받고 있는 학생·학부모의 입장에서 기존의 학교폭력대책의 한계와 문제점을 철저히 검토하고, 위와 같은 학교폭력의 최근 경향에 대응하기 위해서 「학교폭력근절 종합대책」을 발표하고 학교폭력근절 7대 실천 정책을 제시했습니다.

2-2. 학교폭력근절 7대 실천 정책의 내용

학교폭력근절 7대 실천 정책은 크게 '직접 대책'과 '근본 대책'으로 구성되어 있습니다. '직접 대책'으로 사소한 괴롭힘도 범죄라는 인식 하에 피해자 보호를 최우선으로 하고 학교폭력이 은폐되지 않도록 철저하게 대응하며, '근본 대책'으로 학생들이 더불어 살아가는 능력을 갖출 수 있도록 학교, 가정, 사회가 협력해서 인성교육을 실천할 수 있도록 하고 있습니다.

〈직접 대책〉

실천 정책	세부 사업	사업 내용
1. 학교장과 교사의 역할 및 책임 강화	학교장의 역할 및 책무성 강화	·가해학생에 대해 즉시 출석정지 조치 실시 ·학교폭력대책자치위원회 운영의 활성화(분기별로 1회 정기 개최) ·학교폭력 은폐 시 엄중조치
	담임교사의 역할 강화 및 생활지도 여건 조성	·복수담임제 도입 등 담임의 역할 강화 ·학생생활지도 누적 기록관리 ·학교폭력 관련 징계사항 생활 기록부 기재 ·생활지도에 전념할 수 있는 환경조성 ·상담인력 확충

	교원양성-임용-연수 단계에서 생활지도 역량 강화	·교직소양 분야에 '학교폭력 예방 및 대책'과목 신설 ·교원임용 시 교직 적성 심층면접 등을 실시 ·각종 자격연수 및 직무연수에 학교폭력 예방 관련 교과목을 대폭 반영
2. 신고 - 조사체계 개선 및 가해·피해학생에 대한 조치 강화	117학교폭력신고센터 설치 및 조사기능 강화	·시·도 광역단위에 117 학교폭력신고센터 설치(☎117, 24시간 운영) ·신고센터에서 학교폭력 신고 접수 및 유관기관 연계 ·학교폭력 원스톱지원센터 운영 ·학교폭력 조사기능 강화
	학교폭력 은폐 방지를 위한 제도 개선	·국가수준 학교폭력 데이터 수집·분석체계 구축 ·학교폭력 관련 정보공개 개선
	피해학생에 대한 우선적 보호와 치유 지원	·피해학생 보호(사건 처리기간 단축 및 신분노출 최대한 방지) ·심리상담 실시 의무화 ·학교폭력 피해 지원 강화(심리상담-의료지원-법률지원을 통합적으로 지원) ·피해학생 선치료지원-후처리시스템 마련
	가해학생에 대한 엄격한 조치 및 재활치료 지원	·보복행위 등에 대한 엄정 조치 ·전학조치 ·가해학생의 재활치료 지원
	일진 등 학교폭력 서클 엄정 대응	·경찰청 주관으로 지속적이고 철저한 대응 ·조기 예방교육 ·일진 경보제 도입

3. 또래활동 등 예방교육 확대	건전한 학교문화 형성을 위한 또래활동 지원	·모든 학교가 학생 스스로 갈등을 해결하는 상담, 중재, 조정프로그램을 운영할 수 있도록 지원 ·또래상담·중재 도입 지원 ·또래상담·중재활동 지도자 양성 ·학생자치활동 강화 ·학생모니터단 운영
	'사소한 괴롭힘'도 폭력임을 단계적으로 교육	·계획적인 학교폭력 예방 추진 ·모든 학생 대상 진단·선별 ·학교폭력예방 자료 보급 ·온라인 예방교육[법사랑사이버랜드(http://cyberland.lawnorder.go.kr)]
	학교폭력 예방 사이버 상담 지원	·인터넷과 SNS를 통한 전문 사이버 상담 및 관련 정보 제공 ·기존 온라인 상담 활성화 Wee 포털사이트 사이버상담센터 (www.wee.go.kr) 청소년사이버상담센터 (www.cyber1388.kr) '굿바이 학교폭력' 스마트폰 어플리케이션
4. 학부모 교육 확대 및 학부모의 책무성 강화	자녀이해 지원을 위한 학부모교육 및 교육정보제공 대폭 확대	·학부모교육 확대 및 다변화 ·교육과정 및 자료 개발 ·학부모교육 강사풀 구축 및 제공
	교사-학부모간 소통 강화 및 학부모의 책무성 제고	·학교설명회 및 핵심정책 학부모교육(학기당 1회 이상) ·학부모 상담기회 등 확대 ·학부모 소환 및 특별교육이수 의무화
	교육기부형 학부모 학교참여 활성화	·교육기부 활성화 ·학부모 교육정책 모니터단 활동 ·학생생활지도 협력

5. 교육 전반에 걸친 인성교육 실천	바른 인성의 기초를 형성하는 '3~5세 누리과정' 운영	·누리과정을 통한 바른 생활습관 체득 ·바른 인성 우수 유치원·어린이집 인증
	배움이 실천으로 연결되는 프로젝트형 인성교육 실시	·교육과정 재구조화(국어, 도덕, 사회 교과의 '인성 핵심 역량'요소 강화) ·바른 언어습관 및 소통 중심의 국어교육 ·인성 핵심역량을 실천으로 체득하는 도덕·사회교육 ·융합형 인성수업 실시 ·예술교육을 통한 인성교육 확대 ·독서활동 강화 ·학교문화를 바꾸는 창의적 체험활동 ·방과후학교 활동을 통한 인성 함양
	중학교 체육활동 대폭 확대	·체육수업시수 확대 ·교내 스포츠 활동 확대 ·교육지원청 단위 스포츠리그 확대 ·전국학교스포츠클럽대회를 학생 축제로 발전
	학생-학부모-교사가 함께 학생생활규칙을 통해 인성교육 실천	·학생생활규칙 운영 내실화 ·학생생활규칙 현장 착근 지원
	인성 관련 학생부 기재 강화 및 입학전형에 반영	·학생생활기록부 인성영역 기재 내실화 ·입학사정관 전형 개선 ·자기주도학습전형 개선
	생활지도 등 인성교육을 잘하는 교원과 학교 우대	·생활지도 등 인성교육 우수교원에 대한 지원 ·수석교사 역할 확대 ·우수학교 지원
	시·도교육청 평가를 통해 책무성 확보	·시·도교육청 평가에 '인성교육 실천 및 학교폭력 근절 노력 정도'의 비중 확대 ·시·도 및 단위학교의 인성교육, 학교폭력 예방·근절 노력에 대한 적정성 평가

〈근본 대책〉

실천 정책	추진 방향	세부 내용
6. 가정과 사회의 역할 강화	가정과 사회의 교육적 기능 회복	·바른 인성 함양을 위한 '밥상머리교육 범국민 캠페인' 추진 ·가족 단위 또는 청소년 대상 프로그램을 대폭 확대 ·실천·체험 위주의 가족봉사단, 사제동행 봉사단 활동 확대 ·지방자치단체의 교육자원을 활용한 주말 프로그램 운영 확대 ·과학관 시설 개방 및 청소년프로그램 확대
	가정과 사회의 참여 확대를 위한 홍보 및 캠페인 추진	·방송, 언론, 시민단체와 연계해서 연중 캠페인 실시
7. 게임·인터넷 중독 등 유해 요인 대책	게임·인터넷 중독 예방을 위한 제도 개선 추진	·셧다운제 강화 등 과도한 게임이용 제한 ·비교육적 게임물에 대한 심의제도 강화 ·게임산업계의 게임중독에 대한 사회적 책임 강화 ·게임물의 아이템에 대한 규제강화 ·경찰청과 pc방 합동단속 강화 ·게임 중독 예방제도 시행 ·폭력 조장, 음란·명예훼손 등 불법·유해정보에 대한 심의 강화 ·그린인터넷인증제 도입
	게임·인터넷 중독 예방 교육 강화 및 치유활동 확대	·주요 시기별로 단계적으로 게임·인터넷 중독 예방교육 강화 ·게임·인터넷 중독 예방을 위한 '학생 생활지도 요령' 마련 ·게임 과몰입 예방사업 추진

		·인터넷윤리 교육·홍보 강화 ·게임·인터넷 중독상담·치료지원확대
	흡연음주 치유 및 예방프로그 램활성화	·흡연·음주 예방교육 실시 의무화 ·흡연·음주 치유프로그램 강화 ·금연구역 확대

◆ 학교폭력당하면 교사, 교장 등이 모두 법적 책임자라서 손해배상에 책임이 있다는데 진짜 사실인가요?

Q. 학교폭력당하면 담임교사, 학년주임, 교감, 교장, 관할 교육청, 교육부 장관이 모두 법적 책임자라서 손해배상에 책임이 있다는데 진짜 사실인가요?

A. 「민법」 제750조에 따르면 고의 또는 과실로 인한 위법행위로 타인에게 손해를 가한 경우에 그 손해를 배상하도록 하고 있습니다. 이에 근거해서 학교폭력 피해학생은 학교폭력가해자에게 치료비 등 재산상의 손해뿐만 아니라 정신적 고통에 대해서도 손해배상책임을 물을 수 있습니다.

또한 가해학생을 지도·담당하는 교사(교장 등 포함함)는 부모 등 감독의무자를 대신해서 가해학생에 대한 대리감독책임을 집니다(「민법」 제755조제2항 및 대법원 2007. 4. 26, 선고 2005다24318 판결). 따라서 자신의 지도·감독을 받는 학생이 학교폭력 가해행위를 했다면 교사는 그 가해학생에 대한 대리감독의무를 게을리 하지 않았음을 입증하지 못하는 한 피해학생에 대한 손해배상책임을 부담하게 됩니다.

아울러 사립학교의 이사장 등 학교의 설치자 또는 경영자는 사용자책임을 부담합니다. 따라서 교사의 보호감독의무 위반으로

피해학생이 손해를 입었다면 그 손해를 배상할 책임이 있습니다
(「민법」 제756조제2항). 국·공립학교의 경우 학교설치자는 국
가 또는 지방자치단체가 되므로 사립학교와 달리 학교폭력으로
인한 손해배상책임은 국가 또는 지방자치단체가 부담합니다(「국
가배상법」 제2조).

◆ 아이가 학교에서 친구들에게 따돌림을 당했는데 이것도 학교폭력
   에 포함되나요?

Q. 아이가 학교에서 친구들에게 따돌림을 당했는데 이것도 학교
   폭력에 포함되나요?

A. 학교폭력의 정의는 다음과 같습니다.
   "학교폭력"이란 학교 내외에서 학생을 대상으로 발생한 상해,
   폭행, 감금, 협박, 약취·유인, 명예훼손·모욕, 공갈, 강요·강제적
   인 심부름 및 성폭력, 따돌림, 사이버 따돌림, 정보통신망을 이
   용한 음란·폭력 정보 등에 의하여 신체·정신 또는 재산상의 피
   해를 수반하는 행위를 말합니다.
   "따돌림"이란 학교 내외에서 2명 이상의 학생들이 특정인이나
   특정집단의 학생들을 대상으로 지속적이거나 반복적으로 신체적
   또는 심리적 공격을 가하여 상대방이 고통을 느끼도록 하는 일
   체의 행위를 말합니다.
   "사이버 따돌림"이란 인터넷, 휴대전화 등 정보통신기기를 이용하
   여 학생들이 특정 학생들을 대상으로 지속적, 반복적으로 심리적
   공격을 가하거나, 특정 학생과 관련된 개인정보 또는 허위사실을
   유포하여 상대방이 고통을 느끼도록 하는 일체의 행위를 말합니다.

◆ 학교폭력 분쟁조정은 어떤 절차로 진행되나요?

Q. 학교폭력 분쟁조정은 어떤 절차로 진행되나요?

A. 분쟁당사자의 분쟁조정 신청(피해학생과 부모가 자치위원회 또는 교육감에게 신청)→분쟁조정의 개시(신청일로부터 5일 이내 개시)→자치위원회 조사→분쟁조정(자발적 합의권고, 조정안제시)→분쟁조정 종료(분쟁조정이 성립한 경우, 개시일로부터 1개월이 경과하도록 분쟁조정이 성립되지 않은 경우)

◆ 교사가 반 학생을 차별 대우하거나 언어폭력 또는 신체폭력을 사용하는 경우 학교폭력으로 처벌 가능한가요?

Q. 교사가 반 학생을 차별 대우하거나 언어폭력 또는 신체폭력을 사용하는 경우 학교폭력으로 처벌 가능한가요?

A. 피해자가 학생인 경우 학교폭력에 해당합니다. 교사가 가해자라면 "아동학대"로 경찰에 신고를 하는 것도 가능합니다. "학교폭력"으로 학교전담기구에 신고 시 해당 교사에 대한 자체 조사 후 자체 징계하거나, 경찰에 신고하였고 사안이 심각한 경우 지역교육청 또는 도교육청 조사 후 징계가 가해질 수 있습니다.

3. 학교폭력의 유형

① 학교폭력은 크게 신체적·물리적 유형, 언어적·정신적 유형, 따돌림, 집단폭력(폭력서클) 등으로 나눌 수 있습니다.

② 학교폭력은 심하게 얻어맞아서 다쳤다거나 옷을 빼앗기는 등 피해의 정도가 커서 명백하게 학교폭력으로 인정되는 경우도 있지만, 그 피해의 정도가 미미해서 학교폭력으로 판단하기 어려운 경우도 많습니다. 그러나 겉으로 보이는 피해 정도가 미미하다고 하더라도 피해학생이 외상을 입거나 분노·불안 등 정신적 충격을 받았다면 학교폭력으로 보아야 합니다.

3-1. 신체적·물리적 유형

3-1-1. 신체적·물리적 학교폭력 예시

① 고의적으로 건드리거나 치는 등 시비를 거는 행위

② 때리는 행위(다른 사람을 시켜서 때리는 행위 포함)

③ 목을 조르는 행위

④ 꼬집는 행위

⑤ 장난을 가장해서 심하게 때리거나 밀치는 행위

⑥ 신체적인 위협을 가하는 행위

⑦ 신체적·성적 접촉을 강요하는 행위

⑧ 학용품 등 물건이나 흉기를 이용해서 상해를 입히는 행위

⑨ 신체부위에 침을 뱉는 행위

⑩ 한 학급학생을 모두 운동장으로 불러내어 기합을 주는 행위

⑪ 돈이나 물건을 빼앗거나 감추는 행위

⑫ 성폭력

3-1-2. 신체적·물리적 학교폭력 사례

① 일부러 손가락으로 머리를 툭툭치는 경우

Q. 반에서 싸움을 가장 잘 하는 아이가 쉬는 시간마다 일부러 저에게 와서 손가락으로 머리를 툭툭 칩니다. 아픈 건 둘째 치고 기분이 상당히 나쁜데 이것도 학교폭력으로 볼 수 있나요?

A. 학교폭력으로 볼 수 있습니다. 자신보다 약한 학생을 고의적으로 건드리거나 치는 등 시비를 거는 행위는 신체적·물리적 학교폭력이라고 할 수 있습니다.

② 장난삼아 머리를 때린 경우

Q. 친구들끼리 놀면서 장난삼아 머리를 몇 대 때렸어요. 전 살살 때린 것 같은데 그 친구가 갑자기 우니까 황당하고 어이없어요. 친구들이 전부 저한테 너무했다고 하던데, 설마 이게 말로만 듣던 학교폭력은 아니겠죠?

A. 학교폭력으로 볼 수 있습니다. 본인이 대수롭지 않은 행동으로 여겼더라도 상대방이 아픔이나 수치심을 느꼈다면 학교폭력이라고 할 수 있습니다. 장난은 서로를 즐겁게 하고 웃음을 유발하는 행위입니다. 자신은 장난이라고 생각하더라도 상대방이 불쾌하게 여긴다면 이는 장난이 아닌 괴롭힘으로 보아야 합니다. 친구들과 자유롭게 노는 경우에도 무리한 신체접촉은 주의하는 것이 좋습니다.

③ 싸움을 말리는 과정에서 상해를 입힌 경우

Q. 갑자기 교실이 소란스러워서 보니까 친구 A랑 B가 뒤엉켜서 싸우는 거예요. 친구들 말이 A가 자꾸 B의 머리를 때리니까 B가 감정이 격해져서 같이 머리를 때리는 바람이 싸움이 벌어졌다고 하더라고요. A가 평소에 약한 아이들을 괴롭혀왔기 때문에 전 B의 편을 들어 싸움을 말렸어요. 그런데 싸움을 말리는 과정에서 제가 흥분해서 A를 미는 바람에 A의 다리가 부러졌어요. 저도 학교폭력의 가해학생이 된 건가요?

A. 그렇습니다. 비록 그럴 의도는 없었더라도 결과적으로 상대방을 다치게 했다면 학교폭력으로 볼 수 있습니다.
현행법은 학교폭력을 "학교 내외에서 학생을 대상으로 발생한 상해, 폭행, 감금, 협박, 약취·유인, 명예훼손·모욕, 공갈, 강요·강제적인 심부름 및 성폭력, 따돌림, 사이버 따돌림, 정보통신망을 이용한 음란·폭력 정보 등에 의해 신체·정신 또는 재산상의 피해를 수반하는 행위"라고 규정해서, 어떤 사건이 학교폭력인지 아닌지를 판단할 때 원인이 아닌 그 행위의 결과를 기준으로 삼고 있습니다. 따라서 질문자가 좋은 의도로 싸움에 개입했다고 하더라도 상대방이 다쳤다면 결과적으로는 학교폭력의 가해학생이 됩니다.
그러나 학교폭력대책자치위원회 등에서 학교폭력을 처리할 때는 그 동기를 충분히 참작해서 심의에 반영하기 위해 노력하고 있습니다.

④ **머리모양이 맘에 안 든다고 머리카락을 잘른 경우**

Q. 같은 반 일진이 제 머리모양이 마음에 안 든다며 가위로 제 머리카락을 20cm가량 잘랐어요. 너무 무서워요. 이것도 학교폭력으로 신고할 수 있나요?

A. 학교폭력으로 신고할 수 있습니다. 타인의 모발을 강제로 자르는 행위는 사람의 신체에 물리력을 가하는 것으로서 폭행의 일종으로 볼 수 있습니다.

⑤ **졸업식날 교복을 찢거나, 밀가루를 뿌린 경우**

Q. 졸업식날 뒷풀이를 한다며 교복을 강제로 벗기고 찢은 후 몸에 밀가루를 뿌리고, 계란을 던지는 행위도 학교폭력에 해당되나요?

A. 학교폭력에 해당됩니다. 본인이 싫다는 의사를 분명히 했음에도 불구하고 장난을 가장해서 심하게 때리거나 밀치거나 재산상 손해를 입히는 행위는 학교폭력의 대표적인 형태입니다.

⑥ **밥값을 강요한 경우**

Q. 하교할 때마다 같은 반 일진 2~3명이 저를 기다립니다. 그러면 그 일진들과 같이 버스를 타고 패밀리레스토랑에 가서 밥을 먹는데 매번 교통카드도 제 걸로 찍고, 밥값도 제가 내야 해요. 그 일진들이 "우린 친한 친구니깐!"이라고 말하면서 매번 제가 낼 것을 강요하거든요. 이것도 학교폭력의 일종인가요? 그런데 사실 그 일진들과 다니면 다른 애들이 절 부러워하는 것 같아서 우쭐한 마음이 들어요.

A. 학교폭력이라고 할 수 있습니다. 겉으론 친한 척 같이 다니며 각종 비용을 일방적으로 계산하게 하는 것은 금품갈취에 해당됩니다.

3-2. 학교폭력 실제 사례 1(신체적·물리적 유형)

① 지속적인 가혹행위와 협박

1. 선배가 후배들을 1년 반 동안 성추행 및 가혹행위, 신체폭력을 가한 경우.
2. 1학년 때부터 남학생 선배가 가혹행위를 하고 이를 따르지 않을 때는 구타를 한 경우.
3. 피해학생 6명에게 가해학생은 여드름을 짜서 먹이고 무좀, 손톱, 발톱 등을 깎아서 먹으라고 시킨 경우에 이를 따르지 않으면 폭언과 함께 구타를 한 경우.
4. 또한 피해학생들의 성기를 발로 만지고 우산 등 다른 물건들로 교체해가며 성기를 건드리면서 "기분이 어떠냐?"라고 물어봤다고 한 경우.

② 수련회를 통한 집단폭력

학교 수련회에서 집단폭력을 당했으며, 왼쪽 눈이 망막박리 된 경우(장애판정 예상).

③ 학생 간 채팅을 통한 성매매 강요

채팅으로 알게 된 친구들이 바닷가로 오라고 해서 성매매를 시키려고 함. 성매매를 거절하자 손가락을 자르겠다고 위협하며 신체 폭력을 가함. 피해학생은 심리적으로 불안정하며 학교적응을 힘들게 한 경우.

④ 피해학생이 정신지체아인 경우

청소시간에 청소를 하지 않는다는 이유로 폭력을 행사해 얼굴에 심한 타박상, 눈 각막 출혈 및 치아가 파절되었으며 등교를 거부한 경우.
⑤ 지속적 괴롭힘으로 자살에 이른 경우
고등학교 2학년 남학생이 같은 학교 선배 5명으로부터 괴롭힘을 당함. 지속적인 집단폭력(각목으로 10차례)과 금품갈취를 당하고 차비도 빼앗겨 걸어서 집에 오고, 신발도 빼앗겨 맨발로 들어옴. 밤늦게 전화로 불러내고, 피해사실을 알리면 집에 불을 지르겠다고 협박당함. 지속적인 폭력과 금품갈취 및 괴롭힘으로 "이제는 쉬고 싶다"는 메모를 남기고 아파트에서 투신하여 자살한 경우.

◆ **학생의 하의를 벗기고 동영상을 촬영, 유포한 경우 고의가 아니라고 주장하는데, 학교폭력에 해당하는지요?**

Q. 학생 A는 학생 B의 하의를 벗긴 후 동영상을 찍어서 반 전체 학생들에게 유포하였습니다. B의 보호자는 이 사실을 알고 학교 측에 학교폭력 사안으로 신고했으나, A는 B의 동의하에 행한 장난이라고 주장하면서 고의적이 아니었음을 강조하고 있습니다. 이 경우에도 학교폭력에 해당하는지요?

A. 성폭력, 사이버 폭력으로 학교폭력에 해당합니다.

〈 해 설 〉

□ **가해학생이 고의성이 없는 장난이라고 주장하는 경우 학교폭력 사안인지 여부**
  ① 가해학생은 피해학생이 동의하에 행한 장난이라고 주장하고 있으나, 가해학생의 주장만으로 이를 학교폭력이 아니라 단정할 수 없으며, 피해학생과 그 보호자, 목격자 등의 진술 등을

종합적으로 고려하여 학교폭력 여부를 판단해야 할 것입니다.

② 신체 일부 특히 하의를 벗겨 촬영한 후 이를 유포하여 B 학생이 정신적 피해를 느끼는 경우 학교폭력 중 성폭력에 해당합니다.

③ 또한 동영상을 찍어 반 전체 학생들에게 유포하는 등 가해학생이 정보통신망을 통해 피해학생과 관련된 개인정보를 유포하였으므로 사이버 폭력에도 해당합니다.

□ **성폭력 사안의 경우 자치위원회를 개최해야 하는지 여부**

동 사안의 경우와 같이 성폭력 사안이라고 하더라도 전담기구의 사안 조사 등을 거쳐 자치위원회를 개최하고 피해 학생 보호 및 가해학생 선도·교육 조치를 해야 합니다.

(생활지도 Tip)

□ **성폭력 예방 교육의 준비**

① 성폭력은 잘못된 성문화와 성에 대한 가치관으로 인해 발생하게 되는 범죄이며 사건이 발생한 후의 처벌은 이미 피해학생에게는 엄청난 고통이 수반되기 때문에 예방교육이 매우 중요합니다.

② 단위학교에서는 다음과 같이 성폭력 예방교육을 사전에 준비하여 학생들이 성폭력으로부터 자신을 지킬 수 있도록 해야 합니다.

□ **단위학교의 성폭력 예방 교육 준비 사항**

1. 성폭력 예방시수 확보

• 성폭력 예방교육을 위해 학교에서는 학년별로 성교육 시수를 확보하여 운영하여야 합니다. 교육과학기술부는 2012년

2학기부터 3시간 이상 교육을 집중 실시하고, 2013년부터는 현행 10시간에서 15시간으로 확대 실시할 계획입니다.

2. 성폭력 예방교육의 구성

- 성폭력 예방교육은 성교육 중 하나의 주제로 다루고 있는데, 교과, 창의적 체험활동 등 학교 교육활동을 통해 학생의 인성 및 인권존중을 기본으로 하여 실시합니다. 따라서 성교육을 구성하고자 할 때에는 성폭력 및 성매매 예방교육, 성지식, 양성평등교육, 아동 성학대 예방교육 등 성교육의 전 영역을 고르게 구성하여 실시하는 것이 좋습니다. 이를 위하여 각종 자료를 수집하고 분석하여 확보된 시수에 맞도록 재구성해 교육할 수 있습니다.

3. 교사간의 역할 분담

- 학교 성교육 담당교사와 관련 교과(담임)교사의 역할을 분담하는 것이 좋습니다. 성교육 전문 연수과정 이수교사를 학교 성교육 담당교사로 우선 선정하되, 이를 반영하여 관련 교과교사의 역할을 정하는 것이 합리적입니다.

> 【예시】 학교 성교육 담당교사와 관련 교과교사 간의 역할 분담 방안
> ▶ 성교육 담당교사: 성상담, 교직원·학생 대상 교육, 관련 교과교사의 수업 지원, 학교 성교육 계획 수립, 성교육 관련 교육자료 제공 및 홍보 등
> ▶ 관련 교과(담임) 교사: 성교육 내용 재구성 및 학생교육 실시

- 가급적이면 연 1회 이상 학생, 교직원, 학부모 대상 성교육 전문가 초빙 자체 연수를 실시, 학교 내 구성원들의 성교육 마인드를 제고합니다.

---

4. 성폭력 예방 교재

- 성교육 수업은 전문성이 요구되는 분야이므로 관련 자료를 최대한 확보하여 이를 바탕으로 하는 수업을 진행하여야 합니다.

3-3. 언어적·정신적 유형

3-3-1. 언어적·정신적 학교폭력 예시

① 말로 위협하거나 협박하는 행위

② 말을 걸어도 무시하고 면박을 주는 행위

③ 욕설을 하는 행위

④ 험담을 하는 행위

⑤ 조롱하거나 비웃는 행위

⑥ 모욕을 주는 행위(다른 사람이 누군가를 모욕하도록 설득하는 행위 포함)

⑦ 약점을 들춰서 괴롭히는 행위

⑧ 본인이 싫어하는 별명을 부르며 놀리는 행위

⑨ 나쁜 소문을 퍼뜨리는 행위

⑩ 특정 행동을 사진이나 동영상으로 찍어 본인에게 수치심을 주는 행위

⑪ 본인이 싫어하는 사진이나 동영상을 퍼뜨리는 행위

⑫ 부당한 일을 강요하는 행위

3-3-2. 학교폭력 실제 사례(언어적·정신적 유형)

① 학생 간 문자 성희롱 사건

학기 초부터 같은 반 중1 남학생에게 밤에 문자가 오는데 "남자화장실에 가서 뽀뽀하자." 야동에 나오는 소리, 단어를 말해달라고 함. 여학생은 충격을 받고 무기력한 듯 학교에 가는 것을 기피하고 안색이 안 좋다고 한 경우.

② 사이버 폭력으로 인한 자살 호소

6학년 남학생들과 어울리던 친구들 6명이 게임을 했음. 게임의 내용이 진 사람이 술을 마시고 담배를 피우는 것이 벌칙이었음. 피해학생은 거절을 했고 게임에만 참석을 함. 그 후에 학교에 아이들이 술을 마시고 담배를 폈다는 소문이 돌게 됨. 그 소문의 진원이 피해학생이라고 지목이 되어 따돌림이 시작됨. 개인 홈페이지에 아이들이 피해아이를 욕하는 글이 올라왔고, '학교에 안 나왔으면 좋겠다. 이 세상에서 없어졌으면 좋겠다.' 라는 글들이 계속 올라옴. 부모에게도 말을 못하고 3개월이 지난 시점에 알게 되었음. 피해아이는 술과 담배가 걸려 있기 때문에 가해아이 부모님들이나 선생님께 알리는 것을 두려워하고 있었음. 계속 혼자서 고민하며 괴로워하고, 친구들 때문에 죽고 싶은 마음이 든다고 호소.

3-3-3. 언어적·정신적 학교폭력 사례

① 무시하고, 험담을 하는 경우

Q. 지난 학기까지 친하게 지내던 친구가 있는데 어느 순간부터 말을 걸어도 무시하고 제 험담을 하고 다니는 걸 들었어요. 점점 학교가기가 싫어져요. 이런 경우에도 학교폭력으로 상

담 받을 수 있나요?

A. 학교폭력으로 상담 받을 수 있습니다. 반드시 때리고 윽박지르는 것만이 학교폭력은 아닙니다. 말을 걸어도 무시하고 면박을 주거나 다른 사람에게 험담을 늘어놓는 행위가 피해학생에게 수치심, 정서적 불안 등을 유발한다면 이는 언어적·정신적 학교폭력으로 볼 수 있습니다.

② 별명을 불러서 스트레스 받는 경우

Q. 제가 우리 반에서 가장 작아서 친구가 자꾸 '난쟁이', '땅꼬마'라고 놀려요. 처음 한두 번은 참았는데 계속 그러니까 듣기 싫고 화가 나요. 그래서 그렇게 부르지 말라고 화도 내보고 윽박도 질러봤는데 변한 게 없어요. 이젠 학교 가는게 너무 스트레스예요. 이것도 학교폭력으로 볼 수 있나요?

A. 학교폭력으로 볼 수 있습니다. 친구를 놀리거나 모욕을 주어 상대방이 스트레스를 받았다면 학교폭력에 해당됩니다.

③ 듣기 싫은 별명을 부르는 경우

Q. 우리 반에서 제일 작은 친구가 있어요. 생긴 것도 귀엽고 행동도 귀여워서 제가 '난쟁이', '땅꼬마'라고 부르는데, 처음엔 아무 말도 안하더니 요즘 부쩍 화를 내요. 그러더니 어디에서 상담을 받았다며 학교폭력으로 저를 선생님께 이르겠대요. 너무 황당하고 어이가 없는데 이게 말이 되나요?

A. 학교폭력이 될 수 있습니다. 별명 당사자가 그 별명으로 불리는 것을 싫어하고 불쾌감을 느껴서 별명을 부르지 말것을 요청했음

에도 불구하고 계속해서 친구가 싫어하는 별명을 불렀다면 그 친구에게 모욕을 준 것으로 보아야 합니다. 본인은 좋은 의도라고 하더라도 친구가 싫어하는 행동은 자제하는 것이 좋습니다.

④ 욕설을 하는 경우

Q. 친구들이 서로 "이 XX야"라고 욕을 하면서 즐거워하는데, 제가 볼 때는 별로 좋아 보이지 않아요. 욕설은 언어적 폭력이니까 학교폭력에 해당되는 것 맞죠?

A. 이 경우 학교폭력으로 볼 수도, 그렇지 않을 수도 있습니다. 욕설을 하는 당사자들 중 어느 한 쪽 또는 모두가 기분을 상해했다면 학교폭력의 일종으로 볼 수 있지만, 당사자들이 모두 기분이 상하기는커녕 즐거워했다면 피해를 입은 당사자가 없으므로 학교폭력으로 보기 어렵습니다. 현행법은 학교폭력을 신체·정신 또는 재산상의 피해를 수반하는 행위로 보기 때문입니다.

3-4. 따돌림

3-4-1. '따돌림' 이란?

'따돌림'은 학교 내외에서 2명 이상의 학생들이 특정인이나 특정집단의 학생들을 대상으로 지속적이거나 반복적으로 신체적 또는 심리적 공격을 가해 상대방이 고통을 느끼도록 하는 일체의 행위(학폭법 제2조제1호의2)를 말합니다.

3-4-2. 따돌림 예시

① 고의적으로 따돌리는 행위

② 말을 걸어도 대답하지 않고 무시하는 행위

③ 다른 친구들과 어울리지 못하게 하는 행위

④ 친구의 접근을 막는 등 따돌림을 부추기는 행위

⑤ 주변 친구들이 도우려는 것을 방해하는 행위

⑥ 책상, 소지품 등을 감추거나 버리는 행위

3-4-3. 따돌림의 사례

① 다른 친구와 어울리지 못하게 한 경우

Q. 저를 포함해서 늘 같이 다니는 친구들이 다섯 명이 있어요. 등하교도 함께 하고 학원도 같이 다닐 정도로 친한데, 어느 날 한 친구가 제가 자기 욕을 하고 다닌다고 들었다면서 말을 걸어도 무시하고 다른 친구들도 저와 어울리지 못하게 합니다. 우리반 인터넷 카페에 글을 올려도 어느 순간부터 제 글에 답글이 달리지 않고, 실시간 채팅도 거부당하고 있어요. 등하교도 혼자하고 학원에 가도 왕따처럼 무시당하는데, 이것도 학교폭력인가요?

A. 학교폭력으로 볼 수 있습니다. 피해학생에게 심각한 정신적 충격을 불러일으키는 따돌림과 사이버 따돌림은 학교폭력의 한 형태입니다.

② 한 친구를 따돌림 한 경우

Q. 다섯 명이서 친하게 지내요. 그런데 그 중 한 친구가 저와 제 부모님을 나쁘게 얘기하고 다닌다는 걸 알게 되었어요. 너무 화가 나서 그 친구가 말을 걸어도 대꾸하지 않고 같이

다니기 싫다고 얘기하니까 다른 친구들이 왜 그러냐고 물어 보더라고요. 그래서 그 친구가 내 욕을 해서 같이 다니고 싶 지 않다고 했더니 다른 친구들도 그 친구랑 안 놀아요. 그 친구가 잘못해서 같이 안 노는 것뿐인데, 이게 나쁜 건가요?

A. 2명 이상의 학생들이 한 학생을 대상으로 말을 걸어도 대답하지 않고 고의적으로 무시하는 행동은 '따돌림'이라고 할 수 있으며, 이는 학교폭력의 한 유형으로 볼 수 있습니다. 그러나 이 따돌 림이 한두번 정도만 일어났다면 본인의 오해일 수도 있으니, 먼 저 친구들과 대화해서 오해를 푸는 것을 권하고 싶습니다.

3-4-4. 학교폭력 실제 사례 3-(따돌림)

① 지속적 집단 괴롭힘으로 폐쇄병동 입원한 경우

1년여 동안 집단폭행, 집단 괴롭힘, 따돌림, 금품갈취를 당하고 주 동학생은 핸드폰문자로 옷을 사라고 협박하고 위협함. 피해학생은 망상장애가 심각해 폐쇄병동 입원치료 중임.

② 전학을 해도 결국 왕따 꼬리표로 인한 피해

평소 별로 친하지 않던 친구들이 생일파티를 강요함. 원하는 대로 하 지 않자 외모(뚱뚱함)로 놀리고 하는 행동마다 시비를 걸면서 지속적 인 왕따를 함. 피해학생은 인근학교로 전학을 하였으나 전학 간 학교 에서도 왕따로 소문이 나서 학교가면 아이들이 째려보고 무시함.

③ 지속적인 따돌림으로 인한 자살 호소

고등학교 1학년 반에서 4~5명 되는 아이들이 신체적인 폭행발생. 설 문지를 무기명으로 반에서 실시하였는데 반 아이 전체를 선동해서 왕따를 당하는 다른 아이로 지목하였고, 미리 사건상황에 대해서도 입을 맞춘 상태라서 일치된 설문 결과를 받음. 피해자는 지속적으로

담임선생님에게 그 아이가 아니라고 이야기하였지만 학교에서는 무
관심하게 아이들이 모두가 인정을 하는데 피해 학생이 잘못 본 것이
아니냐고 이야기하였음. 사건의 가해자로 몰린 따돌림 당하는 아이
의 경우는 만성적인 학교폭력으로 인해 "내가 그냥 했던 것으로 하
고 넘어가자"라고 하며 문제 상황을 회피함. 더 이상 해볼 필요가
없다며, 무기력감과 살고 싶지 않은 마음을 표현함.
④ 집단 따돌림으로 자살에 이른 경우
중학교 1학년 여학생이 같은 반 친구들로부터 따돌림을 당함. 친구
들의 따돌림과 자신이 힘들어하는 문자를 보낸 사실이 다른 학생들
에게 공개적으로 드러난 것에 대한 수치심으로 유서를 남겨놓고 학
교 화장실 4층에서 투신함.

3-5. 사이버 따돌림

3-5-1. '사이버 따돌림' 이란

'사이버 따돌림'은 인터넷, 휴대전화 등 정보통신기기를 이용해서 학
생들이 특정 학생들을 대상으로 지속적·반복적으로 심리적 공격을
가하거나, 특정 학생과 관련된 개인정보 또는 허위사실을 유포해서
상대방이 고통을 느끼도록 하는 일체의 행위를 말합니다(학폭법 제2
조제1호의3).

3-5-2. 따돌림의 예시

① 학교 게시판이나 인터넷 사이트에 특정인에 대해 비방·험담하는
글을 올리는 행위
② 특정인에게 이메일이나 휴대전화 등을 통해 비난하는 메시지를
보내는 행위

③ 특정인에 대해 안티카페를 만들어 험담하는 게시글을 올리고 공
유하는 행위
④ 특정인에 대해 허위의 사실을 다른 사람에게 휴대전화 문자로
발송하는 행위
⑤ 특정인의 휴대전화번호를 인터넷상에 유포하는 행위

◆ **평소 친하게 지내던 친구가 강제적 심부름을 시킨 경우 담임교사
는 어떻게 처리해야 하나요?**

Q. 평소에 친하게 지내고 있는 7명의 학생들 사이에서 3명의 학
생들이 나머지 4명의 학생들에게 신발이나 가방을 들게 한다
든지, 심부름을 시키는 행동을 하였고 그런 행동들 때문에
한 학생이 읽기에 힘들다고 쓴 것을 담임교사가 보게 되었습
니다. 이 경우 담임교사는 어떻게 처리해야 하나요?

A. 평소 친하게 지낸 친구사이라 하더라도 강요·강제적 심부름에 해
당하는 학교폭력이므로 교사가 이를 인지한 경우, 전담기구에
소속된 교사에게 이 사실을 알려 자치위원회를 개최해야 합니
다.

〈 해 설 〉

□ **친한 친구라는 이유로 행한 심부름이 학교폭력 사안인지 여부**
　① 학생이 다른 학생에게 자신의 가방이나 신발을 들게 하는
　　행위, 즉 「심부름을 시키는 행위」도 강압적인 요소가 개입
　　되어 있으면 학교폭력에 해당합니다. 즉 심부름으로 하는
　　행위가 거절하기 힘든 누군가의 강제적인 지시, 요구 등에

의한 것이라면, '강요' 혹은 '강제적인 심부름'에 해당합니다.

② 동 사안의 경우 친하다는 이유로 가방을 들게하거나, 심부름을 시키는 등 행위로 인해 피해학생이 심리적인 부담감을 느낀다면 학교폭력에 해당합니다.

□ 학생의 일기장을 통해 담임교사가 인지한 경우

학생의 일기장을 통해 학교폭력 사안이 인지되었다 하더라도 담임교사는 전담기구에 소속 교사에게 이 사실을 알려 자치위원회를 개최해야 합니다.

(생활지도 Tip)

□ 피해학생 및 가해학생 면담 및 상담을 통한 피해사실의 확인

① 학교에서 학생의 일기장이나 신고함을 통해 학교폭력 사실을 인지하였을 경우 담임교사는 먼저 해당 학생과의 상담을 통해 정확한 학교폭력 사실여부를 확인하여야 합니다.

② 피해학생이 신체적으로 혹은 심리·정서적으로 어려움을 겪고 있지는 않은지를 관찰하고, 가해학생이 특정 학생을 괴롭히는지 혹은 다수의 학생들을 괴롭히는지, 가해학생이 학급 내에서 다른 학생들에게 어떤 학생으로 통하는지 등을 관찰해야 합니다.

□ 집단 따돌림에 대하여 적절한 생활지도를 실시

친한 친구끼리의 따돌림은 교사나 다른 사람들의 눈에 쉽게 발견되지 않아 장기화 되는 경우가 많기 때문에 특별한 주의를 요합니다.

□ **따돌림 사안에 대한 교사의 초기 대응**

• 피해학생 의사에 반하는 피해사실 공개 금지하기

① 피해사실이 확인되고 난 후 이를 바로 공개하면, 피해학생이 당황하고 난처해질 수 있습니다. 교사는 피해학생과 상담을 깊이 있게 하여 피해학생의 욕구를 최대한 존중해 주는 방식으로 대처합니다.

② 가해학생을 바로 불러서 야단치면, 가해학생은 교사에게 일렀다는 명목으로 피해학생을 더욱 심하게 괴롭히고 따돌리는 경우가 많습니다.

③ 반 전체 앞에서 피해·가해학생의 이름을 지목하며 따돌림에 대해 훈계하면 피해·가해학생 모두에게 낙인이 찍혀 문제해결에 효과적이지 않습니다.

• 심각한 피해일 경우, 피해학생 설득하기

① 만약 따돌림 정도가 심한데 피해학생이 보복이 두려워 사안의 공개나 처벌을 반대하면 아래의 이유 등을 예로 들어 피해학생을 설득합니다.

 – 피해를 당했을 때 아무 조치를 취하지 않으면 폭력은 점점 심해지고 지속됨

 – 따돌리는 학생은 자신이 폭력을 행사하는 줄 모르기 때문에 이를 알려주어야 함

• 피해·가해학생 함께 만나지 않게 하기

① 피해·가해학생들을 강제로 한 자리에 불러 모아 화해시키거나 오해를 풀도록 하면 안 됩니다.

② 학생들끼리 얘기하라고 교사가 자리를 비우는 경우도 있는데 이는 적절치 않습니다. 따돌린 학생 다수와 따돌림 받은 학생 1명이 한 공간에 있게 되면 피해학생은 더욱

3-5-3. 사이버 따돌림 사례

① 안티카페로 험담을 한 경우

Q. 반 친구들이 인터넷에 저에 대한 안티카페를 만들어 험담하는 게시글을 쓰고, 욕을 한다고 합니다. 실제로 교실에서 특별히 따돌림을 당하는 것은 아니지만, 마음에 걸리고 기분이 나빠요. 이런 것도 학교폭력인가요?

A. 실제로 교실에서 따돌림을 당하는 것도 아니고 폭행이나 욕설이 없더라도, 인터넷 등을 통해 특정 학생에 대해 지속적·반복적으로 욕을 하거나 모욕을 주는 행위는 사이버 따돌림으로 학교폭력에 해당됩니다.

② 사진을 우스꽝스럽게 꾸며 메시지로 보낸 경우

Q. 몇 명의 아이들이 계속 제 사진을 찍어 우스꽝스럽게 꾸며서 다른 아이들에게 휴대전화 메세지로 보내요. 기분 나빠서 하지 말라고 하는데도 장난이라며 그만두질 않아요. 이런 것도 학교폭력이 될 수 있나요?

A. 휴대전화 등 정보통신기기를 이용해서 지속적·반복적으로 심리적 공격을 가하는 행위는 사이버 따돌림이며, 이러한 사이버 따돌림은 학교폭력의 한 유형입니다.

(관련판례)

① 집단따돌림으로 인하여 피해 학생이 자살한 경우, 자살의 결과에 대하여 학교의 교장이나 교사의 보호감독의무 위반의 책임을 묻기 위하여는 피해 학생이 자살에 이른 상황을 객관적으로 보아 교사 등이 예견하였거나 예견할 수 있었음이 인정되어야 한다. 다만, 사회통념상 허용될 수 없는 악질, 중대한 집단따돌림이 계속되고 그 결과 피해 학생이 육체적 또는 정신적으로 궁지에 몰린 상황에 있었음을 예견하였거나 예견할 수 있었던 경우에는 피해 학생이 자살에 이른 상황에 대한 예견가능성도 있는 것으로 볼 수 있을 것이나, 집단따돌림의 내용이 이와 같은 정도에까지 이르지 않은 경우에는 교사 등이 집단따돌림을 예견하였거나 예견할 수 있었다고 하더라도 이것만으로 피해 학생의 자살에 대한 예견이 가능하였던 것으로 볼 수는 없으므로, 교사 등이 집단따돌림 자체에 대한 보호감독의무 위반의 책임을 부담하는 것은 별론으로 하고 자살의 결과에 대한 보호감독의무 위반의 책임을 부담한다고 할 수는 없다(대법원 2007. 11. 15, 선고, 2005다16034 판결).

② 중학교 3학년 여학생이 급우들 사이의 집단따돌림으로 인하여 자살한 사안에서, 따돌림의 정도와 행위의 태양, 피해 학생의 평소 행동 등에 비추어 담임교사에게 피해 학생의 자살에 대한 예견가능성이 있었다고 인정하지 아니하여 자살의 결과에 대한 손해배상책임은 부정하면서, 다만 학생들 사이의 갈등에 대한 대처를 소홀히 한 과실을 인정하여 교사의 직무상 불법행위로 발생한 집단따돌림의 피해에 대하여 지방자치단체의 손해배상책임을 긍정한 사례(대법원 2007. 11. 15, 선고, 2005다16034 판결).

3-6. 집단폭력 : 일진 등 폭력서클

3-6-1. 집단폭력 예시

① 두 명 이상이 함께 특정인을 때리는 행위(다른 사람을 시켜서 때리는 행위 포함)

② 두 명 이상이 함께 특정인을 감금시키거나 자기의 지배하에 놓이게 하는 행위

③ 일진에게 충성할 것을 강요하며 담뱃불로 신체를 지지는 등의 행위로 충성도를 증명할 것을 강요하는 행위

④ 일진임을 내세워 쉬는 시간마다 빵을 사오라고 하는 등 부당한 요구를 지속적으로 하는 행위

⑤ 교내 폭력서클에 가입할 것을 강요하는 행위

⑥ 정기적으로 교내 폭력서클 조직원에게 용돈을 갖다 바치도록 하는 행위

⑦ 다른 학교의 폭력서클과 세력다툼을 하는 행위

3-6-2. 집단폭력 사례

① 부모가 빵가게를 하는 학생에게 협박하여 빵을 계속 가져오게 하는 경우

Q. 저희 집은 베이커리를 해요. 학교 일진 1그룹이 절 찍어서 매일 3교시 쉬는 시간마다 빵을 자기 앞에 갖다놓으라고 합니다. 처음엔 한 두 번이면 될 줄 알았는데 벌써 4개월이 넘어가고 있어요. 가끔 빵 가져오는 걸 잊으면 그 밑에 있는 일진이 학교 뒷골목으로 불러내서 손가락을 꺾고 머리를 잡아채며 빵을 가져오라고 협박을 해요. 이제 학교 가는 게 너

무 스트레스인데, 학교폭력으로 상담해도 될까요?

A. 자신보다 힘이 약한 학생을 괴롭히고 물건을 빼앗는 것도 모자라 이를 지속적으로 해왔다면 명백한 학교폭력입니다. 요즘 학교폭력은 소위 일진이라 불리는 조직에 의해 집단적으로 일어나는 경우가 많아서 피해학생이 혼자 해결하기에는 어려움이 따릅니다. 한시라도 빨리 부모님, 선생님 등과 상담하십시오.

② **협박하지 않고 빵집아이에게 빵을 가져오게 한 경우**

Q. 같은 반에 빵집 아들이 있어요. 매일 빵이 남는다고 학교에 가져 오기에 제가 친하게 지내는 다른 반 친구도 불러서 같이 나누어 먹었어요. 몇 번 빵을 가져오지 않은 적이 있는데 그 때는 "왜 빵이 없냐? 내일은 꼭 가져와라"라고 타이르기만 했지 협박하지는 않았어요. 그 빵집 아들 말이 제 친구들이 자기를 협박을 하고 때렸다고 주장하는데 제 친구들 착하거든요? 그런 애들 아니에요. 그냥 장난으로 몇 대친 거예요. 제가 와이파이가 안 잡힌다고 하면 다른 친구들에게 스마트폰을 빌려서까지 핫스팟을 쓰게 해주는 착한 친구들이예요. 그런데 학교폭력이라니요?

A. 위 사안은 학교폭력으로 볼 수 있습니다. 의도가 어찌됐건 빵을 매번 가져오라고 강요하는 행위, 이를 이행하지 않은 경우에 폭력까지 행사하며 협박하는 행위, 자신의 휴대전화로 와이파이를 사용하기 위해 다른 친구의 스마트폰을 강제로 이용하는 행위 등은 상대에게 신체·정신 또는 재산상의 피해를 수반하는 행위로서 학교폭력이라고 할 수 있습니다.

3-6-3. 학교폭력 실제 사례 4 - 집단폭력(일진 등 폭력서클)

① 선후배가 조직적으로 연계된 금품갈취

조직적으로 선후배가 연계되어 서울 ㅇㅇ구의 여러 개 중학교에서 약 1,000만원의 금품을 갈취. 피해학생들의 불안증세가 심함.

② 빵셔틀

자신을 괴롭히는 학생들에게 빵을 사다주고 온갖 심부름까지 도맡아 하는 것으로 교실에 한 명씩은 있는 것으로 조사됨.

③ 조직폭력배 모방 및 연계

조직폭력배를 모방해 '허리 굽혀 90도 각도로 인사하기' 등의 행동강령을 만들어 지키도록 하고, 상습적으로 인근 중·고등학생들을 상대로 폭력을 휘두르거나 금품을 갈취함. 이들은 빼앗을 돈으로 대포차를 사 무면허로 운전을 하고 주변 학교에 원정 폭력을 가기도 함.

◆ 별명을 부르면서 놀리거나 좋지 않은 소문을 퍼트리고 다녀서 스트레스를 받은 경우에 학교폭력에 해당하나요?

Q. 같은 반 친구들이 제 별명을 부르면서 놀리거나 저에 대한 좋지 않은 소문을 퍼트리고 다녀서 스트레스를 많이 받습니다. 이것도 학교폭력에 해당하나요?

A. 학교폭력이란 학교 안이나 밖에서 학생을 대상으로 발생한 상해, 폭행, 감금, 협박, 약취·유인, 명예훼손·모욕, 공갈, 강요·강제적인 심부름 및 성폭력, 따돌림, 사이버 따돌림, 정보통신망을 이용한 음란·폭력 정보 등에 의하여 신체·정신 또는 재산상의 피해를 수반하는 행위를 말합니다. 따라서 학생 사이에 별명을 부르면서 놀리거

나 좋지 않은 소문을 퍼트리는 행위도 학교폭력에 해당합니다.

◇ **언어·심리적 유형의 학교폭력**
① 별명 부르기
② 험담하기
③ 빈정거리거나 조롱하는 것
④ 나쁜 소문 퍼뜨리기
⑤ 위협적인 행동(여러 학생이 한 명의 학생을 향해 반복적으로 하는 윙크도 포함)
⑥ 음란한 눈빛과 몸짓
⑦ 행동을 사진이나 동영상으로 찍어 수치심을 느끼게 하는 것
⑧ 인터넷 카페나 학교 게시판에 협박하는 글을 올리는 것 등

◇ **신체·물리적 유형의 학교폭력**
① 고의적으로 건드리거나 치는 등 시비 걸기
② 때리기 및 폭행(다른 사람에게 누군가를 때리게 하는 것도 포함)
③ 장난을 빙자해서 때리거나 힘껏 밀치기
④ 하고 싶지 않은 일을 강요하는 것
⑤ 물건, 흉기 등을 이용해 상해를 입히는 것
⑥ 돌 던지기
⑦ 침 뱉기
⑧ 돈이나 물건 등을 감추는 것
⑨ 돈이나 물건 등을 빼앗는 것 등

◇ **집단 따돌림 유형의 학교폭력**
① 고의적인 따돌림
② 사이버 폭력(게임아이템의 사기 또는 절도, 메일이나 모바일을 통한 반복적 협박 또는 비난 등)
③ 친구를 도우려는 행위를 막는 것
④ 소지품을 버리거나 감추기
⑤ 책상을 숨기는 것 등

① 초등학교 내에서 발생한 폭행 등 괴롭힘이 상당 기간 지속되어 그 고통과 그에 따른 정신장애로 피해학생이 자살에 이른 경우, 다른 요인이 자살에 일부 작용하였다 하더라도 가해학생들의 폭행 등 괴롭힘이 주된 원인인 이상 상당인과관계가 인정된다(대법원 2007. 4. 26, 선고 2005다24318 판결).

② 지방자치단체가 설치·경영하는 학교의 교장이나 교사는 학생을 보호·감독할 의무를 지는데, 이러한 보호·감독의무는 교육법에 따라 학생들을 친권자 등 법정감독의무자에 대신하여 감독을 하여야 하는 의무로서 학교 내에서의 학생의 모든 생활관계에 미치는 것은 아니지만, 학교에서의 교육활동 및 이와 밀접 불가분의 관계에 있는 생활관계에 속하고, 교육활동의 때와 장소, 가해자의 분별능력, 가해자의 성행, 가해자와 피해자의 관계, 기타 여러 사정을 고려하여 사고가 학교생활에서 통상 발생할 수 있다고 하는 것이 예측되거나 또는 예측가능성(사고발생의 구체적 위험성)이 있는 경우에는 교장이나 교사는 보호·감독의무 위반에 대한 책임을 진다(대법원 2007. 4. 26, 선고 2005다24318 판결).

감금죄는 사람의 행동의 자유를 그 보호법익으로 하여 사람이 특정한 구역에서 벗어나는 것을 불가능하게 하거나 또는 매우 곤란하게 하는 죄로서 그 본질은 사람의 행동의 자유를 구속하는 데에 있다. 이와 같이 행동의 자유를 구속하는 수단과 방법에는 아무런 제한이 없고, 사람이 특정한 구역에서 벗어나는 것을 불가능하게 하거나 매우 곤란하게 하는 장애는 물리적·유형적 장애뿐만 아니라 심리적·무형적 장애에 의하여서도 가능하므로 감금죄의 수단과 방법은 유형적인 것이거나 무형적인 것이거나를 가리지 아니한다. 또한 감금죄가 성립하기 위하여 반드시 사람의 행동의 자유를 전면적으로 박탈할 필요는 없고, 감금된 특정한 구역 범위 안에서 일정한 생활의 자유가 허용되어 있었다고 하더라도 유형적이거나 무형적인 수단과 방법에 의하여 사람이 특정한 구역에서 벗어나는 것을 불가능하게 하거나 매우 곤란하게 한 이상 감금죄의 성립에는 아무런 지장이 없다(대법원 1998. 5. 26, 선고 98도1036 판결).

4. 학교폭력 관련 법제 개요

4-1. 학교폭력 관련 법제

① 심각한 사회문제로 대두하고 있는 학교폭력 문제에 효과적으로 대처하고, 학교폭력의 예방 및 대책 마련 등 학교폭력에 관한 전반적인 문제를 다루기 위해서 학폭법이 제정·시행되고 있습니다. 이 법은 학교폭력 피해학생의 보호, 가해학생의 선도·교육 및 분쟁조정에 관한 사항 역시 규정하고 있습니다.

② 학교폭력은 형벌의 대상이 됩니다. 이에 따라 학교폭력 가해학생에게는 「형법」 및 「폭력행위 등 처벌에 관한 법률」을 비롯한 형사법이 적용될 수 있으며, 가해학생의 연령·행위의 동기와 죄질 등을 고려해서 「소년법」이 적용될 수도 있습니다.

③ 그 외에도 손해배상과 관련해서 「민법」이 적용될 수 있습니다.

4-2. 학교폭력 예방 및 대책 관련 법령
4-2-1. 「학교폭력예방 및 대책에 관한 법률」

① 학교폭력의 예방 및 대책에 관한 사항은 학폭법에서 규정하고 있습니다.

② 이 법률에 근거해서 국무총리 소속으로 학교폭력대책위원회가 운영되고 있습니다(학폭법 제7조). 교육부장관은 매 5년마다 학교폭력대책위원회의 심의를 거쳐 학교폭력의 예방 및 대책에 관한 기본계획을 수립·시행해야 하며(학폭법 제6조), 특별시장·광역시장·특별자치시장·도지사 및 특별자치도지사(이하 '시·도'라 함)는 학교폭력대책지역위원회를 두어 매년 지역의 학교폭력 예방대책을 수립해야 합니다

(학폭법 제9조 및 제10조). 한편, 학교에서는 학교폭력대책자치위원회를 두어 본교의 학교폭력의 예방 및 대책에 관련된 사항을 심의합니다(학폭법 제12조).

③ 학교폭력예방 대책을 수립하고 기관별 추진계획 및 상호 협력·지원 방안 등을 협의하기 위해서 시·군·구에 위원장 1명을 포함한 20명 내외의 위원으로 구성되는 학교폭력대책지역협의회가 마련됩니다(학폭법 제10조의2).

④ 또한, 교육감은 시·도 교육청에 학교폭력의 예방과 대책을 담당하는 전담부서를 설치·운영해야 하며, 학교의 장이 학교폭력의 예방 및 대책에 관한 실시계획을 수립·시행할 수 있도록 해야 합니다(학폭법 제11조제1항 및 제4항).

⑤ 학교의 장은 학생, 교직원 및 학부모를 대상으로 학기당 1회 이상 학교폭력 예방교육을 실시하고, 교육장은 예방교육 프로그램의 구성과 운용계획을 학부모가 쉽게 확인할 수 있도록 인터넷 홈페이지에 게시하고, 그 밖에 다양한 방법으로 학부모에게 알릴 수 있도록 노력해야 합니다(학폭법 제15조).

⑥ 학교폭력 피해학생이란 학교폭력으로 피해를 입은 학생을 말합니다(학폭법 제2조제4호). 피해학생은 학폭법에 따라 보호조치를 받을 수 있으며, 학교폭력 가해학생을 대상으로 형사상의 책임과 민사상의 책임을 물을 수 있습니다.

⑦ 피해학생은 학폭법에 따라 다음과 같은 보호조치를 받을 수 있습니다(학폭법 제16조제1항).

　1. 심리상담 및 조언

　2. 일시보호

　3. 치료 및 치료를 위한 요양

    4. 학급교체

    5. 그 밖에 피해학생의 보호를 위해 필요한 조치

⑧ 특히, 피해학생이 장애학생인 경우에는 장애인전문 상담가의 상담 또는 장애인전문 치료기관의 요양 조치를 받을 수 있습니다(학폭법 제16조의2).

⑨ 피해학생이나 그 보호자는 학교폭력대책자치위원회에 신청해서 치료비 등 학교폭력에 관한 분쟁조정을 받을 수 있습니다(학폭법 제18조 및 동법 시행령 제25조).

4-2-2. 「민법」

피해학생은 가해학생 또는 그 보호자나 가해학생의 교사를 대상으로 학교폭력으로 인한 손해배상을 청구할 수 있습니다(「민법」 제750조 및 제755조).

4-3. 학교폭력 가해자 관련 법령

① 가해자란 학교폭력을 행사하거나 그 행위에 가담한 사람을 말합니다(학폭법 제2조제3호 참조). 또한, 가해자는 「형법」을 비롯한 형사법에 따라 형사처벌될 수 있으며, 연령과 가해 행위의 동기 및 죄질을 고려해서 「소년법」에 따른 보호처분을 받을 수도 있습니다. 가해자가 학생인 경우에는 학폭법에 따른 조치를 받을 수 있습니다.

② 학생만이 학교폭력의 가해자가 되는 것은 아닙니다. 현행법은 자퇴하거나 그 밖의 사유로 학교를 다니지 않는 사람이 학생을 대상으로 폭력을 행사하는 경우도 학교폭력으로 보고 있습니다(학폭법 제2조제1항).

③ 학교의 장 또는 교육감이 학폭법에 따른 조치를 취하거나 분쟁

조정을 할 수 있는 대상은 학생에 한정되지만, 민사상 또는 형사상 책임은 학생이 아닌 경우에도 질 수 있습니다.

4-3-1. 「학교폭력예방 및 대책에 관한 법률」

가해학생은 학폭법에 따라 다음과 같이 조치됩니다(학폭법 제17조제1항).

1. 피해학생에 대한 서면 사과
2. 피해학생 및 신고·고발 학생에 대한 접촉, 협박 및 보복행위의 금지
3. 학교에서의 봉사
4. 사회봉사
5. 학내외 전문가에 의한 특별 교육이수 또는 심리치료
6. 출석정지
7. 학급교체
8. 전학
9. 퇴학처분

4-3-2. 「형법」 및 「소년법」

① 학폭법에 따라 처분 되었다고 해서 가해자에 대한 처벌이 끝난 것은 아닙니다. 가해자가 14세 이상인 경우에는 형사처벌의 대상이 될 수 있습니다(「형법」 제9조).

② 가해자가 14세 미만이면 형사미성년자로 취급되기 때문에 형벌 법령을 위반하더라도 「형법」에 따라 형사처벌 되지는 않지만(「형법」 제9조), 10세 이상 14세 미만인 경우에는 「소년법」에 따라 보호처분 될 수 있습니다(「소년법」 제4조제1항).

③ 가해자에게는 「형법」에 따라 다음의 죄가 인정될 수 있습니다.

  1. 상해와 폭행의 죄(「형법」 제257조, 제258조, 제258조의2, 제
     259조, 제260조, 제261조, 제262조, 제263조 및 제264조)
  2. 과실치사상의 죄(「형법」 제266조 및 제267조)
  3. 협박의 죄(「형법」 제283조, 제284조, 제285조 및 제 286조)
  4. 약취와 유인의 죄(「형법」 제287조)
  5. 강간과 추행의 죄(「형법」 제302조, 제305조 및 제305조의2)
  6. 명예에 관한 죄(「형법」 제307조)

④ 가해자가 19세 미만이면서 다음 어느 하나에 해당하는 경우에는 「형법」에 따라 처벌받는 대신 「소년법」에 따른 소년보호사건의 대상으로 분류되어 보호 처분될 수 있습니다(「소년법」 제4조제1항).

  1. 죄를 범한 소년
  2. 형벌 법령에 저촉되는 행위를 한 10세 이상 14세 미만인 소년
  3. 다음 어느 하나에 해당하는 사유가 있고 그의 성격이나 환경
     에 비추어 앞으로 형벌 법령에 저촉되는 행위를 할 우려가 있
     는 10세 이상인 소년
   가. 집단적으로 몰려다니며 주위 사람들에게 불안감을 조성하는
       성벽(性癖)이 있는 것
   나. 정당한 이유 없이 가출하는 것
   다. 술을 마시고 소란을 피우거나 유해환경에 접하는 성벽이 있
       는 것

⑤ 보호사건이란 소년사건 중에서 보호처분이 필요하다고 인정되는 것을 말합니다.

4-3-3. 「폭력행위 등 처벌에 관한 법률」

집단적 또는 상습적으로 폭력행위 등을 범하거나 흉기 및 그 밖의
위험한 물건을 휴대해서 폭력행위 등을 범한 경우에는 「폭력행위 등
처벌에 관한 법률」에 따라 처벌을 받을 수 있습니다(「폭력행위 등
처벌에 관한 법률」 제1조).

4-3-4. 「민법」

① 가해자가 피해학생에게 학교폭력으로 인한 손해를 끼쳤다면 가
해자는 그 손해를 배상할 책임이 있습니다(「민법」 제750조). 또한,
피해학생의 신체, 자유 또는 명예를 해하거나 그 밖의 정신적 고통
을 가했다면 재산 이외의 손해(위자료)에 대해서도 배상할 책임이
있습니다(「민법」 제751조제1항).

② 가해자가 책임무능력자인 경우 보호자 등의 책임

  1. 책임능력은 행위자가 어떤 행위를 한 경우에 그 행위의 책임을
변식(辨識)할 수 있는 능력을 말합니다(「민법」 제753조). 판례
는 대체로 15세부터 책임능력이 있는 것으로 보고 있습니다.

  2. 학교폭력으로 피해학생에게 손해를 끼쳤다고 하더라도 그 가해
자가 그 행위의 책임을 변식할 지능이 없다면, 책임능력 없는
미성년자(책임무능력자)로 보아 배상책임을 물을 수 없습니다
(「민법」 제753조).

  3. 가해자가 책임무능력자인 경우에는 가해자를 감독할 법정의무
가 있는 사람(보호자 등)이 그 손해를 배상할 책임이 있습니다
(「민법」 제755조제1항 본문). 또한, 감독의무자에 갈음해서 무
능력자를 감독하는 사람(예를 들어, 교사)도 손해를 배상할 책
임이 있습니다(「민법」 제755조제2항). 다만, 감독의무를 해태

(懈怠)하지 않은 때에는 그렇지 않습니다(「민법」 제755조제1항 단서).

③ 가해자가 책임능력자인 경우 보호자 등의 책임

가해자가 책임능력이 있어서 그 스스로 불법행위책임을 지는 경우에도 그 손해가 해당 미성년자의 감독의무자(보호자 등)의 의무위반과 상당한 인과관계가 있으면 그 감독의무자는 일반불법행위자로서 손해배상책임이 있습니다(대법원 1994. 2. 8. 선고 93다13605 판결).

◆ **가해자가 8살이라면 그 학생에게 책임을 물을 방법이 없는 건가요?**

Q. 가해자가 8살이라면 그 학생에게 책임을 물을 방법이 없는 건가요?

A. 가해자가 10세 미만이면 형사처분을 받지 않습니다(「소년법」 제4조제1항제2호, 제38조제2항 및 「소년심판규칙」 제42조제1항). 이 경우 피해학생은 가해자의 보호자를 대상으로 민사상의 손해배상을 청구할 수 있습니다(「민법」 제750조 및 제755조).

(관련판례)

미성년자가 책임능력이 있어 그 스스로 불법행위책임을 지는 경우에도 그 손해가 당해 미성년자의 감독의무자의 의무위반과 상당인과관계가 있으면 감독의무자는 일반불법행위자로서 손해배상책임이 있고 이 경우에 그러한 감독의무위반사실 및 손해발생과의 상당인과관계의 존재는 이를 주장하는 자가 입증하여야 한다(대법원1994. 2. 8. 선고 93다13605판결).

◆ 학생 몇 명이 한 학생을 괴롭히는 것을 목격한 경우에 어떻게 하면 되나요?

Q. 저는 ○○구에 있는 □□학교 근처를 우연히 지나가다가 ◇◇학교 학생 몇 명이 한 학생을 괴롭히는 것을 목격했습니다. 충격이었습니다. 단순히 돈을 뺏고 때리는 것이 아니라 그 학생을 갖은 방법으로 괴롭히고 있었는데요. 학생들은 학교폭력을 당하면 무서워서 선생님에게 말도 못합니다. 어떻게 하면 되나요?

A. 학교폭력은 학교만의 문제가 아니라 사회적인 문제로 대두되고 있고 이에 학교와 경찰, 지역사회가 함께 지속적인 관심을 가지고 대처해야 됩니다.

경찰에서는 초,중,고등학생의 등하교길에 방범순찰대 및 관할 지구대 경찰관, 112순찰차를 배치, 집중 순찰하여 어린이와 청소년 보호에 만전을 기하고 있고, 학교폭력 자진신고 및 피해신고 기간 등을 운영하여 학교폭력에 대한 경각심 고취 및 학교폭력 피해자의 보호와 가해학생의 처벌, 선도활동에 주력을 다하고 있으며, 학교에 진출하여 학생들 대상으로 학교폭력 및 성폭력 등 각종 범죄에 대한 대처요령과 예방에 대한 강의를 지속적으로 실시하고 있습니다.

향후 학교폭력 및 타 범죄현장을 목격하게 되시면 언제든지 경찰관서(범죄신고 112)에 신고하여 부모님과 학교, 경찰관이 함께 문제를 해결할 수 있도록 도와주시기 바랍니다.

학교폭력 사전대응

제2장 학교폭력 사전대응

제1절 국가 및 지방단체의 학교폭력 예방을 위한 노력

1. 국가 및 지방단체

① 국가 및 지방자치단체는 학교폭력을 예방하고 근절하기 위해 필요한 조치를 마련하고, 관련 민간단체의 학교폭력 예방활동과 피해학생 보호·가해학생 선도 및 교육활동을 장려해야 합니다.

② 이러한 조치의 일환으로 국가 및 지방자치단체는 학교폭력과 관련된 위원회를 설치해서 운영하고 있으며, 각 특별시·광역시·도·특별자치도에 학교폭력 전담부서를 두고 있습니다. 또한 학교폭력에 관해 상담·신고할 수 있는 긴급전화를 운영하고 있습니다.

2. 학교폭력 예방 및 근절 노력

2-1. "학교폭력 예방 및 대책 5개년 기본계획"의 수립

① 교육부장관은 「학교폭력예방 및 대책에 관한 법률」의 목적을 효율적으로 달성하기 위해서 학교폭력의 예방 및 대책에 관한 정책 목표·방향을 설정하고, 이에 따른 학교폭력의 예방 및 대책에 관한 기본계획을 학교폭력대책위원회의 심의를 거쳐 수립·시행해야 합니다(학폭법 제6조제1항).

② 2015년부터 2019년까지 시행되는 "제3차 학교폭력 예방 및 대책 기본계획"은 학교폭력 없는 안전하고 즐거운 교육환경을 조성하기

위해 '학교폭력 안전도 제고'를 정책목표로 설정하고, 다음의 정책을 주요 과제로 추진하고 있습니다.

정책 과제	세부 사업
1. 학교폭력 안전인프라 확충	·학생보호 인프라 확충 ·학교폭력 조기발견 및 신고체제 강화 ·지역사회 연계망 구축
2. 맞춤형 예방교육 강화	·학교급별 맞춤형 예방교육 실시 ·전 교원의 대응역량 강화 ·학교폭력 추세에 맞춘 선제 대응 ·가정의 예방기능 강화
3. 단위학교의 대응능력 및 책무성 제고	·자치위원회 심의 활성화 ·학교상담망 확충 ·학교폭력대책자치위원회 심의·조정 역량 강화 ·정보공시 상세화 등 책무성 제고
4. 가해자 선도·피해자 치유 시스템 질 제고	·전문 진단·상담시스템 구축 ·고위험 가해학생 통합적 위기관리 ·피해학생 보호·지원 시스템 구축 ·선도·치유기관 확충과 특성화
5. 존중과 배려의 학교문화 조성	·규칙과 질서 존중 학교시스템 구축 ·배려와 나눔의 인성교육 강화 ·언어폭력 없는 학교문화 조성 ·또래 상담기능 강화
6. 지역사회와 함께하는 학교안전망 구축	·지역단위 대응역량 강화 ·범사회적 폭력근절 문화 조성 ·청소년 유해환경 정화

2-2. 학교폭력근절 종합대책 : 학교폭력근절 7대 실천 정책 제시

① 정부는 학교폭력으로 고통 받고 있는 학생·학부모의 입장에서 기존의 학교폭력대책의 한계와 문제점을 철저히 검토하고, 학교폭력의 최근 경향에 대응하기 위해서 「학교폭력근절 종합대책」을 발표하고 학교폭력근절 7대 실천 정책을 제시했습니다.

② 학교폭력근절 7대 실천 정책은 '직접 대책'과 '근본 대책'으로 구성되어 있습니다. '직접 대책'으로 사소한 괴롭힘도 범죄라는 인식 하에 피해자 보호를 최우선으로 하고 학교폭력이 은폐되지 않도록 철저하게 대응하며, '근본 대책'으로 학생들이 더불어 살아가는 능력을 갖출 수 있도록 학교, 가정, 사회가 협력해서 인성교육을 실천할 수 있도록 하고 있습니다.

2-3. 학교폭력 실태조사 등

① 학교폭력의 실태를 파악하고 학교폭력에 대한 효율적인 예방대책을 수립하기 위해 교육감은 학교폭력 실태조사를 연 2회 이상 실시하고 그 결과를 공표해야 합니다(학폭법 제11조제8항).

② 학교폭력 예방과 사후조치 등을 위해 교육감은 다음의 사항에 대해 조사·상담 등을 할 수 있습니다(학폭법 제11조의2제1항).

  1. 학교폭력 피해학생 상담 및 가해학생 조사
  2. 필요한 경우 가해학생 학부모 조사
  3. 학교폭력 예방 및 대책에 관한 계획의 이행 지도
  4. 관할 구역 학교폭력서클 단속
  5. 학교폭력 예방을 위해서 민간 기관 및 업소 출입·검사
  6. 그 밖에 학교폭력 등과 관련해서 필요로 하는 사항

2-4. 청소년 관련 단체 등에 대한 학교폭력 예방활동 등의 지원

① 국가 및 지방자치단체는 청소년 관련 단체 등 민간의 자율적인 학교폭력 예방활동과 피해학생의 보호 및 가해학생의 선도·교육활동을 장려해야 합니다(학폭법 제4조제2항).

② 또한, 위의 청소년 관련 단체 등 민간이 건의한 사항에 대해서는 관련 시책에 반영하도록 노력해야 합니다(학폭법 제4조제3항).

③ 이를 위해서 국가 및 지방자치단체는 필요한 행정적·재정적 지원해야 합니다(학폭법 제4조제4항).

3. 학교폭력 전담 위원회의 설치 및 운영

3-1. 국가 : 학교폭력대책위원회의 설치 및 운영

① 학교폭력의 예방 및 대책에 관한 다음의 사항을 심의하기 위해서 국무총리 소속으로 학교폭력대책위원회가 운영되고 있습니다(학폭법 제7조).

  1. 학교폭력의 예방 및 대책에 관한 기본계획의 수립 및 시행에 대한 평가

  2. 학교폭력과 관련해서 관계 중앙행정기관 및 지방자치단체의장이 요청하는 사항

  3. 학교폭력과 관련해서 교육청, 학교폭력대책지역위원회, 학교폭력대책지역협의회, 학교폭력대책자치위원회, 전문단체 및 전문가가 요청하는 사항

3-2. 특별시·광역시·특별자치시·도 및 특별자치도 : 학교폭력대책지역위원회의 설치 및 운영

① 지역 사회의 학교폭력 문제를 해결하기 위해서 특별시·광역시·특별자치시·도 및 특별자치도(이하 "시·도"라 함)에 학교폭력대책지역위원회가 운영되고 있습니다(학폭법 제9조제1항).

② 학교폭력대책지역위원회는 다음의 업무를 수행합니다(학폭법 제10조).

1. 교육부장관이 수립·시행하는'학교폭력의 예방 및 대책에 관한 기본계획'에 따라 지역의 학교폭력 예방대책을 매년 수립

2. 해당 지역에서 발생한 학교폭력에 대해 교육감 및 지방경찰청장에게 관련 자료 요청 가능

3. 교육감의 피해학생의 보호·가해학생 조치(학폭법 제16조제1항제1호부터 제3호까지 또는 제17조제1항제5호)에 따른 상담·치료 및 교육을 담당할 상담·치료·교육 기관 지정 시 의견제시

3-3. 시·군·구: 학교폭력대책지역협의회

학교폭력예방 대책을 수립하고 기관별 추진계획 및 상호 협력·지원 방안 등을 협의하기 위해서 시·군·구에 학교폭력대책지역협의회를 둡니다(학폭법 제10조의2).

4. 학교폭력 전담부서의 설치 및 운영

① 교육감은 다음의 업무를 수행하기 위해 시·도 교육청 및 교육지원청에 학교폭력의 예방과 대책을 담당하는 전담부서를 설치·운영해야 합니다(학폭법 제11조제1항 및 동법 시행령 제8조).
   1. 학교폭력 예방과 근절을 위한 대책의 수립과 추진에 관한 사항
   2. 학교폭력 피해학생의 치료 및 가해학생에 대한 조치에 관한 사항
   3. 그 밖에 학교폭력의 예방 및 대책과 관련하여 교육감이 정하는 사항

5. 학교폭력 예방교육의 실시

5-1. 학교폭력 예방교육 실시

학교의 장은 학생, 교직원 및 학부모에 대한 학교폭력 예방교육을 학기별로 1회 이상 실시해야 합니다(학폭법 제15조).

5-2. 학교폭력 예방교육 프로그램 홈페이지 게시 등

① 교육장은 학교폭력 예방교육 프로그램의 구성과 운용계획을 학부모가 쉽게 확인할 수 있도록 인터넷 홈페이지에 게시하고, 그 밖에 다양한 방법으로 학부모에게 알릴 수 있도록 노력해야 합니다(학폭법 제15조제4항).

② 여기에서 교육장이란 교육·학예에 관해 사무집행을 하는 기관으로서 시·도에 설치된 하급교육행정기관(지역교육청)의 책임자를 말합니다(「지방교육자치에 관한 법률」 제34조 및 제35조).

③ 교육감은 상담·치료·교육 기관을 지정한 때에는 해당 기관의 명칭, 소재지, 업무를 인터넷 홈페이지에 게시하고, 그 밖에 다양한 방법으로 학부모에게 알릴 수 있도록 노력해야 합니다(학폭법 제10조 제3항),

6. 학교폭력 상담·신고전화의 설치 및 운영

6-1. 긴급전화의 설치 및 운영

국가 및 지방자치단체는 학교폭력을 수시로 신고 받고 이에 대한 상담에 응할 수 있도록 경찰청장과 지방경찰청장이 운영하는 학교폭력 관련 기구에 긴급전화(☎117)를 설치·운영하고 있습니다(학폭법 제20조의2 및 동법 시행령 제30조).

6-2. 학교폭력을 상담·신고할 수 있는 긴급전화

117학교폭력신고센터 (☎117)(경찰청, 교육부, 여성가족부 연계 운영)

7. 학생보호인력의 배치

① 국가·지방자치단체 또는 학교의 장은 학교폭력을 예방하기 위해 학교 내에 학생보호인력을 배치해서 활용할 수 있습니다(학폭법 제20조의5제1항).
② 국가·지방자치단체 또는 학교의 장은 학생보호인력의 배치 및 활용 업무를 관련 전문기관 또는 단체에 위탁할 수 있습니다(학폭법 제20조의5제2항 및 제3항).

제2절 학교의 학교폭력 예방을 위한 노력

1. 학교

① 학교는 국가 및 지방자치단체에서 수립한 계획을 현장에서 실천하는 역할을 합니다.

② 구체적으로 학교는 학교폭력대책자치위원회를 설치해서 본교의 학교폭력 예방 및 대책 관련 사항을 논의할 뿐만 아니라 실제로 학교폭력이 행해졌을 때 일차적으로 개입해서 처리하는 역할을 담당합니다.

③ 또한, 상담실을 운영해서 학생들의 학교폭력 관련 의견을 청취·상담하고 있으며 학교폭력 예방교육을 실시하는 등 학교폭력을 미연에 방지하기 위해서 노력하고 있습니다.

2. 학교폭력대책자치위원회의 설치 및 운영

2-1. 학교폭력대책자치위원회의 설치 및 기능

학교에는 학교폭력의 예방 및 대책에 관한 다음의 사항을 심의하기 위해서 학교에 학교폭력대책자치위원회(이하 "자치위원회"라 함)가 운영되고 있습니다(학폭법 제12조 및 동법 시행령 제13조제2항).

1. 학교폭력의 예방 및 대책수립을 위한 학교 체제 구축
2. 피해학생의 보호
3. 가해학생에 대한 선도 및 징계

4. 피해학생과 가해학생 사이의 분쟁조정

5. 학교폭력의 예방 및 대책과 관련해서 학교폭력 문제를 담당하
는 책임교사 또는 학생회의 대표가 건의하는 사항

2-2. 자치위원회의 구성

① 자치위원회는 위원장 1명을 포함해서 5명 이상 10명 이하의 위원
으로 구성합니다(학폭법 제13조제1항 본문).

② 학교폭력대책자치위원회의 위원은 다음 어느 하나에 해당하는 사
람으로 하되, 전체위원의 절반 이상은 학부모전체회의에서 직접 선출
된 학부모대표(단, 학부모전체회의에서 학부모대표를 선출하기 곤란
한 사유가 있는 경우에는 학급별 대표로 구성된 학부모대표회의에서
선출된 학부모대표)로 위촉해야 합니다(학폭법 제13조제1항 및 동법
시행령 제14조제1항).

1. 해당 학교의 교감

2. 해당 학교의 교사 중 학생생활지도의 경력이 있는 교사

3. 학부모대표

4. 판사·검사·변호사

5. 해당 학교를 관할하는 경찰서 소속 경찰공무원

6. 의사의 자격을 가진 사람

7. 그 밖에 학교폭력 예방 및 청소년 보호에 대한 지식과 경험을
가진 사람

2-3. 자치위원회의 운영

다음 어느 하나에 해당하는 경우에는 자치위원회 회의가 소집됩니다
(학폭법 제13조제2항).

1. 자치위원회 재적위원 4분의 1 이상이 요청하는 경우

2. 학교의 장이 요청하는 경우

3. 피해학생 또는 그 보호자가 요청하는 경우

4. 학교폭력이 발생한 사실을 신고 받거나 보고받은 경우

5. 가해학생이 협박 또는 보복한 사실을 신고받거나 보고받은 경우

6. 그 밖에 위원장이 필요하다고 인정하는 경우

◆ **경찰에서 동일 사건으로 수사가 진행 중인데 자치위원회를 개최 해야 하는지요?**

Q. 남학생들 간 집단 싸움 도중 A 학생이 중상해를 입었습니다.
이 후 A 학생의 보호자가 상대 학생들을 고소하여 현재 경찰에서 수사가 진행 중인데 자치위원회를 개최해야 하는지요?

A. 학교폭력 사안으로 인정되는 경우에는 경찰의 수사 진행여부와 상관없이 자치위원회를 개최하여야 합니다.

〈 해 설 〉

□ 경찰 수사 중인 사안에 대한 자치위원회 개최 여부

① 경찰의 수사는 형사 처벌 또는 소년보호 처분 등을 목적으로 이루어지는 사법절차로써 자치위원회에서 가해학생을 교육·선도하기 위한 조치와는 별개의 절차입니다.

② 따라서 경찰에서 수사가 진행 중이라고 하더라도 학교폭력 사안의 경우에는 자치위원회를 개최해야 하며, 자치위원회 개최를 미루거나 연기할 수 없습니다.

③ 가해학생이 자치위원회 조치를 받은 후 형사처벌 또는 소년보호처분을 받게 되더라도 이는 이중처벌에 해당하지 않습니다.

◆ **보호자간 합의를 이유로 자치위원회에서 이미 결정된 조치의 철회를 요청할 수 있나요?**

Q. 학생 간 학교폭력이 발생하여, 자치위원회를 통해 가해학생에 대한 조치가 이미 결정되었습니다. 그런데 이후 가해학생 보호자가 피해학생 보호자와 합의하였다고 하면서 조치를 철회해 달라고 요구합니다. 이 경우 자치위원회의 조치 결정을 철회 할 수 있나요?

A. 자치위원회의 결정을 철회하는 것은 불가능합니다. 전학 또는 퇴학 조치를 받은 가해학생은 학폭법 제17조의2제2항의 재심청구 요건을 갖추어 시·도학생징계조정위원회에 재심을 청구할 수 있습니다.

□ **자치위원회의 결정을 철회하는 것은 불가능함**
 ① 위 사례의 경우 자치위원회의 조치 결정이 이미 이루어진 상황입니다. 가해학생 보호자는 재심 청구 제도를 통해 권리 구제를 받을 수 있으므로 조치 결정에 대한 철회를 요구할 권한은 없습니다.
 ② 자치위원회는 결정한 조치를 학교장에 요청하여야 하며, 학교장은 요청받은 조치를 14일 이내에 반드시 하여야 합니다(학폭법 제17조제1항 및 제6항).

□ **가해학생에 대한 권리 구제 수단으로서 재심 제도**
 ① 학교장의 조치에 대한 불복 절차로 재심을 청구할 수 있습니다.
 ② 가해학생 또는 그 보호자는 학교장의 전학 또는 퇴학조치에 대해 조치를 받은 날로부터 15일 이내, 조치가 있음을 안 날로부터 10일 이내에 초중등교육법 제18조의 3에 따른 시·도학생징계조정위원회에 재심을 청구할 수 있습니다(학폭법 제17조의2 제2항).
 ③ 전학, 퇴학 이외의 조치의 경우, 가해학생은 행정심판 또는 행정소송을 통해 권리 구제를 받을 수 있습니다.

(생활지도 Tip)

□ **자치위원회의 결정을 철회할 수 있는 법적 근거가 없음을 설명**
 ① 자치위원회의 결정이 내려졌다면 이를 철회할 수 있는 법적 근거가 없으며, 재심 청구를 통해 권리를 구제받을 수 있음을 피해학생보호자와 가해학생 보호자에게 안내합니다.

◆ **가해학생이 학교폭력 가해사실을 부인하는 경우 분명한 근거자료
도 없는 상황인데 어떻게 해야 하나요?**

Q. 급우들이 바이러스에 감염된다고 하면서 학생 A의 책에 세정
제를 발라두고, 쉬는 시간에는 A의 책상을 치워버리고 어떨
때에는 A를 마구 때리기도 합니다. 그래서 A의 보호자는 학
생 B를 가해자로 신고하였고, 학교 측에서 보기에도 학생B가
주도적으로 나서서 학생 A를 괴롭힌 것으로 짐작은 되지만,
B는 가해사실을 강력히 부인하고 있습니다. B의 가해사실을
확인할만한 분명한 근거자료도 없는 상황인데 어떻게 해야
하나요?

A. 학교의 장은 자치위원회 개최전이라도 A 학생 보호를 위해 보호
조치를 할 수 있습니다. 아울러 학교의 장은 긴급하다고 인정할
경우 B 학생에게 서면사과, 접촉금지, 교내봉사, 특별교육, 출석
정지 조치를 할 수 있으며, 또한 담임교사는 전담기구에 동 사
안을 알려 신속하고 정확한 사안 조사를 통해 학교폭력 가해 및
피해 사실 여부를 확인한 후, 자치위원회를 개최하여 A 학생을
신속히 보호해야 합니다.

□ **가해학생이 가해사실을 부인하는 경우 학교폭력 사안인지 여부**

① 가해학생의 주장만으로 이를 학교폭력이 아니라 단정할 수 없으며, 피해학생과 그 보호자, 목격자 등의 진술 등을 종합적으로 고려하여 학교폭력 여부를 판단해야 할 것입니다.

② 따라서 피해학생과 목격학생의 진술로 가해 사실을 인정하는 것도 가능합니다.

□ **자치위원회 결정없이도 피해학생 보호조치를 할 수 있는지 여부**

① 동 사안과 같이 지속적이고 집단적인 학교폭력으로 피해학생을 보호할 긴급한 사유가 있다고 판단하는 경우 심리상담 및 조언, 일시보호, 치료 및 치료를 위한 요양 등 보호 조치를 할 수 있습니다.

② 이 경우 학교의 장은 자치위원회에 즉시 보고해야 합니다.

□ **자치위원회 결정 없이도 가해학생 선도조치를 할 수 있는지 여부**

① 2명 이상의 학생이 고의적·지속적인 폭력을 행사한 경우 학교의 장은 가해학생에 대한 우선 출석정지 조치를 할 수 있습니다.

② 동 사안의 경우 다수의 학생이 고의적이며 지속적으로 A학생을 폭행하고, 모욕하는 등 학교폭력을 행사한 사례로 보여지며, 학교의 장은 B 학생뿐 아니라 다른 가해학생의 선도가 긴급하다고 인정하는 경우 즉시 출석정지 조치를 할 수 있습니다.

□ **학교폭력 사안 조사 방법**

- 서면 조사, 해당학생 및 목격자의 면담 조사, 사안현장 조사 등을 통해 종합적인 방법으로 신속하게 자료를 확보합니다.

- 면담 조사를 하는 경우에는 육하원칙에 근거하여 구체적으로 진술서를 받습니다.

- 객관적이고 공정한 사안조사를 실시합니다.

- 피해·가해학생의 진술이 어긋날 시, 목격한 학생의 진술을 받거나 증거자료 확보를 통해 적극적으로 사안조사를 실시합니다.

- 전담기구 소속교사는 학생, 학부모, 목격자, 담임교사 등을 면담조사한 후에 면담조사 일지를 작성합니다.

3. 학교폭력 전문상담교사의 배치 및 전담기구의 설치·운영

3-1. 상담실의 설치 및 전문상담교사의 배치

① 학교의 장은 학교에 다음의 시설·장비를 갖추어 상담활동이 편리한 장소에 상담실을 설치하고, 「초·중등교육법」 제19조의2에 따라 전문상담교사를 배치합니다(학폭법 제14조제1항 및 동법 시행령 제15조).

  1. 인터넷 이용시설, 전화 등 상담에 필요한 시설 및 장비
  2. 상담을 받는 사람의 사생활 노출 방지를 위한 칸막이 및 방음시설

② 전문상담교사는 학교의 장 및 자치위원회의 요구가 있는 경우에는 학교폭력에 관련된 피해학생 및 가해학생과의 상담결과를 보고해야 합니다(학폭법 제14조제2항).

3-2. 학교폭력 전담기구의 구성 및 운영

① 학교의 장은 교감, 전문상담교사, 보건교사 및 책임교사(학교폭력문제를 담당하는 교사를 말함) 등으로 학교폭력문제를 담당하는 전담기구(이하 "전담기구"라 함)를 구성합니다(학폭법 제14조제3항 전단).

② 학교의 장은 학교폭력 사태를 인지한 경우 지체 없이 전담기구 또는 소속 교원으로 하여금 가해 및 피해 사실 여부를 확인하도록 하고, 전담기구는 가해 및 피해 사실 여부에 관해 확인한 사항을 학교의 장 및 자치위원회(자치위원회의 요청이 있는 경우)에 보고해야 합니다(학폭법 제14조제3항 후단 및 동법 시행령 제16조).

③ 전담기구는 학교폭력에 대한 실태조사와 학교폭력 예방 프로그

램을 구성·실시하며, 학교의 장 및 자치위원회의 요구가 있는 때에는 학교폭력에 관련된 조사결과 등 활동결과를 보고해야 합니다(학폭법 제14조제4항).

④ 피해학생 또는 피해학생의 보호자는 피해사실 확인을 위해서 전담기구에 실태조사를 요구할 수 있습니다(학폭법 제14조제5항).

⑤ 전담기구는 성폭력 등 특수한 학교폭력사건에 대한 실태조사의 전문성을 확보하기 위해 필요한 경우 전문기관에 그 실태조사를 의뢰할 수 있습니다(학폭법 제14조제7항).

4. 복수담임제

① 초등학교·중학교·고등학교 학급에는 학급담당교원을 두되, 학생의 수가 일정 규모 이상이거나 학급관리를 위해 필요한 경우에는 학급담당교원 1명을 더 둘 수 있습니다(「초·중등교육법」 제19조제4항, 동법 시행령 제36조의5).

② 복수담임제는 각 시·도별로 운영되고 있으므로 자세한 내용은 해당 교육청에서 확인하실 수 있습니다.

5. 학교폭력 예방교육의 실시

5-1. 학교폭력 예방교육의 실시
① 학교의 장은 학생의 육체적·정신적 보호 및 학교폭력의 예방을 위해서 학생들을 대상으로 학기당 1회 이상 학교폭력의 개념·실태

및 대처방안 등을 포함한 학교폭력 예방교육을 실시해야 합니다(학폭법 제15조제1항).

② 또한, 학교폭력의 예방 및 대책 등을 위한 교직원 및 학부모에 대한 교육을 학기당 1회 이상 실시해야 합니다(학폭법 제15조제2항).

5-2. 위탁 및 연계교육의 실시

학교의 장은 학교폭력 예방 교육 프로그램의 구성 및 그 운용 등을 전담기구와 협의해서 전문단체 또는 전문가에게 위탁할 수 있습니다(학폭법 제15조제3항).

6. 교내 폭력서클의 결성예방 및 해체 노력

6-1. 교내 폭력서클의 결성예방 및 해체 노력

학교의 장은 경찰청 등 관계 기관과 협력해서 일진 등 교내 학교폭력 단체의 결성을 예방하고 기존 학교폭력 단체의 해체를 위해 노력해야 합니다(학폭법 제19조 후단).

6-2. 일진 경보제의 도입

6-2-1. 일진 등 학교폭력 서클 대응 강화

2012년 2월 정부 관계부처합동으로 발표한 「학교폭력근절 종합대책」에 따르면 경찰청의 협조를 얻어 117 학교폭력신고센터, 경찰청 학교폭력 검거 및 조치 현황 등 관련 정보를 종합분석해서 일진을 파악한 후 관내 경찰서장의 지휘 하에 엄정 조치가 취해지게 됩니다.

6-2-2. 일진 경보제의 도입

일진의 효과적인 지도를 위해서 일진 경보제가 도입됩니다. 일진 경보제란 다음과 같은 내용이 담긴 '일진 지표'를 개발하고 표본조사를 실시해서 일정 점수 이상이 나오거나, 동일한 학교에서 일진 신고가 2회 이상 들어오는 경우에 일진이 존재하는 것으로 간주해서 일진 경보를 작동하는 것을 말합니다. 일진 경보가 작동하면 관내 경찰서장이 직접 일진을 관리합니다.

제3절 학교폭력 예방교육

① 학교폭력 예방교육은 학교에서 자체적으로 진행하거나, 학교폭력 관련 전문기관과 연계해서 실시하기도 합니다.

② 최근 학교폭력 예방교육은 그 실효성을 높이기 위해서 ㉠ 학교급별 맞춤형 학교폭력 예방교육 강화, ㉡ 전 교원의 학교폭력 대응역량 강화, ㉢ 학교폭력 추세에 맞춘 선제대응, ㉣ 가정의 학교폭력 예방기능 강화 등에 초점을 맞추고 있습니다.

1. 학생 교육

1-1. 학교폭력 예방교육의 정례화

① 학교의 장은 학생의 육체적·정신적 보호 및 학교폭력의 예방을 위해서 학생들을 대상으로 학기당 1회 이상 학교폭력의 개념·실태 및 대처방안 등을 포함한 학교폭력 예방교육을 실시해야 합니다(학폭법 제15조제1항). 다만, 예방교육 횟수·시간·강사 등 세부적인 사항은 학교의 여건에 따라 학교의 장이 정합니다(학폭법 제15조제5항 및 동법 시행령 제17조제1호).

② 학교폭력 예방교육은 학급단위로 실시하는 것이 원칙이지만, 학교의 여건에 따라 전체 학생을 대상으로 강당 등 한 장소에서 동시에 실시할 수 있습니다(학폭법 제15조제5항 및 동법 시행령 제17조제2호).

③ 학생은 교직원, 학부모와 따로 교육하는 것을 원칙으로 하되, 내용에 따라 함께 교육할 수 있습니다(학폭법 제15조제5항 및 동법 시행령 제17조제3호).

④ 학교폭력 예방교육을 실시할 때는 강의, 토론 및 역할연기 등 다양한 방법으로 하되, 다양한 자료나 프로그램 등을 활용해야 합니다(학폭법 제15조제5항 및 동법시행령제17조제4호).

1-2. 학교급별 맞춤형 학교폭력 예방교육의 실시

① "제3차 학교폭력 예방 및 대책 기본계획(2015~2019)"에 근거해서 다음과 같이 학교급별 맞춤형 학교폭력 예방교육이 확대실시 되고 있습니다「제3차 학교폭력 예방 및 대책 기본계획(2015~2019)」(교육부 외 정부부처, 2014) 참고]

② 교육부 등 정부부처는 위와 같은 맞춤형 예방교육을 지원하기 위해 맞춤형 학교폭력 예방교육자료를 개발·보급하고 있으며, 학교급별 학생을 대상으로 준법강연과 범죄예방교실 등을 진행하고 있습니다.

③ 학생 정신건강서비스 지원 : 학생의 건강을 보호·증진하기 위하여 필요한 경우, 설문조사 등의 방법으로 정신건강 상태 검사를 할 수 있습니다(「학교보건법」 제7조제3항 및 「학교건강검사규칙」 제4조의3 제1항 전단).

④ 교육부에서는 학생정신건강서비스 지원(System of Care : SOC)을 운영하고 있습니다.

1-3. 외국의 학교폭력 예방교육 사례

① 미국

- 미국 캘리포니아주에서는 유치원 과정에서부터 학교폭력에 대한 예방교육을 의무화하고 있습니다. 친구들의 압박과 분노를 인식하고, 이를 비폭력적으로 대응할 수 있도록 하는 '행동'을 연습시

키는 체험적 교육과정입니다.

- 또한 '동료중재프로그램(Peer Mediation Program)'이라는 별도의 또래중재 프로그램을 통해 학생들 스스로 갈등을 해결할 수 있도록 도와줍니다. 이 프로그램을 통해 각 학급마다 친구들이 추천을 받은 2명은 일정 교육과정을 이수한 후 학생중재자(student mediators)로 활동하게 되며, 이들에 대해서는 별도의 갈등조정전문가(adult coordinators)가 있어 이들의 교육과 갈등조정을 지원합니다.

② 노르웨이

- 노르웨이에서는 지난 1982년부터 예방교육을 체계화해 운영하고 있습니다. 폭력을 보면 반사적으로 '스톱(Stop)'을 합창하고, 학급회의를 수시로 개최하며 학생 스스로 폭력에 대한 방관자가 되지 않도록 교육시키는 것입니다.

- 2003년에는 집단따돌림에 대처하기 위한 제로 프로그램(Zero Program)도 도입했습니다. 제로(Zero) 내 각 학교에 교장, 담임, 부모, 학생으로 구성된 집단을 구성하고 세미나 개최 등의 활동을 통해 학교폭력에 대한 대응역량을 키워가도록 한 것입니다. 세미나는 매해 6회 열리며, 외부전문가가 참여합니다. 또한 '무관용, 책임과 헌신, 지속적 대처'라는 3대 원칙에 입각해 운영됩니다. 제로는 3~4개 학교로 구성되며 17개월 간 진행됩니다.

③ 핀란드

- 핀란드에서는 2006년부터 끼바 꼬울루(Kiva Koulu) 프로젝트를 운영 중입니다. 1·4·7학년을 대상으로 2시간씩 10회 교육하며, 특히 가·피해자에 대한 교육뿐 아니라 '방관자'가 피해자를 돕도록 교육합니다. 학생들은 토의와 집단활동, 역할극 시연 등의 프로젝

트를 수행하며 학급당 규칙을 만들고 학년말에는 규칙을 전부 모아 자치조약에 서명한 후 이를 지켜나갑니다.
- 끼바 꼬울루 프로젝트에는 전체학교의 82%인 2500교가 참여 중이며, 학교당 3명의 교사가 2일간 사전연수를 받습니다. 프로젝트 기간 동안 교사는 학교폭력 예방 문구 조끼를 착용해 경각심을 유발하고, 학부모용 자료를 만들어 보급합니다.

④ 독일
- 독일의 경우 지난 1997년부터 주(州)정부 차원에서 대상별 '폭력 예방 네트워크'를 가동하고 있습니다. 정부외 연구소, 경찰, 교수, 민간인 등이 공동 참여해 경찰과 교사, 사회교육사 등으로 이루어진 전문팀이 학교폭력 예방교육을 실시하는 것입니다.
- 또한, 일반인들을 대상으로 '폭력-목격-돕기(GSH)'캠페인도 실시하며 학부모와 교사, 경찰, 사회교육사를 대상으로 한 전문 홈페이지도 운영합니다.

2. 교직원 교육

2-1. 학교폭력 예방·대책 교육의 정례화

① 학교의 장은 교직원을 대상으로 학교폭력의 예방 및 대책 등을 위한 교육을 학기당 1회 이상 실시해야 합니다(학폭법 제15조제2항). 다만, 교육 횟수·시간·강사 등 세부적인 사항은 학교의 여건에 따라 학교의 장이 정합니다(학폭법 제15조제5항 및 동법 시행령 제17조제1호).
② 교직원에 대한 학교폭력 예방교육은 학생과 별도로 실시하는 것

을 원칙으로 하지만, 교육내용에 따라서 학생, 학부모와 함께 진행할 수 있습니다(학폭법 시행령 제17조제3호).

③ 학교폭력 예방교육을 실시할 때는 학교폭력 관련 법령에 대한 내용, 학교폭력 발생 시 대응요령, 학생 대상 학교폭력예방 프로그램 운영 방법 등의 내용이 포함되어야 합니다(학폭법 시행령 제17조제5호).

2-2. 전 교원의 학교폭력 대응역량 강화 교육의 실시

① "제3차 학교폭력 예방 및 대책 기본계획(2015~2019)"에 근거해서 다음과 같이 전 교원의 학교폭력 대응역량 강화 교육이 심화되고 있습니다「제3차 학교폭력 예방 및 대책 기본계획(2015~2019)」(교육부 외 정부부처, 2014) 참고]

② 이 외에도 학교폭력 예방의 효율성을 높이기 위해 학교폭력 예방에 공로가 있는 교원에게 상훈을 수여하거나 근무성적 평정에 가산점을 부여할 수 있으며, 교사의 업무 집중도를 높이기 위해서 학교폭력책임교사와 생활지도교사를 분리·지정하고 있습니다(학폭법 제11조제11항 및 제14조제1항) .

3. 학부모 교육

3-1. 학교폭력 예방·대책 교육의 정례화

① 학교의 장은 학부모를 대상으로 학교폭력의 예방 및 대책 등을 위한 교육을 학기당 1회 이상 실시해야 합니다(학폭법 제15조제2항).

② 학부모에 대한 예방교육은 학생, 교직원과 따로 교육하는 것을 원칙으로 하되, 내용에 따라 함께 교육할 수 있습니다(학폭법 제15

조제5항 및 동법 시행령 제17조제3호).

③ 학교폭력 예방교육을 실시할 때는 학교폭력 징후 판별, 학교폭력
발생 시 대응요령, 가정에서의 인성교육에 관한 사항이 포함되어야
합니다(학폭법 제15조제5항 및 동법 시행령 제17조제6호).

3-2. 학교폭력 예방교육 내용의 확인

① 교육장은 학교폭력 예방교육 프로그램의 구성과 운용계획을 학
부모가 쉽게 확인할 수 있도록 인터넷 홈페이지에 게시하고, 그 밖
에 다양한 방법으로 학부모에게 알릴 수 있도록 노력해야 합니다
(학폭법 제15조제4항).

② 교육장이란 교육·학예에 관해 사무집행을 하는 기관으로서 시·도
에 설치된 하급교육행정기관(지역교육청)의 책임자를 말합니다(「지방
교육자치에 관한 법률」 제34조 및 제35조).

3-3. 가정의 예방기능 강화 교육의 실시

① "제3차 학교폭력 예방 및 대책 기본계획(2015~2019)"에 근거해
서 다음과 같이 가정의 예방기능 강화 교육이 실시되고 있습니다.

② 교육부 등 정부부처는 위와 같은 가정의 예방기능 강화교육을
지원하기 위해서 학교폭력 예방교육자료를 개발·보급하고 있으며,
학교폭력 이해, 예방 및 대처 방법 등을 담은 사이버콘텐츠를 개발
해서 교육부(http://www.mest.go.kr)와 각 시·도교육청 '학부모섹
션'에 탑재 중입니다.

③ 가정에서의 학교폭력 예방교육에 관해 자세한 내용은 스쿨로 홈
페이지(http://schoolaw.lawinfo.or.kr)의 <안전한학교-학교폭력(학
부모)>에서 확인하실 수 있습니다.

◆ 가해학생 보호자가 피해학생과의 대질을 요구한 경우 대면조사를
해야 하는가요?

Q. 학생 A가 여러 후배들로부터의 금품을 갈취한 사실을 인지하
고 사안 조사를 완료하였는데 A가 완강히 부인하고 A의 보호
자가 억울하다며 사실 확인을 위한 피해학생과의 대면조사를
요구할 경우 대면조사를 해야 하는가요?

A. 학교는 대면조사 요구에 응할 의무는 없습니다. 반대로 피해학생
또는 그 보호자가 대면조사를 요구하는 경우에도 학교가 이에
응할 의무는 없습니다.

〈 해 설 〉

□ **가해학생 본인이나 그 보호자에게 피해학생과의 대면조사를
요구할 권리는 없습니다.**

(생활지도 Tip)

□ **다양한 조사를 통한 정확한 사실 관계의 확인이 필요**

피해학생, 가해학생, 목격자 등의 진술과 주변 정황 등을 토
대로 사실 조사를 실시하고, 이 후 조사 결과에 기초하여 피
해학생 및 보호자, 가해학생 및 보호자에게 사실 확인 및 설
명하는 것이 바람직합니다.

□ **학교폭력 사안 조사 방법**

• 서면 조사, 피해학생, 가해학생 및 목격자의 면담 조사, 사
안현장 조사 등을 통해 종합적인 방법으로 신속하게 자료를

확보합니다.

- 면담 조사의 경우에는 육하원칙에 근거하여 구체적으로 진술서를 받습니다.

- 객관적이고 공정한 사안조사를 실시합니다.

- 피해학생과 가해학생의 진술이 어긋날 시, 목격한 학생의 진술을 받거나 증거자료 확보를 통해 적극적으로 사안조사에 임합니다.

- 학교폭력전담기구 소속교사는 학생, 보호자, 목격자, 담임교사 등을 면담조사한 후에 면담조사 일지를 작성합니다.

◆ 피해학생의 보호자가 학교 측에 CCTV 자료를 요구한 경우 이 자료를 제공할 의무가 있는지요?

Q. 학생 A와 B가 교내 운동장에서 놀던 중 A가 B를 폭행하여 B가 상해를 입게 되었습니다. 이후 보호자 사이에 금전 지급에 관한 합의가 이루어지지 않자 B의 보호자가 법적 대응을 위해 학교에 CCTV(영상정보 처리기기) 녹화자료의 제공을 요청하였습니다. 이러한 경우 학교에 자료를 제공할 의무가 있는지요?

A. 학교가 CCTV 녹화자료를 피해학생이나 보호자에게 제공할 의무는 없습니다.

〈 해 설 〉

□ 피해학생 또는 그 보호자가 CCTV 녹화자료의 공개를 요구할 권한은 없음

① 위 사례에서 B의 보호자가 학교에 CCTV 녹화자료를 요구할 권리는 없습니다.
② 다만 학폭법상 피해학생, 가해학생 또는 그 보호자가 자치위원회 회의록의 열람·복사 등 회의록 공개를 신청한 때에는 학생과 그 가족의 성명, 주민등록번호 및 주소, 위원의 성명 등 개인정보에 관한 사항을 제외하고 공개하여야 합니다.

□ **피해학생 보호자에 대한 안내가 필요**

CCTV 녹화자료는 다른 학생의 개인정보도 포함한 자료로서, 피해학생 또는 그 보호자가 공개를 요구할 권한이 없다는 점을 설명합니다.

4. 학교폭력 관련 전문기관 연계 교육

4-1. 위탁 및 연계교육의 실시

① 학교의 장은 학교폭력 예방 교육 프로그램의 구성 및 그 운용 등을 전담 기구와 협의해서 전문단체 또는 전문가에게 위탁할 수 있습니다(학폭법 제15조제3항).

② 학교폭력 예방교육 프로그램들은 교육청, 청소년 폭력예방재단, 한국교육개발원 등을 비롯한 다양한 단체에서 개발해서 보급하고 있습니다. 이 프로그램들은 멀티미디어 시청, 개인상담, 집단상담, 미술치료, 역할놀이, 봉사체험 등 그 구성이 매우 다양해서 상황에 맞

는 교육이 가능하다는 특징이 있습니다. 학교폭력 예방교육 프로그램은 각 학교, 학교폭력 관련 전문기관 등에서 진행하고 있습니다.

4-2. 사이버 교육의 실시

온라인과 스마트폰을 통해서도 학교폭력 예방교육을 받을 수 있습니다. 그 중 대표적인 프로그램을 소개합니다.

제4절 학교폭력 징후관리

1. 학교폭력징후 체크리스트

① 학교폭력의 피해학생이나 가해자는 그 피해·가해사실을 선생님이나 부모에게 숨기고 싶어 하는 경향이 있습니다. 학생들의 이러한 행동은 학교폭력을 지속시켜 결과적으로 더 많은 심리적·물리적 피해에 고통 받게 됩니다.

② 따라서 학교폭력은 초기대응이 무척 중요합니다. 앞서 언급한대로 학교폭력에 노출된 학생은 스스로 학교폭력에 관해 언급하는 것을 꺼려하기 때문에 부모님이나 교사가 자녀 또는 학생의 평소 행동을 관찰해서 자녀 또는 학생이 곤경에 처해 있지는 않은지 지속적으로 체크해야 합니다.

③ 아래의 본문에서 소개하는 학교폭력징후 체크리스트는 학교폭력 관련 전문가들의 의견을 근거로 구성한 것입니다. 최근 체크리스트에 해당하는 사항이 3~4가지 이상 눈에 띄게 증가하였다면 자녀 또는 학생이 학교폭력에 노출되어 있지는 않은지 확인해 보시기 바랍니다.

④ 다음의 학교폭력징후 체크리스트는 「굿바이! 학교폭력」와 「학교폭력 학부모개입 지침서」를 중심으로 내용을 재구성한 것입니다.

1-1. 학교폭력 피해학생의 징후
1-1-1. 학부모 체크리스트

자녀가 최근 들어 전에는 하지 않던 다음의 행동을 한다거나, 다음과 같은 행동이 눈에 띄게 증가했다면 학교폭력을 당하지 않는지

눈 여겨 보시기 바랍니다.

1. 몸에서 다친 상처나 멍자국을 자주 발견하게 되며, 물어보면 그냥 넘어졌다고 하거나 운동하다 다쳤다고 대답하는 경우가 많다.
2. 옷이 더렵혀져 있거나 찢겨 있는 경우가 많다.
3. 학용품이나 소지품을 자주 잃어버리거나 망가뜨린다.
4. 전보다 용돈을 자주 달라고 요구하며, 때론 훔치기도 한다.
5. 전화가 자주 걸려오거나 통화 후 갑자기 외출하는 경우가 잦다.
6. 일기나 노트 등에 죽고 싶다거나 폭력적인 그림의 낙서가 발견된다.
7. 자기 방에 틀어박혀 있는 시간이 많아지고, 친구에게 전화 오는 것조차 싫어하는 경우가 많다.
8. 갑자기 성적이 떨어진다.
9. 학교에 가거나 집에 올 때 엉뚱한 교통 노선을 택한다.
10. 수련회, 수학여행 및 체육대회 등 행사에 참석하기 싫어한다.
11. 두통, 복통 등 몸이 좋지 않다고 호소하며 학교 가기를 싫어하는 경우가 많다.
12. 풀이 죽고 맥이 없거나 입맛이 없다고 하면서 평소 좋아하던 음식에도 손을 대지 않는다.
13. 작은 일에도 깜짝깜짝 놀라며 초조한 기색이 보인다.
14. 잘 때 식은땀을 흘리면서 잠꼬대나 앓는 소리를 한다.
15. 학교를 그만 두거나 전학가고 싶어 한다.
16. 학교생활, 교우관계 및 자신의 신변에 대한 가족과의 대화를 회피한다.
17. 다른 아이들의 괴롭힘에 대한 피해를 자주 말한다.
18. 갑자기 짜증이 많아지고 엄마나 동생처럼 만만한 상대에게 폭력을 쓰거나 공격적으로 변한다.

1-2-2. 교사 체크리스트

최근의 학교폭력은 피해학생 1명 : 가해학생 1명의 단순구성보다는 집단화되는 경향이 있습니다. 학교폭력이 발생했을 때는 피해학생과 가해학생 사이의 신체적·심리적 변화 외에도 교실 내 학생들 사이에서 다음과 같은 징후를 감지할 수 있습니다.

1. 수업시간에 특정 학생에게 야유나 험담이 많이 나돈다.
2. 잘못했을 때 놀리거나 비웃거나 한다.
3. 이름보다는 비하성 별명이나 욕으로 호칭된다.
4. 주변 학생들한테 험담을 들어도 반발하지 않는다.
5. 친구의 심부름을 잘 한다.
6. 청소당번을 돌아가면서 하지 않고 항상 동일 학생이 한다.
7. 옷이 더럽혀져 있거나 찢겨 있는 경우가 많다.
8. 항상 힘겨루기의 상대가 된다.
9. 수련회, 수학여행 및 체육대회 등 행사에 참석하기 싫어한다.
10. 평소보다 어두운 얼굴표정으로 수심이 있고 수업에 열중하지 못한다.
11. 갑자기 성적이 떨어진다.
12. 특정 학생을 향해 다수가 눈치를 보는 것 같은 낌새가 있다.
13. 혼자서만 하는 행동이 두드러진다.
14. 안색이 안 좋고 평소보다 기운이 없다.
15. 자주 지각을 하거나 몸이 아프다는 이유로 결석한다.
16. 특별한 볼일 없이 교무실(상담실, 양호실)이나 교사 주위를 배회한다.

1-2-3. 학생 체크리스트

학생은 다음의 항목을 스스로 체크해서 본인이 학교폭력의 피해학생인지를 점검해 볼 수 있습니다.

1. 책, 돈 또는 다른 물건들을 빼앗기거나 손상을 입는다.
2. 꼬집거나 툭툭 치고 밀치고 발로 차는 등의 일을 당해도 적절하게 자기 자신을 방어하지 못한다.
3. 동료학생 그룹 안에서 체력으로나 말로나 다른 방법으로 자기 주장을 하기 어렵다.
4. 반복적으로 희롱을 당하며 조소, 무시, 조롱, 위협, 멸시, 협박을 당한다.
5. 조소적이고 비우호적인 방식으로 웃음거리가 되고 비웃음을 받는다.
6. 지배를 받고 굴복한다.
7. 심란하고 불행하고 우울하게 보이고 눈물을 글썽거린다.
8. 지나치게 민감하고 소심한 성격을 갖고 있다.
9. 특이한 행동을 하며 신체적 결함 또는 장애가 있다.
10. 학급에서 친한 친구가 없다.
11. 비행친구와 어울린다.
12. 학교성적이 갑자기 또는 서서히 떨어진다.
13. 휴식시간에 선생님이나 다른 어른 곁에 바싹 붙어 있으려고 한다.

1-2. 학교폭력 가해자의 징후

1-2-1. 학부모 체크리스트

자녀가 최근 들어 전에는 하지 않던 다음의 행동을 한다거나, 다음

과 같은 행동이 눈에 띄게 증가했다면 학교폭력의 가해자가 되었거
나 가해자가 될 가능성이 있으니 눈 여겨 보시기 바랍니다.

1. 다른 아이들을 괴롭히거나 위협하는 행동이 목격된다.
2. 다른 아이들을 때리는 모습이 보인다.
3. 비행 전력이 있거나 또래 폭력 집단에 속해 있다.
4. 알코올 또는 약물을 남용한다.
5. 돈 씀씀이가 커진다.
6. 친구에게 받았다고 하면서 비싼 물건을 가지고 다닌다.
7. 외출이 잦고 친구들의 전화에 신경을 많이 쓴다.
8. 귀가 시간이 늦어지고 불규칙하다.
9. 공격적인 행동을 보이거나 반복적으로 공격성을 나타낸다.
10. 참을성이 없고 말투가 거칠다.
11. 화를 잘 내며, 이유와 핑계가 많다.
12. 부모에게 이유 없이 반항한다.
13. 비밀이 많고 부모와 대화가 없다.
14. 자기 자신에 대한 자존심이 강하다.

1-2-2. 교사 체크리스트

학교폭력 가해자의 경우 다음과 같은 징후들을 감지할 수 있습니다.

1. 교실에서 큰 소리를 많이 치고 반 분위기를 주도한다.
2. 교사와 눈길을 자주 마주치며 수업분위기를 독점하려고 한다.
3. 교사가 질문할 때 다른 학생의 이름을 대며 그 학생이 대답하
   게끔 유도한다.
4. 교사의 권위에 도전하는 행동을 종종 나타낸다.
5. 화를 잘 내며, 이유와 핑계가 많다.

6. 등하교시 책가방을 들어주는 친구나 후배가 있다.

7. 친구에게 받았다고 하면서 비싼 물건을 가지고 다닌다.

8. 작은 칼 등 흉기를 소지하고 다닌다.

9. 손이나 팔 등에 종종 붕대를 감고 다니거나 문신 등이 있다.

10. 자기 자신에 대한 자존심이 강하다.

1-2-3. 학생 체크리스트

학생은 다음의 항목을 스스로 체크해서 본인이 학교폭력의 가해자인지를 점검해 볼 수 있습니다.

1. 동급생, 특히 피해학생보다 육체적으로 힘이 세다.

2. 다른 학생들을 지배하고 굴복시키고, 힘과 위협으로 자기주장을 세우고, 자기 뜻대로 관철시키려는 욕구가 강하다.

3. 성미가 급하고, 화를 잘 내고 충동적이며 반항적이다.

4. 좌절에 대한 관용성이 부족하며, 타인에 대한 동정심이 부족하다.

5. 규칙을 지키기 어렵고, 좌절과 스트레스 또는 힘듦을 참기 어렵다.

6. 속임수를 써서라도 이익을 얻으려 한다.

7. 선생님과 부모님을 포함한 어른들에게 일반적으로 반항적이고, 무시하고, 공격적이다.

8. 난폭하고 강인한 것처럼 보이고, 피해학생에게 동정심을 전혀 기울이지 않는다.

9. 다른 동급생에 비해서 비교적 더 어린 나이에 반사회적 활동(음주, 흡연, 도벽 등)에 참가한다.

10. 폭력에 대한 긍정적인 태도를 갖고 있다.

11. 신체적으로 힘을 과시하려는 욕구가 있으며, 학업과 학교에
관심이 적다.
12. 타인에게 우쭐대고 싶은 심리가 있다.
13. 과거 폭력 및 비행과 연루된 경험이 있다.
14. 대인 갈등 해결 능력이 부족하다.

2. 학교폭력 징후관리

① 학교폭력징후 체크리스트 항목에 있는 행동들이 중첩적·지속적으로 발견된다면 자녀 또는 학생이 학교폭력에 노출되었을 가능성이 높습니다.
② 따라서 '학교폭력징후 체크리스트' 항목에서 제시하는 징후가 최근 들어 새롭게 발견되거나 지속적으로 나타나고 있다면 대화 등을 통해 사실 여부를 확인하고 후속조치를 취할 것이 요구됩니다.

2-1. 학부모의 징후 관리
2-1-1. 피해학생의 관리
① 대부분의 학교폭력 피해학생은 수치심을 느끼거나 보복이 두려워서 그 피해사실을 선생님이나 부모님에게 말하기를 꺼려합니다.
② 따라서 자녀가 학교생활을 잘 하고 있는지, 학교폭력에 노출되지는 않았는지 등을 알아보기 위해서는 평소 자녀와 자주 대화하는 것이 필요합니다. 자녀가 학교폭력의 피해를 입었다면 자녀를 혼내거나 감정적으로 대처하지 말고, 자녀가 얼마나 힘들었을지 공감해 주시고 학교폭력은 가족의 도움을 받아서 해결된다는 확신을 심어주어

심리적 안정을 찾도록 도와주는 것이 좋습니다.

③ 학교폭력 피해사실은 학부모가 단독으로 대응하기에는 어려운 점이 많으며 학교폭력 가해자의 학부모와 대면하는 것은 자칫 학부모간의 2차 폭력으로 발전된 가능성이 높습니다. 따라서 개인적으로 해결하려고 하기 보다는 학교에 알려 필요한 조치를 취해줄 것을 요청하고, 학교폭력 관련 전문기관에 상담해서 공동으로 대응방법을 찾는 것이 좋습니다.

④ 자녀가 학교폭력으로 인해 신체적·정신적 충격을 받았다면 외과나 정신건강의학과 등 병원을 방문해서 필요한 진료를 하고 진단서를 받아 놓으시기 바랍니다.

(사례 1) 아이가 누군가에게 맞고 들어 왔어요.

① 학교폭력 사안을 피해학생의 보호자가 알려왔을 때, 보호자는 심리적으로 상당히 혼란스러울 수 있으므로 교사가 "더욱 관심을 가지고 조사하여 문제를 해결하겠습니다." 라고 보호자를 안심시켜야 합니다. 보호자는 신속하고 적극적인 학교의 대처를 원합니다. 심리적으로 예민해진 보호자에게 학교에서 미온적인 모습을 보이면 가해학생 편을 든다거나 은폐한다고 오해할 수 있으므로, 중간 중간에 진행상황에 대해서 충분히 설명해 줍니다.

② 학교폭력 사안 처리 시, 보호자가 비협조적이거나 학교가 사안 처리에 있어 미온적이라고 생각하면 사안 처리에 어려움을 겪을 수 있습니다. 신고 및 접수 시부터 보호자와 협력관계를 잘 유지하는 게 중요합니다. 학교폭력 사안처리의 궁극적 목적은 피해·가해학생 모두 안전하게 학교생활을 할 수 있도록 하는 것임을 말해줍니다.

③ 우선 보호자의 감정이 격앙됨을 이해하고 보호자에게 정서적 지지를 보냅니다. 확인된 사실을 부모가 정확히 알고 있는지, 오

해가 있는지 등에 대해 파악합니다. 조사한 사실에 대한 추가 의견이나 자료 여부에 대해 점검합니다. 피해학생과 보호자가 현재 무엇을 원하는지 정확히 묻습니다(화해, 사과, 전학, 가해학생 처벌 등). 학교의 공정한 진행 절차에 대해 안내합니다. 피해측이 가해측과 면담을 요청할 경우, 단독으로 피해측과 가해측이 만날 경우 갈등이 심화되거나 다른 문제가 생길 수 있으므로, 교사나 전문가 입회하에 만날 수 있도록 합니다. 학생의 보호와 안정, 적응을 위해 학교에서 최선의 노력을 다할 것임을 약속합니다.

④ 가해학생의 보호자의 감정을 일단 수용하되, 가해학생의 행위는 정확히 알려줍니다. 피해학생의 피해정도 등 학교폭력 상황을 정확하게 알려줍니다. 조사한 사실에 대한 추가 의견이나 자료 여부에 대해 점검합니다. 학교폭력 사안처리의 진행절차에 대해 안내합니다. 학교폭력 행위에 대하여 책임과 결과가 따른다는 인식을 갖도록 합니다. 가해학생을 낙인찍지 않고, 교육적으로 적절한 지도와 선도가 이루어질 것임을 알립니다. 가해학생에 대하여 가정에서의 관심과 지도를 부탁합니다.

⑤ 보호자가 법적절차를 밟을 때 학교는 자체적인 조치를 중단하기보다는 피해·가해학생에 대해 학교 차원에서 할 수 있는 보호 및 지도조치를 계속적으로 취하는 것이 좋습니다. 피해·가해학생을 격리 조치하고, 피해학생을 보호조치하며 피해학생이 위험상황에 있을 때 담임에게 바로 연락할 수 있도록 조치합니다.

<출처 : 스톱불링 도란도란-예방과 대처-학교-학부모 대처방안>

(사례 2) 학교에 알리게 되면 문제가 더 커져 아이가 보복을 당하지 않을까 걱정돼요.

① 학생들이 대부분의 시간을 보내는 장소가 학교라는 점을 감안할 때 부모가 학교폭력에 노출된 자녀를 24시간 보호하는 것

은 매우 어려운 일입니다.

② 따라서 학교에서는 교사의 보호를 받을 수 있도록 교사와 상담하고 보호조치를 요청하는 것이 훨씬 효과적입니다. 교사는 학교폭력 관련 연수를 받기 때문에 학교폭력에 대해 상담한다면 많은 도움을 받을 수 있을 것입니다.

③ 학교에서 학교폭력 피해사실을 알리면 전문상담교사와 상담할 수 있으며(학폭법 제14조제1항), 전문상담교사·보건교사 및 책임교사(학교폭력문제를 담당하는 교사를 말함) 등으로 구성된 학교폭력 전담기구의 도움을 받을 수 있습니다(학폭법제14조제3항).

2-1-2. 가해자의 관리

① 가해자 대부분은 그 가해사실을 부모에게 숨기려고 하기 때문에 부모의 세심한 배려가 필요합니다.

② 자신의 자녀가 학교폭력을 행사하는 것을 알게 되었다면 자녀와의 대화를 통해서 왜 학교폭력을 행사하게 되었는지, 언제부터 그랬는지, 피해학생은 얼마나 되며, 피해 수준은 어느 정도인지를 물어보고 피해학생에 대한 후속조치를 실시해서 자녀가 학교로 무사히 복귀할 수 있도록 도와주어야 합니다.

③ 이 과정에서 학교에 학교폭력 가해사실이 있었음을 알려서 학교폭력 피해확산을 방지하고, 자녀의 학교생활에 관해 면담하고 가정생활 지도의 방향에 관해 자문을 구하는 것이 좋습니다. 또한, 필요하다면 학교폭력 관련 기관의 도움을 받을 수도 있습니다.

(사례) 애들 싸움은 애들끼리 해결해야죠!

① 일반적인 학생들 간의 싸움은 양쪽이 가지고 있는 힘이 어느 정

도 비슷합니다. 그러나 학교폭력에서는 피해자와 가해자 사이에 '힘의 불균형'이 존재합니다.

② 상대적으로 힘이 약한 피해학생은 학교폭력을 당한 후에 외부의 상처는 물론 심리적·정서적으로 큰 충격을 겪게 됩니다.

③ 그러므로 학교폭력이 발생했을 때 교사, 학부모가 개입해서 피해학생과 가해학생에 대한 조치를 취해야만 학교폭력을 중단할 수 있습니다.

[출처: 「학교폭력 사안처리 가이드북」(교육부·청소년폭력예방재단, 2015)]

2-2. 교사의 징후 관리

2-2-1. 학급 분위기의 관찰

① 학교폭력은 등하교길, 건물의 으슥한 뒤편 등 교사의 시선이 미치지 못하는 사각지대에서 일어나는 경우도 많지만 학생들이 대부분의 시간을 보내는 교실에서 일어나는 경우가 잦습니다. 또한, 교실에서 직접적 학교폭력이 발생하지 않았다고 하더라도 학생들 사이의 분위기를 통해서 학교폭력의 징후를 감지할 수 있습니다.

② 학교폭력을 목격한 학생들은 학교폭력이 나쁜 행동이라는 사실을 알면서도 보복이 두려워서 학교폭력이 발생한 사실을 교사에게 알리는 것을 어려워합니다.

③ 따라서 교사는 학급 내에 학교폭력과 관련한 징후가 목격되면 모든 학생들을 대상으로 요즘 학교생활은 어떤지에 대한 개별 면담을 실시하거나 집단 상담을 실시해서 학생들이 학교폭력발생 사실에 관해 자연스럽게 이야기할 수 있는 기회를 제공하는 것이 좋습니다.

2-2-2. 피해학생의 관리

① 학생이 학교폭력의 피해를 입은 것 같다는 생각이 들면 우선적으로 피해학생이 신체적·정신적 피해를 입지는 않았는지와 재산상의 피해는 입지 않았는지를 알아보아야 합니다.

② 학교폭력의 피해를 당한 학생은 자존심 때문에 혹은 보복성 2차 피해를 우려해서 교사나 부모에게 그 피해사실을 숨기고 싶어 합니다. 그러므로 교사가 그 피해를 파악할 때는 피해가 의심되는 학생과 친한 친구 등을 통해 학교폭력이 있었는지를 조용히 알아본 다음에 피해학생과의 면담을 통해 사실 여부를 확인하고 그 이후의 대응에 관해 논의하는 것이 좋습니다.

2-2-3. 가해학생의 관리

① 가해학생으로 의심된다면 해당 학생이 특정인만을 대상으로 했는지 또는 다수를 대상으로 했는지와 단발성인지 또는 지속적으로 학교폭력을 해왔는지를 확인해서 다른 피해학생이 더 있지는 않은지 파악하는 것이 중요합니다.

② 가해학생을 선도할 때는 교사의 노력도 중요하지만 가정에서의 환경도 매우 중요하게 작용합니다. 종종 학부모와 연락해서 가정 내 분위기, 가정 내에서 아이의 위치, 평소 행동습관, 용돈 사용 등에 대해 어느 정도 알고 가해학생에게 필요한 지도를 하는 것이 좋습니다.

③ 가해학생과 면담할 때는 사소한 장난도 폭력행위가 될 수 있음을 인식시키고, 자신의 행위가 잘못된 것임을 뉘우칠 수 있도록 도와주어야 합니다.

2-4. 학생의 징후 관리

2-4-1. 피해학생

① 학교폭력 피해를 당했다면 절대 맞서 싸우지 말고, 일단 그 자리를 피한 후 다른 사람에게 도움을 요청하는 것이 좋습니다.

② 학교폭력은 되도록 빨리 해결할수록 피해가 적습니다. 그러나 피해학생이 단독으로 해결하는 것은 무리이므로 학교폭력이 발생했을 때는 혼자 고민하지 말고 부모, 교사, 117 학교폭력신고센터(☎117) 또는 학교폭력 관련 기관에 알려서 도움을 받도록 합니다. 본인이 신고하기 어렵다면 친구에게 대신 알려줄 것을 부탁해서라도 꼭 학교폭력 피해사실을 알려야 합니다.

◆ 학교폭력 관련 상담 및 신고기관

기관명	홈페이지	상담전화
117학교폭력신고센터	http://www.117.go.kr	☎117
청소년폭력예방재단 학교폭력 SOS지원단	http://www.jikim.net/sos	☎1588-9128
청소년전화1388	http://1388.kyci.or.kr *지역별 청소년지원센터 　운영	☎1388
Wee 센터(전국 시·도 교육청)	http://www.wee.go.kr	-
여성 긴급전화	http://www.seoul1366.or.kr *지역별 여성 긴급전화 　운영	☎1366

③ 학교폭력 피해가 지속적으로 발생한다면 등하교 시 친구·부모님 등과 동행하고, 이 방법이 여의치 않을 때에는 학교폭력 관련 기관에

경호를 요청(http://www.jikim.net, ☎1588-9128, 무료로 이용 가능)해서 단독으로 등하교하는 일이 없도록 해야 합니다.

(사례) 학교폭력 피해를 당했다면?

① 한 아이가 괴롭힐 때는 이렇게 대처하세요.

- 괴롭힌 당사자에게 먼저 얘기하고, 선생님에게 알립니다.

- 부모님께 상담해서 필요한 조치를 취합니다.

- 어떻게 해야 하는지 모를 때에는 학교폭력 관련 상담기관에 상담하는 것이 좋습니다.

② 여러 아이가 괴롭힐 때는 이렇게 대처하세요.

- 혼자 해결하는 것이 쉽지 않을 것입니다. 이 경우에는 되도록 빨리 선생님께 알려서 학교에서 대처해 줄 것을 요구합니다.

- 되도록 다른 학생들과 무리지어 다닙니다.

- 신체적·심리적 피해 증거를 확보합니다. 다른 아이들이 목격한 증언도 확보합니다.

- 학교에 알린 뒤에도 피해가 지속되면 학교폭력대책자치위원회를 요구하고 가해학생에 대한 조치를 요구합니다.

- 학교에서 잘 받아들이지 않을 경우에는 교육청·경찰청 등 상급 기관에 신고해서 관련 전문가들의 도움을 받을 수 있습니다.

③ 가해자가 따로 보자고 할 때는 이렇게 대처하세요.

- 가해자가 방과 후에 따로 남으라고 하면 절대 남지 말고 즉시 부모님이나 선생님께 알립니다.

- 길목을 지키고 있을 경우를 대비해서 친구들과 무리지어 다니거나 부모님과 동행합니다.

- 가해자를 피하는 것이 어렵다면 친한 친구에게 부모님이나 선생

님께 신고해 줄 것을 부탁합니다.

④ 금품을 빼앗거나 빌려달라고 강요할 때는 이렇게 대처하세요.

- 지금은 없으니 부모님께 말씀드려서 다음에 주겠다고 말하고 그 자리를 모면한 후 신고합니다.

- 자꾸 강요하면 부모님과 선생님께 즉시 알립니다.

- 어쩔 수 없이 강탈당할 때는 친구가 목격할 수 있도록 합니다.

⑤ 신체적·언어적 폭력을 당했을 때는 이렇게 대처하세요.

- 학교폭력 관련 기관에 신고해서 병원치료 등의 도움을 받을 수 있도록 합니다.

- 나중에 증거가 될 수 있도록 누가, 언제, 왜, 어떻게 폭행했는지를 상세하게 기록합니다.

- 폭행을 당한 즉시 병원(언어적 폭력은 신경정신과)에 가서 진단서를 받습니다.

- 폭행 사실을 목격한 친구에게서 증언물(녹음, 기록, 대필 등)을 준비합니다.

<출처 : 스톱불링 도란도란-예방과 대처-학생-이렇게 대처하세요>

2-4-2. 가해자

① 장난, 싸움 등의 사소하고 우발적인 사건이 학교폭력으로 이어지게 되는 경우가 많습니다. 단순한 싸움 등이었다고 생각한다면 피해학생에게 사과하고 자신의 행동을 반성해서 다시는 그런 일이 발생하지 않도록 주의해야 합니다. 학교폭력의 발생 원인이 상대방에게 있거나 그 가해 정도가 경미하다고 해도 이는 엄연한 폭력행위이며 법에 따라 처벌될 수 있음을 명심해야 합니다.

② 그러나 폭력행위를 멈출 수 없고 폭력조직에 속해 있는 등 자신

의 폭력행위에 많은 사람이 개입되어 있어서 빠져나올 수가 없다면 부모나 교사 또는 학교폭력 관련 전문기관에 요청해서 도움 받을 수 있도록 합니다.

2-5. 학교폭력 피해증거의 확보

2-5-1. 학교폭력 피해증거의 확보

① 피해학생이 옷 등의 금품을 빼앗기거나 다치는 등의 피해를 입었다면 학교폭력 피해가 발생한 사실, 피해 정도 등을 객관적으로 입증해 줄 증거를 확보해야 합니다. 이러한 증거는 후에 학교폭력대책자치위원회에서 해당 학교폭력을 심의하거나, 가해자에게 형사책임 또는 민사책임을 물을 때 결정적인 역할을 합니다.

② 증거에는 서면자료, 사진자료, 사이버자료, 녹취자료, 휴대폰자료 등이 있습니다.

2-5-2. 학교폭력 피해증거의 확보방법

① 서면자료

1. 점퍼 등의 금품을 빼앗겼다거나 욕설 등의 언어적 폭력을 당하는 등 학교폭력의 피해사실에 대해 "누가, 언제, 어디서, 무엇을, 어떻게, 왜" 했는지에 대한 진술서를 작성해서 보관합니다.

> **(진술서 예시)**
> **누가** : 우리반 짱인 신이와 운이가
> **언제** : 2012년 3월 10일 점심시간에
> **어디서** : 나를 학교 3층 화장실 구석으로 끌고 갔다.
> **왜** : 돈을 가져오지 않는다며
> **무엇을, 어떻게** : 신이와 운이가 나를 때리고 "너 병풍 뒤에서 향냄새 좀 맡을래?", "척추를 접어버린다.", "눈깔

> 아!” 등등 차마 입에 담지 못할 욕을 하고, 내일 돈을
> 가져오지 않으면 옆 학교 일진들에게 넘기겠다고 협박
> 했다.   이 광경을 연우가 봤다. 너무 창피해서 죽을 것
> 같다. 학교에 가고 싶지 않다.

2. 학교폭력으로 다쳤다면 진술서 외에도 병원에 가서 치료를 받고 진단서를 받아 놓는 것이 좋습니다.

3. 학교폭력을 당하는 것을 보거나 알고 있는 친구가 있다면 진술서를 작성해 달라고 합니다.

② 사진자료

1. 학교폭력을 상처를 입었다면, 상처 부위를 촬영해 둡니다.

2. 학교폭력을 당하는 현장이 찍힌 사진이나 동영상 등이 있다면 수집해 둡니다.

③ 사이버자료

사이버 왕따를 당했다면, 이메일, 채팅 내용, 게시글 등의 화면을 캡처해 두거나 출력해 증거를 확보하는 것이 필요합니다.

④ 녹취자료

1. 학교폭력을 당하는 것을 본 사람의 진술을 녹음해 둡니다. 대화 당사자가 대화 내용을 녹음하는 것은 상대방의 동의가 없어도 합법입니다(「통신비밀보호법」 제14조제1항).

2. 욕설, 협박, 괴롭힘 등을 당하는 현장의 내용을 녹음해 놓은 것이 있다면 수집해 둡니다.

⑤ 휴대폰자료

욕설 등의 문자메세지 및 음성메세지는 삭제하지 않고 보관해 둡니다.

◆ 장난이었는데 진단서를 받아와서 신고한 경우에 학교폭력에 해당하나요?

Q. 친구들끼리 놀면서 장난삼아 욕하고 머리를 몇 대 때렸어요. 전 살살 때린 것 같은데 그 친구가 갑자기 울면서 조퇴까지 했어요. 다음 날 선생님한테 불려갔는데, 그 친구가 병원에서 진단서를 받아왔다며 학교폭력으로 신고했대요. 어찌나 황당하고 어이가 없던지... 이게 학교폭력이라구요?

A. 학교폭력으로 볼 수 있습니다. 본인이 대수롭지 않은 행동으로 여겼더라도 상대방이 아픔이나 수치심을 느꼈다면 학교폭력이라고 할 수 있습니다. 장난은 서로를 즐겁게 하고 웃음을 유발하는 행위입니다. 자신은 장난이라고 하더라도 상대에게 피해를 준다면 이는 장난이 아닌 괴롭힘으로 보아야 합니다. 친구들과 자유롭게 노는 경우에도 무리한 신체접촉은 주의하는 것이 좋습니다.

> **(관련판례)**
> 초등학교 내에서 발생한 폭행 등 괴롭힘이 상당 기간 지속되어 그 고통과 그에 따른 정신장애로 피해학생이 자살에 이른 경우, 다른 요인이 자살에 일부 작용하였다 하더라도 가해학생들의 폭행 등 괴롭힘이 주된 원인인 이상 상당인과관계가 인정된다(대법원 2007. 4. 26, 선고 2005다24318 판결).

◆ 피해학생 보호자가 가해학생을 폭행한 경우 어떻게 대응해야 할 까요?

Q. 학생 A가 학생 B에게 겁을 주었다는 이유로 B의 보호자가 학교로 찾아와 교실에서 A의 뺨을 때려 A의 고막이 손상되었습니다. 이 후 A의 보호자는 진단서를 제출하는 등 학교와 B의 보호자에게 강력히 항의하였고, 이에 B의 보호자는 "내가 책임질 것은 책임지겠지만 B도 정신적 피해를 입었다"며 맞대응하고 있습니다. 학교는 어떻게 대응해야 할까요?

A. B의 보호자는 학생이 아니므로 자치위원회에서 조치를 결정 할 수 없으며, 경찰 등 수사 기관에 신고할 수 있습니다. 다만, B의 보호자가 A의 뺨을 때린 행위는 학폭법 상 상해, 폭행에 해당하는 학교폭력 사안이므로 학교는 자치위원회를 개최하여야 합니다.

〈 해 설 〉

① B의 보호자가 학생 A를 폭행한 사안

B의 보호자는 학생이 아니므로 학교에서는 경찰 등 수사 기관에 신고하여 처리할 수 있으며, B의 보호자에 대한 자치위원회의 조치는 불가능합니다. B의 보호자가 A의 뺨을 때려 A의 고막을 손상시킨 행위는 형법상 상해죄에 해당하는 가해행위이며, B의 보호자에게 형사상 책임이 따를 수 있습니다. 다만, B의 보호자의 폭행에 대해 A학생은 학폭법제16조에 의한 피해학생으로서 보호조치를 받을 수 있습니다.

② A가 B를 겁을 준 사안

학생 A가 학생 B에게 겁을 준 행위는 학폭법 상 협박 행위

로 학교폭력 사안으로 볼 수 있습니다. 학교에서는 전담기구에서 구체적인 사안 조사를 거쳐 자치위원회를 개최하여 가해학생과 피해학생에 대해 적절한 조치를 해야 합니다.

□ **피해학생 보호자 면담 방법**

피해학생의 보호자는 자녀의 피해사실에 대하여 놀라고 당황스러워하는 한편 가해학생에 대한 분노와 원망, 억울함, 자신의 자녀에 대한 미안함 등으로 부모가 자녀를 대신하여 무엇이라도 해주고 싶은 마음이 들 수 있습니다.

다음과 같은 사항에 중점을 두어 면담하도록 합니다.

① 피해학생 보호자의 감정이 격앙됨을 이해하고 학부모에게 정서적 지지를 보냅니다.

② 피해학생 보호자가 말하는 학생의 피해사실에 대해 객관적으로 인지하고 피해사실을 구체적으로 메모합니다.

③ 학생의 피해에 대해 진심어린 사과와 유감을 표현합니다.

④ 피해학생과 학부모가 현재 무엇을 원하는지 정확히 묻습니다. (화해, 사과, 전학, 가해학생 처벌 등)

⑤ 추후 처리과정에 대하여 설명하고 사실에 근거하여 문제를 해결할 것을 약속합니다.

⑥ 피해학생의 보호와 안정, 적응을 위해 노력할 것임을 약속합니다.

□ **피해야 할 교사의 표현**

① 책임을 회피하려는 태도

- "이번 일은 조용히 넘어가길 바랍니다."

- "제 일이 아니어서……."

- "학교 책임은 없으니 법대로 하시지요."

② 학생과 가정의 책임으로 돌리는 태도

- "피해학생에게도 책임이 있습니다."

- "처음에 왜 이런 일이 일어났는지 아십니까? 학생이 사회성이 너무 없습니다."

- "괴롭힌 학생은 성적도 좋고 활발한 학생입니다. 그랬을리 없습니다."

- "가정에서 잘 했으면 이런 일이 생겼겠어요?"

③ 사안을 축소하려는 태도

- "이번만 참으시고 앞으로 한 번 더 일어나면 그때 처리하겠습니다."

- "학생은 다 싸우면서 크는 겁니다."

- "이건 학생들 일이니 학생들끼리 해결하도록 해야 합니다."

(관련판례)

지방자치단체가 설치·경영하는 학교의 교장이나 교사는 학생을 보호·감독할 의무를 지는데, 이러한 보호·감독의무는 교육법에 따라 학생들을 친권자 등 법정감독의무자에 대신하여 감독을 하여야 하는 의무로서 학교 내에서의 학생의 모든 생활관계에 미치는 것은 아니지만, 학교에서의 교육활동 및 이와 밀접 불가분의 관계에 있는 생활관계에 속하고, 교육활동의 때와 장소, 가해자의 분별능력, 가해자의 성행, 가해자와 피해자의 관계, 기타 여러 사정을 고려하여 사고가 학교생활에서 통상 발생할 수 있다고 하는 것이 예측되거나 또는 예측가능성(사고발생의 구체적 위험성)이 있는 경우에는 교장이나 교사는 보호·감독의무 위반에 대한 책임을 진다(대법원 2007. 4. 26, 선고 2005다24318 판결).

◆ **두 학생이 서로 폭행하여 상해가 발생한 경우 누가 피해자이고 누가 가해자인가요?**

Q. A와 B가 사소한 말다툼 끝에 감정을 참지 못하고 서로 폭행을 가하여 주먹 싸움을 하였습니다. 담임교사가 개인별로 상담을 마치고 서로가 화해를 해서 사건이 해결되었다고 생각했는데, 학생 B의 어머님은 학생 B가 두통을 호소한다며 학교에 보내지 않고 학생 B가 피해자라며 문제를 제기하였습니다. 이런 경우 누가 피해자이고 누가 가해자인가요?

A. 학생 A, B 모두 가해학생인 동시에 피해학생입니다. 학생 B가 입은 피해에 대해서는 사실 확인이 되면 학폭법이 정한 보호조치를 할 수 있습니다.

〈 해 설 〉

□ **상호 폭행인 경우 가해학생인 동시에 피해학생 처리**
　① 학생 A가 학생 B를 폭행한 행위도 학교폭력에 해당하고 학생 B가 학생 A를 폭행한 행위도 학교폭력에 해당하므로

대부분 서로 가해학생이 됨과 동시에 피해학생이 됩니다.

② 학생 A의 폭행에 대한 학생 B의 방어가 단순히 막는 차원의 방어라면 정당방위가 되지만, 방어의 범위를 넘는 공격행위는 정당방위가 될 수 없습니다.

③ 더 많이 다친 사람이 피해학생이 되고 상대방이 가해학생이 되는 것이 아니라, 상해의 정도는 자치위원회에서 조치를 결정할 때 참고 및 고려될 수 있는 사항일 뿐입니다.

□ **상담 및 치료 프로그램 등을 활용한 특별교육 및 생활지도 실시**

① 학생들이 사소한 말다툼의 문제해결의 방법으로 폭행을 휘둘렀다면 분노조절 및 또래중재 프로그램 등 다양한 상담프로그램을 활용하여 두 학생이 서로 상대방을 이해하고 배려할 수 있는 태도를 가질 수 있도록 유도할 수 있습니다.

② 두 학생에게 지속적으로 관심을 가지고 관찰 및 면담을 실시하는 등 일시적이고 일회성에 그치는 생활지도가 아니라, 일관성있고 계획성있는 생활지도를 실시해야 합니다.

③ 두 학생은 가해학생인 동시에 피해학생이기 때문에, 향후 서로 사이가 더 나빠질 수 있고 학교폭력 재발 위험이 높으므로, 같은 기관에서 같은 특별교육을 받고 어울리게 함으로써 좀 더 원만한 교우관계를 유지할 수 있습니다..

【가해학생 및 보호자 특별교육】

- 제1항 제2호부터 제4호까지 및 제6호부터 제8호까지의 처분을 받은 가해학생은 교육감이 정한 기관에서 특별교육을 이수하거나

심리치료를 받아야 하며, 그 기간은 자치위원회에서 정할 수 있습니다.(학폭법 제17조 제3항).

- 학교장은 가해학생 특별교육 이수조치를 결정한 경우, 교육감이 지정한 기관에서 그 학생의 보호자도 특별교육을 이수하도록 하여야 합니다. 보호자가 특별교육에 불응할 경우, 학교장은 법률에 의하여 300만원 이하의 과태료가 부과됨을 안내하고 특별교육을 이수할 것을 재통보하여 이수하도록 하여야 합니다.(학폭법 제17조 제9항, 제22조 제2항).

(관련판례)

학교폭력 가해학생들의 부모의 과실과 담임교사, 교장의 과실이 경합하여 피해학생의 자살 사건이 발생하였다는 이유로, 부모들과 지방자치단체에게 공동불법행위자로서의 손해배상책임을 인정한 사례(대법원 2007. 4. 26, 선고 2005다24318 판결).

◆ **다수의 학생이 특정 학생을 대상으로 집단따돌림을 한 경우 가해학생은 누구를 대상으로 해야 하나요?**

Q. 매우 소극적인 성격의 학생 A가 혼잣말을 하거나 자신의 의견을 명확히 말하지 못하고 웅얼웅얼거리는 모습을 못마 땅하게 여기는 학생 2~3명이 주도하여 A학생을 따돌리게 되었는데 급기야 이런 일이 자주 생기면서 점점 그 범위가 확대되어 학급의 전체 학생들이 A학생을 싫어하고 야유를 주는 등 집단따돌림을 하였습니다. 피해학생 A의 학부모가 이 사실을 알고 자치위원회를 열어 달라고 요구하였는데 이 경우 가해학생은 누구를 대상으로 해야 하나요?

A. 집단따돌림의 형태로 나타나도 가해학생별로 가해행위가 특정되어야 합니다. 전담기구의 조사 결과가 집단따돌림에 해당하는

가해행위를 한 것으로 확인되는 학생들에 대해서는 학폭법에 따른 조치가 필요합니다.

〈 해 설 〉

□ **집단따돌림의 경우 학생 수가 많더라도 모두 가해대상이 됨**

집단 따돌림의 경우 한 학생을 대상으로 모든 학생이 괴롭히거나 괴롭힘에 동조하는 경우가 많은데 이 경우 담임교사는 학생들이 개입한 구체적인 정황이나 근거가 있는지를 파악하고 대상의 범위를 정해야 할 것입니다.

□ **학교폭력 가해 및 피해사실의 특정**

① 담임교사로서 학교폭력에 해당하는 가해 및 피해 사실이 있었는지 여부를 확인하여야 할 경우, 조사·확인의 대상이 되는 특정 가해학생의 가해사실 및 특정 피해학생의 피해사실이 특정되어야 합니다.

② 단순히 '같은 반 학생 전체가 과거 몇 달 동안 학생 A를 따돌리는 행위를 하였다'는 정도의 추상적 사실만으로는 학교폭력에 해당하는 사실로서의 가·피해 사실을 확인하였다고 말할 수 없습니다.

③ '집단따돌림'에 해당하는 어떠한 가해행위가 있었다고 특정된다는 것은 「언제, 어디서, 누가, 무엇을, 어떻게 하였다」라는 형식에 들어맞는 구체적인 사실을 의미하는데, 특정되는 가해행위에 가담한 학생들 모두가 '집단따돌림' 행위의 가해학생이 될 수 있습니다.

(생활지도 Tip)

□ 집단따돌림 피해학생에 대한 적절한 지도 필요

① 집단따돌림의 경우 학생에게 직접 상해를 입히지 않아 직접적인 폭력행위가 없을 수는 있으나 장기화되는 경우 자기존중감이 저하되고 대인기피, 우울증, 등교거부 등 심한 정신적 상해를 입을 수 있으므로 이에 대한 지도가 지속적으로 필요합니다.

② 집단따돌림의 대상이 된 피해학생의 경우는 사회관계 기술의 부족으로 따돌림의 대상이 된 경우가 많으므로 상담을 통해 대인관계나 사회관계의 올바른 기술을 학습시키는 것이 중요합니다.

□ 학교폭력 유형에 적합한 가해학생 특별교육 프로그램 실시

가해학생들은 별다른 이유 없이 다른 학생들이 하니까 그냥 따라했다든지, 피해학생의 행동이 미워서 했다든지 아니면 장난으로 했다는 경우가 대부분이므로, 가해학생이 학급 전체인 경우는 반드시 학급 집단상담 등 특별교육 프로그램을 실시하여 피해학생의 아픔을 공감하도록 하는 것이 좋습니다.

□ 특별교육프로그램 유형
① 교내 특별교육 프로그램
- 분노 조절 프로그램, 스트레스 조절 프로그램 등 감정 조절 프로그램
② Wee센터 연계 프로그램
- 심리진단 및 치료/가족상담 및 치료/집단상담 실시
- 단계별 단·중·장기 치료프로그램
- 통합(음악/미술/독서/놀이/드라마)치료

③ 외부 연계 프로그램
 - 정신보건센터, 청소년상담원, 경찰청, 구치소, 교도소 등
   연계 프로그램

(관련판례)

① 집단따돌림으로 인하여 피해 학생이 자살한 경우, 자살의 결과에 대하여 학교의 교장이나 교사의 보호감독의무 위반의 책임을 묻기 위하여는 피해 학생이 자살에 이른 상황을 객관적으로 보아 교사 등이 예견하였거나 예견할 수 있었음이 인정되어야 한다. 다만, 사회통념상 허용될 수 없는 악질, 중대한 집단따돌림이 계속되고 그 결과 피해 학생이 육체적 또는 정신적으로 궁지에 몰린 상황에 있었음을 예견하였거나 예견할 수 있었던 경우에는 피해 학생이 자살에 이른 상황에 대한 예견가능성도 있는 것으로 볼 수 있을 것이나, 집단따돌림의 내용이 이와 같은 정도에까지 이르지 않은 경우에는 교사 등이 집단따돌림을 예견하였거나 예견할 수 있었다고 하더라도 이것만으로 피해 학생의 자살에 대한 예견이 가능하였던 것으로 볼 수는 없으므로, 교사 등이 집단따돌림 자체에 대한 보호감독의무 위반의 책임을 부담하는 것은 별론으로 하고 자살의 결과에 대한 보호감독의무 위반의 책임을 부담한다고 할 수는 없다(대법원 2007. 11. 15, 선고, 2005다16034 판결).

② 중학교 3학년 여학생이 급우들 사이의 집단따돌림으로 인하여 자살한 사안에서, 따돌림의 정도와 행위의 태양, 피해 학생의 평소 행동 등에 비추어 담임교사에게 피해 학생의 자살에 대한 예견가능성이 있었다고 인정하지 아니하여 자살의 결과에 대한 손해배상책임은 부정하면서, 다만 학생들 사이의 갈등에 대한 대처를 소홀히 한 과실을 인정하여 교사의 직무상 불법행위로 발생한 집단따돌림의 피해에 대하여 지방자치단체의 손해배상책임을 긍정한 사례(대법원 2007. 11. 15, 선고, 2005다16034 판결).

◆ 실제 폭행하지는 않았으나 집단폭행에 가담한 경우 어떻게 대응해야 하나요?

Q. 학생 7명이 2학년 후배 5명을 지하주차장으로 집합시켜 겁을 주던 중, 3학년 학생 3명이 2학년 학생 5명을 주먹과 발로 폭행하고, 나머지 3학년 학생 4명은 옆에서 이를 지켜보고 있었습니다.   피해학생측 학부모들은 직접 때린 3학년 학생 3명과 함께 이를 옆에서 지켜본 3학년 학생 4명에 대하여서도 처벌할 것을 요구하고, 방관학생 학부모들은 "단지 옆에서 구경하고 있었는데 왜 범죄자로 몰고 가느냐? 불이익을 주면 가만있지 않겠다."며 강력히 반발합니다. 학교에서는 어떻게 대응해야 하나요?

A. 물리적 폭력을 행사한 학생 뿐 아니라 이를 지켜본 3학년 7명 학생 모두 가해학생이므로 필요한 조치를 해야 합니다.

〈 해 설 〉

□ 학교폭력 사안에서 지켜보는 가해학생과 방관자의 구분기준
 ① 학생들을 주먹과 발로 때린 학생 3명이 학교폭력의 가해학생이고 나머지 4명의 학생들은 가해학생 3명이 직접 폭력행위에 가담하지는 않고 지켜보았지만, 피해학생 5명을 지하주차장으로 모이게 한 다음 겁을 주는 행위를 하였기 때문에 학교폭력 가해학생입니다.
 ② 폭력행위 당시 옆에서 피해학생들을 지켜보는 행위도 피해학생들이 학교폭력 현장을 빠져나가지 못하도록 감시하는 역할을 하였기 때문에, 지켜보는 가해학생이라 할 수 있습니다.
 ③ 그러나, 가해학생들이 학교폭력을 행사한 장소를 우연히 지나

가다가 구경하는 '방관자'는 자신이 직접 학교폭력을 하겠다는 의사 자체가 없기 때문에, 가해학생으로 볼 수 없습니다.

(생활지도 Tip)

□ **직접 가해학생과 지켜본 가해학생을 구분하기 위한 정확한 사안조사 필요**

① 학교폭력 사안 조사 시 피해학생들의 진술에 기초하여 직접폭행을 한 학생과 지켜본 학생을 구분할 수 있는 정확한 사실조사를 해야 합니다.

② 조사 과정이나 자치위원회 심의과정에서 가해자 부모들의 피해자 측에 대한 협박성 발언 등, 심한 저항을 예상하여 충분한 설명과 함께 대응자세를 확고히 해야 하며, 법률에 위배되는 사항에 대해 억지를 부릴 경우 단호히 대처하고, 자칫 본질과 벗어난 감정싸움이 될 수 있으므로 사실만을 강조하여야 합니다.

□ **사안조사가 완료되면 적법한 절차에 의한 자치위원회 개최**

자치위원회를 개최하여 심의 과정에서 직접 폭행 가해학생 3명과 지켜본 가해학생 4명에 대한 합당한 조치가 각각 이루어지도록 신중을 기해야 합니다.

□ **조치 결과 거부 및 회피시 가중 조치 가능**

지켜본 가해학생 및 보호자가 자치위원회의 조치를 따르지 않고, 자치위원회의 조치 결과를 거부·회피할 경우 추가로 다른 조치를 할 것을 학교장에게 요청할 수 있는 등 조치 내용을 가중할 수 있습니다(학폭법 제 17조 2항).

【조치 거부 및 회피시 징계 내용】
<ul><li>학교 내의 봉사</li><li>사회봉사</li><li>특별교육 이수</li><li>1회 10일 이내, 연간 30일 이내의 출석정지</li><li>퇴학처분에 따라 징계하여야 한다(초·중등교육법 시행령 제31조).조 제9항, 제22조 제2항).</li></ul>

(관련판례)

> 고적답사를 겸한 졸업여행 중 숙소 내에서 휴식시간에 학생들 사이의 폭력사고로 말미암아 한쪽 눈을 실명한 사안에서, 학교 측의 안전교육이나 사전지시에 따르지 않고 돌발적으로 벌어진 사고로서 예측가능성이 없었다는 이유로 교사에게 보호·감독의무 위반의 책임을 물을 수 없다(대법원 1999. 9. 17, 선고, 99다23895 판결).

◆ **수 차례의 출석정지로 가해학생이 유급될 상황인 경우 어떻게 조치하면 좋을까요?**

Q. 학생 2명이 지속적으로 후배 학생들로부터 금품을 갈취하여 온 사실을 학교에서 인지하게 되었습니다. 이전에 가해학생이 다른 징계를 받아 출석일수 부족이 우려되는데 이번에 다시 출석정지를 하게 되면 연간 출석일수가 미달되어 유급이 될 상황입니다. 이런 경우, 학교에서는 어떻게 조치하면 좋을까요?

A. 학교폭력으로 인한 출석정지로 출석일수가 미달되었을 경우 유급

이 가능합니다. 다만, 학폭법에 의하여 전학조치가 가능하므로 자치위원회에서 출석정지 대신 전학조치 결정을 고려할 수 있습니다.

<해 설>

□ **학교폭력으로 인한 출석정지로 출석일수가 미달되었을 경우 유급이 가능**

① 단일 건으로 유급의 결과를 초래한 것이 아닌 수차례의 출석정지 조치가 누적된 결과 출석일수가 모자라게 되었다면, 출석정지 조치에 의한 출석일수 부족으로 유급이 가능합니다.

② 만약 유급을 받을 위험이 있다는 이유로 가해학생이 출석정지 조치에 대해 이를 거부하거나 기피하는 경우, 자치위원회는 학교장으로부터 그 사실을 통보받은 날부터 7일 이내에 추가로 다른 조치를 할 것을 학교장에게 요청할 수 있습니다.

(생활지도 Tip)

□ **다만 교육적 목적에 따라 출석정지 조치 대신 전학조치를 고려할 수 있음**

출석정지가 누적되어 유급이 되는 것이 가능하지만 그렇게 되면 사실상 중학교에서는 불가능한 퇴학조치와 유사한 결과를 낳게 됩니다. 따라서 교육적 목적을 고려하여 출석정지 대신전학 조치를 자치위원회에서 결정하는 방안을 고려할 수 있습니다.

□ **법원통고제 활용을 검토할 수 있음**

만약 거듭된 징계와 선도에도 불구하고 유사한 비행을 되풀이하는 반면 학교의 노력에도 불구하고 선도 효과가 없고 주변 학생들의 피해가 계속되는 경우 통고제도를 활용할 수 있습니다.

(관련판례)

중학교 1학년생이 휴식시간에 먹고 있던 도시락에 급우가 오물을 떨어지게 했다는 이유로 그 급우를 구타하여 상해를 입힌 사안에서, 사고가 일어난 3교시 수업 직후의 휴식시간은 다음 수업을 위하여 잠시 쉬거나 수업의 정리, 준비 등을 하는 시간으로서 교육활동과 질적, 시간적으로 밀접 불가분의 관계에 있어, 그 시간 중의 교실 내에서의 학생의 행위에 대하여는 교사의 일반적 보호·감독의무가 미친다고 할 수 있으나, 가해자가 성격이 거칠어서 평소 자기보다 약한 급우를 괴롭히다가 담임교사로부터 꾸중을 듣기도 하였다고 하더라도 가해자는 중학교 1학년 학급의 반장으로서 학업성적이 우수하고 매사에 적극적이었으며 피해자와는 같은 반 친구로서 지내던 사이였으므로, 이러한 가해자의 성행, 피해자와의 관계, 사고발생의 때와 장소 등을 고려할 때 사고가 담임교사가 이를 예측하였거나 예측할 수 있었다고 보기 어려운 돌발적이거나 우연한 사고로서 담임교사에게 보호·감독의무 위반의 책임을 물을 수 없다(대법원 1997. 6. 13, 선고 96다44433 판결).

◆ 학생이 교사에게 욕설, 폭행의 위협을 가한 경우 학을 권고해도 이행치 않는데 어떻게 하면 좋을까요?

Q. 학생 A는 교사에게 욕설은 물론 폭행의 위협을 가하고 수업

을 방해하는 등 학교 생활 전반에 걸쳐 문제를 야기하여 담임교사가 꾸준히 지도하였음에도 개선되지 않은 채 계속해서 교사와 주변 학생들에게 피해를 주고 있습니다. 담임교사는 A의 보호자와 상의하였지만 오히려 문제아로 낙인이 된다며 협조에 응하지 않고 전학을 권고해도 이행치 않는데 어떻게 하면 좋을까요?

A. 교사에 대한 욕설, 위협 등은 학생을 대상으로 하는 폭력이 아니므로 학교폭력 사안은 아니며, 징계 사안입니다. 주변 학생들에게 피해를 유발하여 학교폭력 사안에 해당되는 경우, 학교폭력 사안입니다.

〈 해 설 〉

□ A 학생이 교사에게 욕설, 폭행의 위협을 하는 사안

① 학생이 교사에게 욕설, 폭행의 위협을 하는 것은 '학생을 대상으로' 한 행위가 아니므로 학교폭력 사안은 아닙니다.

② 학생이 교사에게 욕설을 하였다면 이는 형법상 모욕죄(형법 제311조)에 해당되고, 교사에 대하여 구체적으로 해악을 가할 것을 고지하는 등의 언동을 하였다면 협박죄(형법 제283조)에 해당합니다. 또한 학생이 학교에서 난동을 부리는 등 수업을 방해하였다면 형법상 업무방해죄(형법 제314조)가 성립할 수 있습니다.

③ 동 사안의 경우 학교에서는 선도위원회를 열어 학칙에 따라 징계 처분을 할 수 있으며, 교사에 대한 모욕, 명예훼손, 협박 등의 죄가 성립할 수 있으므로 수사기관에 고소를 할 수 있습니다.

④ 또한 학교장은 법원에 통고하는 것을 고려할 수 있습니다. 다만, 소년부에 통고할 수 있는 학생의 나이는 만 10세

이상입니다.

□ A 학생이 주변 친구들에게 피해를 주는 사안

학교에서는 전담기구에서 구체적인 사안 조사를 거쳐 A학생의 행위가 학교폭력에 해당하는지를 검토하여 가해학생 A와 피해학생인 주변 친구들에 대해 적절한 조치를 해야 합니다.

(생활지도 Tip)

□ 가해학생 및 보호자에 대한 특별교육

① 학교폭력 사안에 해당하는 경우 자치위원회는 가해학생에게 특별교육 이수 조치를 결정할 수 있습니다.

② 학폭법 개정('12.4.1)에 따라 가해학생이 특별교육을 이수할 경우 해당 학생의 보호자도 함께 특별교육을 받도록 하고 있어, A의 행동이 학교폭력으로서 주변 친구들에게 피해를 주는 경우 A의 보호자도 함께 특별교육 이수할 수 있음을 알려줄 수 있습니다.

□ 통고제 처리 절차

① 통고제는 보호자 또는 학교· 사회복리시설·보호관찰소의 장이 경찰, 검찰 등 수사기관을 거치지 않고 직접 사건을 법원에 접수시키는 절차입니다.(소년법 제4조 제3항).

② 통고제는 수사기관의 수사를 받게 하는 부담을 주지 않고, 범죄경력 조회나 수사자료표에 기재되는 등 불이익을 입지 않을 수 있으며, 법원의 개입을 통해 신속하게 처리할 수 있는 장점이 있습니다.

제3장
학교폭력 사후대책

제3장 학교폭력 사후대책

제1절 사건처리절차 개요

1. 일반 학교폭력사건의 처리

① 학교폭력 현장을 보거나 그 사실을 알게 된 사람은 학교 등 관계 기관에 이를 즉시 신고해야 합니다. 학교폭력이 신고 또는 고발되면 학교 내에 설치된 학교폭력대책자치위원회는 심의를 해서 피해학생에 대한 보호조치와 가해학생에 대한 선도조치를 내리고, 학교의 장에게 이 조치를 이행할 것을 요청합니다.

② 피해학생과 가해학생 사이 또는 그 보호자 사이에 손해배상과 관련한 합의조정이 필요하거나, 그 밖에 학교폭력대책자치위원회가 필요하다고 인정하는 사항에 대해서는 심의와 별개로 학교폭력대책자치위원회의 분쟁조정이 이루어집니다.

③ 학교폭력이 발생한 경우에는 위와 같은 방법으로 학교의 학교폭력대책자치위원회에서 사안을 우선적으로 해결하려고 노력합니다. 그러나 이것이 불가능하거나 학교 내에서의 해결을 원하지 않는 경우에는 재판을 통해서 법적 책임(형사책임과 민사책임)을 물을 수 있습니다.

④ 형사책임은 학교폭력을 가한 가해자가 징역, 벌금, 보호처분 등의 형사제재를 받는 것을 말하며, 민사책임은 가해자 측이 피해학생에 대해 치료비 등의 금전적 피해에 대한 손해배상과 정신적 피해에 대한 위자료를 부담하는 것을 말합니다.

1-1. 학교폭력의 신고·고발

① 학교폭력으로 피해를 입은 학생(이하 "피해학생"이라 함)·학교폭력에 가담한 학생(이하 "가해학생"이라 함)과 그 가족, 교직원, 학교폭력을 목격한 사람 등을 비롯해서 학교폭력이 일어날 수 있다는 것을 알게 된 사람은 누구나 학교폭력을 신고 또는 고발해야 합니다(학폭법 제20조).

② 누구든지 학교폭력을 신고한 사람에게 그 신고행위를 이유로 불이익을 주어서는 안 됩니다(학폭법 제20조제5항).

1-2. 학교의 장의 긴급조치

① 학교폭력이 신고 또는 고발되면 학교 내에 설치된 학교폭력대책자치위원회(이하 "자치위원회"라 함)가 소집되어 심의절차를 거친 후 피해학생과 가해학생에 대해 적절한 조치가 이루어집니다.

② 그러나 학교의 장은 피해학생 보호 및 가해학생 선도가 긴급하다고 인정하면 자치위원회가 열리기 전에 다음의 조치를 즉시 실시할 수 있습니다(학폭법 제16조제1항 단서 및 제17조제4항).

피해학생에 대한 긴급조치	- 심리상담 및 조언 - 일시보호 - 그 밖에 피해학생의 보호를 위해서 필요한 조치
가해학생에 대한 긴급조치	- 피해학생에 대한 서면사과 - 피해학생 및 신고·고발학생에 대한 접촉, 협박 및 보복행위의 금지 - 학교에서의 봉사 - 학내외 전문가에 의한 특별 교육이수 또는 심리치료(출석정지와 동시에 취해질 수 있음) - 출석정지(학내외 전문가에 의한 특별 교육이수 또는 는 심리치료와 동시에 취해질 수 있음)

1-3. 학교의 학교폭력사건 처리

1-3-1. 자치위원회의 사안조사, 심의 및 재심청구

① 학교폭력은 그 동기, 피해 정도를 불문하고 모두 자치위원회가 담당합니다(학폭법 제13조제2항제4호).

② 자치위원회는 사안의 조사를 한 후 심의를 통해 피해학생과 가해학생에게 다음과 같은 적절한 조치를 내리고, 학교의 장에게 이 조치를 이행할 것을 요청할 수 있습니다.

③ 자치위원회 또는 학교의 장이 내린 피해학생 또는 가해학생에 대한 조치에 대해 이의가 있는 피해학생 또는 그 보호자는 학교폭력대책지역위원회에 재심을 청구할 수 있으며, 자치위원회의 전학 또는 퇴학처분에 대해 이의가 있는 학생 또는 그 보호자는 시·도학생징계조정위원회에 재심을 청구할 수 있습니다. 이때 재심청구는 그 조치를 받은 날부터 15일 이내, 그 조치가 있음을 안 날부터 10일 이내에 해야 합니다(학폭법제17조의2제1항 및 제2항).

피해학생에 대한 **보호조치**	· 심리상담 및 조언 · 일시보호 · 치료 및 치료를 위한 요양 · 학급교체 · 그 밖에 피해학생의 보호를 위해 필요한 조치
가해학생에 대한 선도조치	· 피해학생에 대한 서면사과 · 피해학생 및 신고·고발학생에 대한 접촉, 협박 및 보복행위의 금지 · 학교에서의 봉사 · 사회봉사 · 학내외 전문가에 의한 특별 교육 이수 또는 심리치료 · 출석정지 · 학급교체 · 전학 · 퇴학처분

1-3-2. 자치위원회의 분쟁조정

① 다음과 같은 상황이 발생한 경우에 피해학생과 그 보호자, 가해학생과 그 보호자(이하 "분쟁 당사자"라 함)는 자치위원회(피해학생과 가해학생의 소속 학교가 다른 경우에는 교육감)에 심의와는 별개로 분쟁조정을 요청할 수 있습니다(학폭법 제18조 및 동법 시행령 제25조).

  1. 피해학생과 가해학생 사이 또는 그 보호자 사이의 손해배상에 관련된 합의조정

  2. 그 밖에 자치위원회가 필요하다고 인정하는 사항

② 분쟁조정의 신청을 받으면 자치위원회 또는 교육감은 사건을 조사하고, 분쟁조정기일을 열어 피해학생·가해학생 및 그 보호자의 진술과 요구사항을 듣고 피해학생 측과 가해학생 측의 합의를 유도합니다.

③ 분쟁조정이 종료되면 자치위원회 위원장은 분쟁조정결과를 교육감에게 보고합니다(학폭법 시행령 제29조제3항).

◆ **자치위원회를 개최하지 않고 분쟁조정위원회를 통해 학교폭력 사안의 분쟁을 조정하려는 경우 가능한지요?**

Q. 학교에서 자치위원회 대신 별도로 분쟁조정위원회를 조직하여 학교폭력사안의 분쟁조정을 해도 되는지 궁금합니다.

A. 학교폭력 사안의 분쟁조정은 자치위원회에서 하도록 규정하고 있으며, 별도의 위원회를 통해 분쟁을 조정할 수 없습니다.

< 해 설 >

□ **학교폭력 사안의 분쟁조정 또한 자치위원회를 통해야 함**

① 학폭법은 자치위원회의 심의사항으로 학교폭력의 예방 및 대책수립을 위한 학교 체제 구축, 피해학생의 보호, 가해학생에 대한 선도, 피해학생과 가해학생간의 분쟁조정, 그 밖에 대통령령이 정하는 사항으로 규정하고 있습니다.

② 따라서 자치위원회가 아닌 분쟁조정위원회 등 다른 위원회를 통한 학교폭력 사안의 분쟁조정은 불가능합니다.

(생활지도 Tip)

□ **분쟁 조정 사안**

분쟁조정은 다음과 같은 사안의 경우 자치위원회에 신청 가능합니다.

【분쟁조정 사안】

- **피해·가해측의 손해배상에 관련된 합의를 하고자 할 때**
  - 피해학생 측에서 치료비와 요양비 등 금전적 손해에 대한 배상을 요구하는 경우
  - 가해학생 측에서 치료비, 위자료 등 금전적 손해배상을 통해 합의 하고자 하는 경우

- **그 밖에 자치위원회가 필요하다고 인정하는 사항**
  - 자치위원회의 조치만으로는 해결이 불가능한 갈등이 있는 경우

◆ 자치위원회 분쟁 조정 이후, 합의금에 불만을 제기하여 분쟁조정을 재요청한 경우 추가적인 조정이 가능한가요?

Q. 한 학생이 학기 초 다른 학생들과 갈등이 일어난 사안에 대해 자치위원회 개최를 통해 가해학생에 대한 조치를 하였습니다. 이와 함께 자치위원회의 1개월간 분쟁조정을 통해 손해배상합의가 이루어졌습니다. 그런데 이후 피해학생 보호자와 가해학생 보호자간 합의금 문제로 다툼이 발생하자, 피해학생 보호자와 가해학생 보호자가 분쟁조정 결과에 불만을 제기하고 있습니다. 이 경우 자치위원회를 통한 추가적인 분쟁조정이 가능한가요?

A. 자치위원회의 분쟁 조정 기간은 1개월로 제한되어 있으므로 이후의 분쟁은 민사 등 사법절차에 의한 해결이 가능하며, 자치위원회의 추가적인 분쟁 조정은 불가능합니다.

〈 해 설 〉

□ 자치위원회의 분쟁 조정 기간
① 학폭법 제12조 제2항 제4호, 제18조에 따라 자치위원회를 통한 학교폭력 사안의 분쟁 조정이 가능합니다.
② 그러나 자치위원회의 분쟁조정은 분쟁 당사자 간 손해배상에 관한 합의가 성립함에 불과하고, 법원의 확정판결과 같은 효력을 갖는 것은 아닙니다. 또한 학폭법 제18조 제2항에 따라 자치위원회의 분쟁 조정 기간은 1개월을 넘을 수 없습니다.
③ 따라서 위 사안의 경우 1개월 기간을 넘어 추가적인 자치위원회의 분쟁 조정은 불가능하며, 민사재판 등 사법절차에 의해 분쟁이 해결되어야 합니다.

(생활지도 Tip)

□ **피해학생 보호자 및 가해학생 보호자에게 민사상 손해배상**
  등 다른 권리구제 수단을 안내

  자치위원회의 분쟁조정 기간은 1개월을 넘을 수 없습니다.
  따라서 1개월간의 분쟁조정 이후의 발생한 분쟁에 대하여는
  사법절차가 적용될 수밖에 없음을 안내하여야 합니다.

【분쟁조정 기한】

• 분쟁조정 개시일 : 학교폭력 발생 후, 분쟁당사자가 조정을 신청할 시 5
  일 이내 분쟁조정을 시작하여야 합니다.

• 분쟁조정 기간 : 분쟁의 조정기간은 1개월을 넘지 못합니다.

◆ **학폭법 제17조의2제1항에 따른 "그 조치를 받은 날"과 "그 조치**
  가 있음을 안 날"의 의미를 어떻게 해석해야 하는지요?

Q. 학폭법 제17조제1항 및 제6항에 따라 학교의 장이 가해학생
   에게 내린 조치에 대하여 서면으로 통보를 한 경우, 같은법
   제17조의2제1항에 따라 피해학생 등은 ① 가해학생에 대한
   조치가 기재된 서면이 피해학생 등에게 도달된 날부터 15일
   이내, 피해학생 등이 그 조치가 있음을 현실적으로 알게된
   날부터 10일 이내에 지역위원회에 재심을 청구할 수 있는지,
   아니면 ② 가해학생에 대한 조치가 기재된 서면이 가해학생
   또는 그 보호자(이하 "가해학생 등"이라 함)에게 도달된 날부
   터 15일 이내, 가해학생에 대한 조치가 기재된 서면이 피해

학생 등에게 도달된 날부터 10일 이내에 지역위원회에 재심을 청구할 수 있는지요?

A. 피해학생 등에게 학폭법 제17조제1항 및 제6항에 따라 학교의 장이 가해학생에게 내린 조치에 대하여 서면으로 통보를 한 경우, 같은 법 제17조의2제1항에 따라 피해학생 등은 가해학생에 대한 조치가 기재된 서면이 피해학생 등에게 도달된 날부터 15일 이내, 피해학생 등이 그 조치가 있음을 현실적으로 안 날부터 10일 이내에 지역위원회에 재심을 청구할 수 있습니다.

이 사례는 피해학생 등에게 학폭법 제17조제1항 및 제6항에 따라 학교의 장이 가해학생에게 내린 조치에 대하여 서면으로 통보를 한 경우, 같은 법 제17조의2제1항에 따라 피해학생 등은 ① 가해학생에 대한 조치가 기재된 서면이 피해학생 등에게 도달된 날부터 15일 이내, 피해학생 등이 그 조치가 있음을 현실적으로 안 날부터 10일 이내에 지역위원회에 재심을 청구할 수 있는지, 아니면 ② 가해학생에 대한 조치가 기재된 서면이 가해학생 등에게 도달된 날부터 15일 이내, 가해학생에 대한 조치가 기재된 서면이 피해학생등에게 도달된 날부터 10일 이내에 지역위원회에 재심을 청구할 수 있는지에 관한 것이라 하겠습니다.

먼저, 학폭법 제17조의2제1항에서는 자치위원회 또는 학교의 장이 같은 법 제17조제1항에 따라 내린 조치에 대하여 이의가 있는 피해학생 등은 그 조치를 받은 날부터 15일 이내, 그 조치가 있음을 안 날부터 10일 이내에 지역위원회에 재심을 청구할 수 있다고 규정하고 있는바, 그 입법 취지는 피해학생등의 재심청구권을 보장하여 피해학생을 보호하기 위한 것이라는 점에 비추어 볼 때, 학폭법 제17조의2제1항에 따른 "그 조치를 받은 날"과 "그 조치가 있음을 안 날"은 피해학생 등의 재심청구권 행사를 충분히 보장할 수 있도록 해석하여야 할 것입니다.

다음으로, 학폭법 제17조제1항 및 제6항에 따라 학교의 장이 가해학생에게 내린 조치에 대하여 피해학생 등이 같은 법 제17조의2제1항에 따라 지역위원회에 재심을 청구하는 경우, 같은 조에 따른 "그 조치를 받은 날부터 15일 이내"는 "피해학생 등"이 재심을 청구할 수 있는 기간이라는 점에서 "피해학생 등"이 기준이 되어야 하고, 학교폭력예방법에서는 피해학생 등에게 가해학생에 대한 조치를 서면으로 통보하여야 한다는 규정을 따로 두지는 않고 있으나 피해학생 등의 재심청구권을 보장하기 위하여 가해학생에 대한 조치를 피해학생 등에게 서면으로 통보하고 있는 현실을 고려하면, "그 조치를 받은 날"이란 "피해학생 등"이 가해학생에 대한 조치가 기재된 서면을 통하여 학교의 장으로부터 그 조치를 통보받은 날을 의미하고, 통보를 받은 날은 학교의 장의 서면이 피해학생 등에게 도달된 날이라고 할 것인바, 만약 학폭법 제17조의2제1항에 따른 "그 조치를 받은 날"이 "가해학생 등"이 가해학생에 대한 조치가 기재된 서면을 통하여 그 조치를 통보받은 날을 의미한다고 볼 경우, 피해학생 등이 가해학생에 대한 조치를 알지 못하는 상태에서 재심 청구 기간이 진행되는 결과를 초래할 수 있으므로 타당하지 않다고 할 것입니다.

그리고, 학폭법 제17조의2제1항에 따른 "그 조치가 있음을 안 날부터 10일 이내"도 "피해학생 등"이 재심을 청구할 수 있는 기간이라는 점에서 학교의 장이 가해학생에게 내린 조치를 "피해학생 등"이 인식했는지 여부가 재심 청구 기간을 준수했는지 여부를 판단하는 기준이 되어야 하므로, 같은 조에 따른 "그 조치가 있음을 안 날"이란 피해학생 등이 가해학생에 대한 조치가 기재된 서면으로 통보받아 이러한 사실을 인식함으로써 가해학생에 대한 조치가 있다는 사실을 현실적으로 안 날을 의미한다고 할 것이고(대법원 2014. 9. 25. 선고 2014두8254 판례 참조), 피해학생 등이 가해학생에 대한 조치를 서면으로 통보받지 않았거나, 서면으로 통보받았다고 하더라도 그러한 사실을 현실적으로 알지 못한 경우에는 그 조치가 있음을 알았다고 할 수 없으므로, 학폭법 제17조의2제1항에 따른 "그 조치가 있음을 안 날"이란 가해학생에 대한 조치가 있다는 사실을 현실적으로 안 날이라고 할 것입니다.

따라서, 피해학생 등에게 학폭법 제17조제1항 및 제6항에 따라 학교의 장이 가해학생에게 내린 조치에 대하여 서면으로 통보를 한 경우, 같은 법 제17조의2제1항에 따라 피해학생 등은 가해학생에 대한 조치가 기재된 서면이 피해학생 등에게 도달된 날부터 15일 이내, 피해학생 등이 그 조치가 있음을 현실적으로 안 날부터 10일 이내에 지역위원회에 재심을 청구할 수 있다고 할 것입니다.

◆ 학폭법 제17조제1항 각 호에 따른 조치 없음에 대하여 피해학생의 재심청구가 가능한지요?

Q. 학폭법 제17조제1항의 자치위원회가 가해학생에 대하여 같은 항 각 호에 따른 조치 없음을 결정함에 따라 학교의 장이 이에 따른 조치를 내리지 않은 경우, 피해학생 등은 같은 법

제17조의2제1항에 따라 지역위원회에 재심을 청구할 수 있는
지요?

A. 자치위원회가 가해학생에 대하여 학폭법 제17조제1항 각호에 따른 조치 없음을 결정함에 따라 학교의 장이 같은 항 각 호에 따른 조치를 내리지 않은 경우에도 피해학생 등은같은 법 제17조의2제1항에 따라 지역위원회에 재심을 청구할 수 있습니다.

위 사례는 자치위원회가 가해학생에 대하여 학폭법 제17조제1항 각 호에 따른 조치 없음을 결정함에 따라 학교의 장이 같은 항 각 호에 따른 조치를 내리지 않은 경우 피해학생 등이 같은 법 제17조의2제1항에 따라 지역위원회에 재심을 청구할 수 있는지에 관한 것이라 하겠습니다.

먼저, 학폭법 제17조의2제1항에서는 자치위원회 또는 학교의 장이 같은 법 제17조제1항에 따라 내린 조치에 대하여 이의가 있는 피해학생등은 그 조치를 받은 날부터 15일 이내, 그 조치가 있음을 안 날부터 10일 이내에 지역위원회에 재심을 청구할 수 있다고 규정하고 있는바, 그 입법취지는 피해학생등의 재심청구권 보장을 통한 피해학생의 보호라는 점에 비추어 볼 때, 학폭법 제17조의2제1항의 의미는 피해학생 등이 자치위원회가 가해학생에게 내린 조치가 가볍다고 판단되는 경우 지역위원회에 재심을 청구할 수 있다는 것으로 보아야 할 것이므로, 같은 법 제17조의2제1항에 따른 재심청구의 대상은 반드시 같은 법 제17조제1항 각 호에 따른 조치에 한정되는 것이 아니라고 할 것입니다.

그리고, 학폭법 제16조제1항 각 호 외의 부분 본문에서는 자치위원회가 피해학생의 보호를 위하여 같은 항 각 호에 따른 조치

를 할 것을 학교의 장에게 요청할 수 있다고 규정하고 있고, 같은 조 제7항에서는 피해학생의 보호자는 필요한 경우 「학교안전사고 예방 및 보상에 관한 법률」(이하 "학교안전법"이라 함) 제34조에 따른 공제급여를 학교안전공제회에 직접 청구할 수 있다고 규정하고 있는 점에 비추어 볼 때, 자치위원회 또는 학교의 장이 학폭법 제16조제1항 또는 같은 법 제17조제1항에 따라 내린 조치는 피해학생이 학교폭력으로 발생한 손해에 대하여 학교안전공제회에 학교안전법에 따른 급여를 청구하는 경우 그 근거가 될 수 있다고 할 것이므로, 자치위원회가 가해학생에 대하여 같은 법 제17조제1항 각 호에 따른 조치 없음을 결정함에 따라 학교의 장이 같은 항 각 호에 따른 조치를 내리지 않은 경우에는 피해학생 등이 지역위원회에서 다시 다툴 수 있다고 보는 것이 피해학생의 보호라는 입법목적(제1조)에 부합하는 해석이라고 할 것입니다.

만약, 자치위원회가 가해학생에 대하여 학폭법 제17조제1항 각 호에 따른 조치 없음을 결정함에 따라 학교의 장이 같은 항 각 호에 따른 조치를 내리지 않은 경우 피해학생 등이 같은 법 제17조의2제1항에 따라 지역위원회에 재심을 청구할 수 없다고 보는 것은 같은 법 제17조제1항제1호에 따른 "서면사과" 조치 결정보다 가벼운 "같은 항 각 호에 따른 조치 없음" 결정에 대해서는 이의를 제기할 수 없게 되어 형평에 반하는 결과를 초래할 수도 있다고 할 것입니다.

더욱이, 자치위원회가 가해학생에 대하여 학폭방법 제17조제1항 각 호에 따른 조치 없음을 결정함에 따라 학교의 장이 같은 항 각 호에 따른 조치를 내리지 않은 것은 같은 항 각 호에 규정된 조치를 내린 것이 아니므로 피해학생 등이 같은 법 제17조의2 제1항에 따른 재심을 청구할 수 없다고 볼 경우, 공립학교에 설치된 자치위원회의 같은 법 제17조제1항 각 호에 따른 조치 없음 결정에 따라 학교의 장이 후속조치를 취하지 않은 것은 행정처분에 해당하여 피해학생 등이 바로 행정심판이나 행정소송을 제기하여 처분의 부당성 또는 위법성을 다툴 수 있는 반면, 사립학교에 설치된 자치위원회의 같은 결정에 따라 학교의 장이 후속조치를 취하지 않은 것은 행정처분에 해당하지 않아 피해학생 등이 이에 대하여 행정심판이나 행정소송을 제기하여 처분의 부당성 또는 위법성을 다툴 수는 없고 형사고소·고발 또는 민사소송으로 다툴 수밖에 없어, 공립학교와 사립학교에 재학하는 피해학생 간의 피해구제수단의 범위가 달라짐으로써 형평에 반하는 결과를 초래할 수 있다는 점도 이 사안을 해석함에 있어서 고려하여야 할 것입니다.

이상과 같은 점을 종합해 볼 때, 자치위원회가 가해학생에 대하여 학폭법 제17조제1항 각 호에 따른 조치 없음을 결정함에 따라 학교의 장이 같은 항 각 호에 따른 조치를 내리지 않은 경우에도 피해학생 등은 같은 법 제17조의2제1항에 따라 지역위원회에 재심을 청구할 수 있다고 할 것입니다.

1-4. 법원의 학교폭력사건 처리

1-4-1. 법원에서의 학교폭력사건 처리

법원에서 학교폭력은 형사사건으로 다루어질 수도 있고 민사사건으로 다루어질 수도 있습니다.

1-4-2. 형사책임

① 학교폭력이 발생한 경우에는 우선적으로 학교의 학교폭력대책자치위원회에서 사안을 해결하려고 노력하지만, 이것이 불가능하거나 학교 내에서의 해결을 원하지 않는 경우에는 경찰 등 수사기관에 고소해서 형사절차를 진행할 수 있습니다.

② 그러나 이 형사처벌은 가해자가이 14세 이상인 경우에만 가능합니다. 가해자가 14세 이상인 경우에는 「형법」의 적용대상이 되는 동시에 「소년법」의 적용대상이 되므로 형사처벌 또는 보호처분될 수 있지만, 가해자가 10세 이상 14세 미만인 경우에는 형사처벌 대신 「소년법」에 따라 보호처분을 받게 됩니다(「소년법」 제2조 및 「형법」 제9조). 10세 미만인 경우에는 해당 학생을 처벌한 법적 근거가 없어 형사처벌 또는 보호처분 되지 않습니다(「소년법」 제4조제1항, 제38조제2항 및 「소년심판규칙」 제42조제1항).

③ 자치위원회에서 내리는 선도조치는 학교에서 부과하는 징계의 일종으로 볼 수 있는 반면, 형사처벌과 보호처분은 국가에서 내리는 법적 조치라고 할 수 있습니다. 따라서 자치위원회에서 적절한 조치가 취해진 경우에도 가해학생에 대한 고소·고발 등이 있다면 가해학생은 형사처벌 또는 보호처분될 수 있습니다.

1-4-3. 민사책임

① 자치위원회의 분쟁조정이 성립되지 않고 종료된 경우에 분쟁 당사자는 민사소송을 통해 치료비, 위자료 등의 손해배상을 받을 수 있습니다.

② 소송금액이 3,000만원 이하인 경우에는 소액사건재판의 방식으로

사건을 신속하게 해결할 수 있으며, 민사소송 전에 민사조정의 방식으로 분쟁 당사자가 협의해서 사건을 해결할 수도 있습니다.

③ 가해자가 책임능력이 없는 경우에는 그 보호자에게 손해배상책임을 물을 수 있으며, 가해자가 책임능력이 있다고 하더라도 자력으로 손해배상을 할 능력이 없는 경우가 대부분이므로 가해자의 보호자를 대상으로 손해배상을 청구하는 것이 일반적입니다(「민법」 제750조, 제753조 및 제755조).

◆ 학교폭력을 당한 경우 취할 수 있는 민·형사상의 법적조치에는 어떤 것들이 있나요?

Q. 고등학생인 제 아이가 얼마 전 학교 친구에게 심한 폭행을 당해 전치 12주의 상해를 입었습니다. 제가 취할 수 있는 민·형사상의 법적 조치에는 어떤 것들이 있나요?

A. 먼저 형사상으로는 검찰청 또는 경찰서에 가해자를 고소해서 형사처벌해 줄 것을 요구할 수 있습니다.

이에 공소가 제기되어 형사재판이 진행될 경우에는 이 재판절차를 이용해서 치료비나 위자료 등의 민사상 손해배상청구도 함께 할 수 있습니다. 이를 배상명령 제도라고 합니다.

한편, 민사절차는 형사절차와 별도로 진행시킬 수도 있습니다. 민사재판에서는 형사재판과 달리 피해학생 자신이 가해자의 불법행위를 입증해야 하는데, 이 때 형사재판의 결과는 민사재판의 진행에 있어서 유력한 증거자료가 될 수 있습니다.

◆ 선배가 자주 저를 협박합니다. 무서워서 학교에 가기가 싫은데 저는 어떻게 대처해야 하나요?

Q. 같은 학교에 다니는 선배가 자주 저를 협박합니다. 무서워서 학교에 가기가 싫은데 저는 어떻게 대처해야 하나요?

A. 학교폭력으로 피해를 당한 학생은 부모 또는 교사에게 그 사실을 알리거나, 학교의 학교폭력대책자치위원회에 신고할 수 있습니다. 이 경우 학교폭력대책자치위원회는 심리상담 및 조언, 일시보호 등의 피해학생에 대한 조치를 취할 것을 교장에게 요청하며, 교장은 이에 따라야 합니다. 또한, 피해 학생은 가해학생을 고소하여 형사절차를 진행할 수 있으며, 가해학생과 그 감독의 무자 및 학교 등을 상대로 손해(치료비 및 위자료 등)에 대한 배상을 청구할 수 있습니다.

◇ 학교폭력대책자치위원회

학교폭력대책자치위원회란 학교폭력의 예방 및 대책에 관련된 사항을 심의하기 위해 학교에 설치한 기관을 말합니다.

학교폭력으로 피해를 당한 학생은 부모 또는 교사에게 그 사실을 알리거나, 학교의 학교폭력대책자치위원회에 신고할 수 있습니다. 피해학생이 학교폭력대책자치위원회에 신고한 경우 학교폭력대책자치위원회는 피해학생의 보호를 위해 필요하다고 인정되면 피해학생에 대해 심리상담 및 조언, 일시보호, 치료 및 치료를 위한 요양, 학급 교체, 그 밖에 피해학생의 보호를 위한 조치를 할 것을 교장에게 요청할 수 있습니다.

◇ 수사기관에 고소

학교폭력의 피해자는 가해자를 수사기관(경찰 또는 검찰)에 고소할 수 있습니다. 고소를 한 피해학생은 사건처리결과 등 수사 진행사항 및 각종 지원제도 등에 대한 정보를 제공받을 수 있습니다.

◇ 손해배상

학교폭력의 피해자는 가해학생, 그 감독의무자(부모 등) 및 학교 등을 상대로 손해(치료비 및 위자료 등)에 대한 배상을 청구할 수 있습니다. 학교폭력의 피해자는 가해자에 대한 형사재판 과정에서 형사법원에 배상명령을 신청함으로써 민사소송을 따로 제기할 필요 없이 간편한 방법으로 민사적인 손해배상명령을 받아 낼 수도 있습니다.

◆ 학교 폭력을 발견했을 경우 어디로 신고를 하고 어떻게 처리가 되는지 궁금합니다.

Q. 저는 중학교 학생을 둔 주부입니다. 최근 학교폭력에 대한 내용이 연일 매스컴을 달구고 있고, 청소년 폭력이 심각한 사회문제로 대두되고 있는 것 같습니다. 집단 폭력의 고통에 시달리다가 자살하는 학생, 학교생활에 적응하지 못하여 외국 유학을 보내달라고 조르는 학생 등 언론에서 보도되는 내용은 학생을 둔 엄마로서 남의 일 같지 않는 것이 사실입니다. 학교 폭력을 발견했을 경우 어디로 신고를 하고 어떻게 처리가 되는지 궁금합니다.

A. 귀하께서는 학교 폭력 신고방법과 처리절차에 대해 문의를 하셨습니다.

학교 폭력은 학교 내외에서 학생 간에 발생한 상해, 폭행, 감금,

협박, 명예훼손, 공갈(금품갈취), 강요 및 성폭력, 따돌림, 정보통신망을 이용한 음란. 폭력정보 등에 의하여 신체, 정신 또는 재산상의 피해를 수반하는 행위를 말합니다. 학교폭력을 당하셨거나 발견했을 경우 112나 117로 신고해 주시면 됩니다.

사건은 피해자 조사, 가해자 조사, 검찰송치, 법원판결 순으로 진행되며, 촉법소년(만10세 이상- 14세 미만)은 소년법원으로 송치되어 보호처분을 받게 되고, 범죄소년은(만14세이상-19세 미만)은 검찰로 송치되어 기소(선고)유예, 벌금, 징역형 등 형사처벌을 받게 되거나, 소년법원으로 송치되어 보호처분을 받게 됩니다.

경찰조사단계에서는 사안의 경중, 피해자 처벌 의사 등에 따라 '처벌대상 사건'과 '선도대상 사건'으로 분류되며, 처벌대상 사건은 검찰(또는 소년법원)로 송치되고, 선도대상 사건은 검찰과 협의하에 경찰에서 종료됩니다.

선도대상 사건도 상호간 분쟁이 지속되고, 피해회복이 제대로 이루어지지 않아 처벌을 요구하는 경우 및 가해 학생이 선도프로그램을2 이수하지 않는 경우 등은 처벌대상 사건으로 처리됩니다.

피해, 가해 학생의 대질조사는 부득이한 경우가 아닌 한 금지되며, 가해 학생이 피해(신고)학생을 보복 폭행하는 경우에는 가중처벌(1년이상 유기징역)이 됩니다.

피해학생의 경우

경찰관, 지역별 Wee센터(1577-7179), CYS-Net(1388), 학교폭력 SOS 지원단(1588-9128)으로 부터 상담. 심리치료, 신변보호, 법률지원등을 받으실 수 있습니다.

◆ 학교폭력대책자치위원회에 회부된 모든 사안에 대하여 학폭법에 의한 조치를 반드시 결정하여야 하나요?

Q. 학교폭력대책자치위원회에 회부된 모든 사안에 대하여 학폭법 제17조제1항에 의한 조치를 반드시 결정하여야 하나요?

A. 학폭법 제17조 개정('12. 3. 21.)으로 인하여 가해학생에 대한 조치는 반드시 이루어져야 하는 것이 원칙이며, 이는 학교폭력 사안에 대하여 가해학생에 대한 선도·교육이 적절히 조치되도록 하기 위함입니다.

학폭법 제13조제2항 각호에 따라 신고된 모든 학교폭력 사안에 대해 자치위원회를 소집하여 심의를 해야 하는 것이 원칙입니다. 다만, 가해학생에 대한 조치는 학교폭력이 발생한 경우 피해학생의 보호와 가해학생의 선도·교육을 위하여 이루어지는 것이므로, 허위신고나 학교폭력에 해당하지 않는다고 판단한 사항 등 피해학생 보호나 가해학생의 선도·교육을 요하지 않는 경우에는 조치하지 않을 수 있습니다.

이 경우, 회의록 등에 명확한 근거를 기재하여 누가 보더라도 보편타당하고 명백한 결과를 도출할 수 있도록 하여야 합니다.

◆ 학폭법 개정 이전에 발생한 사안이 현행 법을 적용할 수 있는지요?

Q. 학폭법 및 「학교생활기록 작성 및 관리지침」 개정 이전인 2012년 2월 학교폭력이 발생했습니다. 법률 및 지침개정 이후인 2012년 5월에 비로소 피해학생 측의 신고로 자치위원회가 개최되었습니다. 법률 적용을 구법(학교폭력 발생 시 법

률)을 적용해야 할지 현행법(자치위원회 개최 시 법률)이 적용되는지 궁금합니다. 또한 학교생활기록부 기재는 어떻게 해야 하는가요?

A. 개정 법률 시행('12.4.1) 이전에 발생한 사안의 경우, 가해학생에 대한 조치는 개정 이전의 법률(구법)을 적용하여야 합니다. 개정 훈령 시행('12.3.1) 이전에 발생한 사안의 경우, 가해학생에 대한 학교생활기록부 기재는 개정 이전의 훈령(구법령)을 적용하여 미기재 하여야 합니다.

〈 해 설 〉

□ **학교폭력 사안 발생 시와 학교폭력대책자치위원회 개최 시법령이 다른 경우, 사안 발생 시의 법령(구법) 적용**
① 학교폭력 사안에서 가해학생에 대한 조치(처분)를 함에 있어서 가해행위 시점에 시행되던 구법(2012. 4. 1. 이전에 시행되던 법률 조항)을 적용할 것인가, 아니면 처분 시점 (즉 가해학생에 대한 조치를 하는 시점)에 시행되는 신법 (2012. 4. 1. 이후에 시행되는 법률 조항)을 적용할 것인가의 문제가 생깁니다.
② 이 경우 학교폭력대책자치위원회 개최 시 법령을 적용하면, 법령 개정 이전 사안에 대한 소급 적용이 되어 허용되지 않습니다(헌법상의 소급입법금지원칙).
③ 따라서 학교폭력 사안 발생 시의 법령(구법)이 적용되어 학교폭력 사안이 판단되어야 하며, 학교생활기록부에 기재되지 않는 사항에 해당됩니다.

2. 성폭력사건의 처리

① 성폭력이란 성(性)적인 행위로 남에게 육체적·정신적 손상을 주는 물리적 강제력을 말합니다. 강간이나 강제추행 뿐만 아니라 언어적 성희롱, 음란성 메시지 및 몰래카메라 등 상대방의 의사에 반해서 이루어지는 모든 신체적·정신적 폭력을 성폭력으로 볼 수 있습니다.
② 사안의 특수성과 수사의 전문성 때문에 성폭력사건은 일반 학교폭력과 같이 학교폭력대책자치위원회가 관여해서 사건을 해결하는 외에도 경찰 등 수사기관이 개입하게 됩니다.

2-1. 성폭력사건의 상담 및 신고
2-1-1. 상담
① 성폭력피해상담소 등을 통한 증거의 확보
성범죄와 관련한 학교폭력(이하 "성폭력"이라 함)의 수사 및 재판과

정에서는 증거가 결정적인 역할을 합니다. 따라서 성폭력 피해 사건 발생 직후 범인의 머리카락·체액 등 증거확보를 위해 몸을 씻지 않고 가급적이면 사건 당시 입었던 옷을 입고(또는 휴대하고) 산부인과 등 의료기관·성폭력피해상담소 등을 방문해서 증거를 확보하는 것이 좋습니다. 의료기관·성폭력피해상담소 등에 비치된 성폭력 응급키트를 이용해서 치료 및 증거 확보를 할 수도 있습니다.

② 성폭력사건의 상담

성범죄와 관련한 학교폭력의 피해를 입은 경우에는 부모 또는 교사와 상의할 수도 있지만 상담하는 것을 어렵게 생각해서 아예 얘기하지 않거나, 너무 늦게 말해서 제2차 피해를 입거나 사건의 해결이 어렵게 되는 경우가 많습니다. 따라서 성폭력사건이 발생한 경우에는 즉시 병원이나 성폭력 관련 기관에 도움을 요청하는 것이 좋습니다.

성폭력 관련 상담기관에서는 증거의 확보 외에도 외상·심리치료에 필요한 지원을 받을 수 있으며 성폭력사건 수사 과정에 도움을 받을 수도 있습니다.

◆ 성폭력 관련 상담기관

기관명	홈페이지	연락처
여성·학교폭력피해자 원스톱센터	http://www.womannchild.or.kr *지역별 센터 운영	-
여성긴급전화 1366	http://www.seoul1366.or.kr * 지역별 센터 운영	1366
한국여성의 전화	http://www.hotline.or.kr *지역별 센터 운영	02-2263-6465
한국성폭력상담소	http://www.sisters.or.kr	02-338-5801
한국성폭력위기센터	http://www.rape119.or.kr	02-883-9284
해바라기아동센터	http://www.womannchild.or.kr *지역별 센터 운영	-
서울해바라기여성·아동센터	http://www.child1375.or.kr	02-3274-1375
안전 Dream	http://www.safe182.go.kr/schoolMain.do	117
청소년전화1388	http://1388.kyci.or.kr *지역별 센터 운영	1388
학교폭력 SOS지원단	http://www.jikim.net/sos	1588-9128

2-1-2. 신고 및 공소의 제기

① 신고

㉠ 성폭력은 학교폭력인 동시에 성범죄이기도 합니다. 이에 따라 성폭력은 일반적인 학교폭력과 달리 학교폭력대책자치위원회에서 다루어지는 외에도, 경찰 등 수사기관이 개입해서 형사절차를 진행하게 됩니다.

ⓛ 성폭력사건이 발생한 사실을 알게 된 사람은 누구든지 수사기관에 신고할 수 있습니다(「아동·청소년의 성보호에 관한 법률」제34조제1항).

ⓒ 성폭력사건은 학교 또는 성폭력 관련 기관에 신고할 수도 있습니다. 이 경우 신고를 받거나, 직무상 성폭력사건 발생을 알게 된 다음 기관의 장과 그 종사자는 이 사실을 즉시 수사기관에 신고해야 합니다(「아동·청소년의 성보호에 관한 법률」제34조제2항).

1. 유치원(「유아교육법」제2조제2호)

2. 학교(규제「초·중등교육법」제2조)

3. 의료기관(「의료법」제3조)

4. 아동복지시설(「아동복지법」제3조제10호)

5. 장애인복지시설(「장애인복지법」제58조)

6. 어린이집(「영유아보육법」제2조제3호)

7. 학원 및 교습소(「학원의 설립·운영 및 과외교습에 관한 법률」제2조제1호 및 제2호)

8. 성매매피해자 등을 위한 지원시설 및 성매매피해상담소(「성매매방지 및 피해자보호 등에 관한 법률」제9조 및 제17조)

9. 한부모가족복지시설(「한부모가족지원법」제19조)

10. 가정폭력 관련 상담소 및 가정폭력 피해자 보호시설(「가정폭력방지 및 피해자보호 등에 관한 법률」제5조 및 제7조)

11. 성폭력피해상담소 및 성폭력피해자보호시설(「성폭력방지피해자보호 등에 관한 법률」제10조 및 제12조)

12. 청소년활동시설(「청소년활동 진흥법」제2조제2호)

13. 청소년상담복지센터 및 청소년쉼터(「청소년복지 지원법」제29조제1항 및 제31조제1호)

14. 청소년보호·재활센터(「청소년보호법」 제35조)

㉣ 위에 해당하는 기관·시설 또는 단체의 장과 그 종사자가 직무상 아동·청소년대상 성범죄 발생 사실을 알고 수사기관에 신고하지 않거나 거짓으로 신고한 경우에는 300만원 이하의 과태료가 부과됩니다(「아동·청소년의 성보호에 관한 법률」 제67조제4항).

㉤ 위에 해당하는 기관·시설 또는 단체의 장과 그 종사자가 자기의 보호·감독 또는 진료를 받는 아동·청소년을 대상으로 성범죄를 범한 경우에는 그 죄에 정한 형의 2분의 1까지 가중 처벌합니다(「아동·청소년의 성보호에 관한 법률」 제18조).

㉥ 다른 법률에 규정이 있는 경우를 제외하고는 누구든지 신고자 등의 인적사항이나 사진 등 그 신원을 알 수 있는 정보나 자료를 출판물에 게재하거나 방송 또는 정보통신망을 통해서 공개해서는 안 됩니다(「아동·청소년의 성보호에 관한 법률」 제34조제3항).

② 공소시효

㉠ 아동·청소년을 대상으로 한 성폭력사건의 공소시효는 해당 성폭력사건으로 피해를 당한 아동·청소년이 성년에 달한 날부터 진행됩니다(「아동·청소년의 성보호에 관한 법률」 제20조제1항).

㉡ 「아동·청소년의 성보호에 관한 법률」 제7조의 죄(아동·청소년에 대한 강간·강제추행 등)의 경우에 DNA증거 등 그 죄를 증명할 수 있는 과학적인 증거가 있으면 공소시효가 10년 연장됩니다(「아동·청소년의 성보호에 관한 법률」 제20조제2항).

㉢ 그러나 13세 미만의 사람 및 신체적인 또는 정신적인 장애가 있는 사람에 대해서 다음의 죄를 범한 경우에는 위 ㉠과 ㉡의 내용에도 불구하고 「형사소송법」 제249조부터 제253조까지 및 「군사법원법」 제291조부터 제295조까지에 규정된 공소시효가 적용되지 않습니

다(「아동·청소년의 성보호에 관한 법률」제20조제3항).

◇ 「형법」 제297조(강간), 제298조(강제추행), 제299조(준강간, 준강제추행), 제301조(강간등 상해·치상) 또는 제301조의2(강간등 살인·치사)의 죄

◇ 「아동·청소년의 성보호에 관한 법률」제9조 및 제10조의 죄

◇ 「성폭력범죄의 처벌 등에 관한 특례법」 제6조제2항, 제7조제2항, 제8조, 제9조의 죄

㉣ 다음의 죄를 범한 경우에는 위 1.과 2.의 내용에도 불구하고 「형사소송법」 제249조부터 제253조까지 및 「군사법원법」 제291조부터 제295조까지에 규정된 공소시효가 적용되지 않습니다(「아동·청소년의 성보호에 관한 법률」 제20조제4항).

• 「형법」 제301조의2(강간등 살인·치사)의 죄(강간등 살인에 한정한다)

◇ 「아동·청소년의 성보호에 관한 법률」 제10조제1항의 죄

◇ 「성폭력범죄의 처벌 등에 관한 특례법」 제9조제1항의 죄

2-2. 피해학생의 보호

2-2-1. 법률조력인제도

① 법률조력인이란 검사가 성폭력 범죄 피해자를 위해 지정한 국선변호인입니다. 법률조력인은 성폭력 발생 초기부터 수사, 재판에 이르는 전 과정에서 피해자를 위해 전문적인 법률지원을 해 줍니다(「아동·청소년의 성보호에 관한 법률」 제30조 및 「성폭력범죄의 처벌 등에 관한 특례법」 제27조제2항부터 제6항까지).

② 구체적으로 법률조력인은 재판확정시 또는 불기소처분(불복절차 포함)시 까지 무료로 활동하면서, 피해자 상담 및 자문, 고소장 또

는 의견서 작성제출, 수사기관의 조사과정 참여, 재판 출석, 증거보 전절차 청구·참여 등의 법률지원을 합니다.

2-2-2. 법률조력인 지원 신청 대상

① 국가는 사건의 진행 정도에 따른 구조의 필요성, 피해자의 경제 적 능력과 스스로의 권리구제 능력 및 방어 가능성 등을 고려해 법 률상담, 민사소송·가사소송의 대리 및 변호와 형사절차상의 법률적 조력을 지원하되, 피해자가 다음 어느 하나에 해당하는 경우에는 우 선 지원할 수 있습니다(「성폭력방지 및 피해자보호 등에 관한 법률」 제7조의2제4항 및 동법 시행령 제4조의2제3항).

1. 피해자가 보호시설에 입소해 있는 경우
2. 피해자가 「아동·청소년의 성보호에 관한 법률」 제2조제1호에 따른 아동·청소년인 경우
3. 피해자가 「국민기초생활 보장법」에 따른 수급권자인 경우
4. 피해자가 「장애인복지법 시행령」 별표 1에 따른 장애인인 경우

② 「아동·청소년의 성보호에 관한 법률」제2조제2호에 열거된 성범죄 피해자(강간·강제추행 등 성폭력범죄, 아동·청소년 매매, 강요행위 등)에 대해서 검사는 법률조력인을 임의적으로 지정할 수 있습니다. 하지만 다음의 경우에는 의무적으로 지정해야 합니다.

1. 피해자에게 법정대리인이 없는 경우
2. 피해자 법정대리인의 의사능력이 없거나 미약한 경우
3. 특수강간, 친족관계에 의한 강간, 장애인강간 등 「성폭력범죄의 처벌 등에 관한 특례법」 제3조부터 제8조까지에 해당하는 피 해를 입은 경우

2-2-3. 신청방법

① 법률조력인의 도움을 받으려면, 성폭력범죄 피해자 또는 그 법정대리인이 경찰서, 검찰청 등 수사기관에 성폭력 피해사실 신고와 함께 구두 또는 서면으로 법률조력인의 지원을 신청하면 됩니다.

② 성폭력상담소 또는 지원센터 등을 통해서도 법률조력인의 지원을 요청할 수 있습니다(「성폭력방지 및 피해자보호 등에 관한 법률」 제7조의2제2항 및 「성폭력방지 및 피해자보호 등에 관한 법률 시행령」 제4조의2제2항).

③ 법률조력인제도를 이용하지 않아도 대한법률구조공단이나 그 밖의 상담기관에서 국가의 부담으로 법률상담과 소송대리 등의 법률지원을 받을 수 있습니다(「성폭력방지 및 피해자보호 등에 관한 법률」 제7조의2제2항 및 제3항).

2-3. 수사 및 재판에서의 피해학생 보호

2-3-1. 영상물의 촬영·보존의 특례

성폭력사건 피해학생(이하 "피해학생"이라 함)의 진술내용과 조사과정은 비디오녹화기 등 영상물 녹화장치에 의해서 촬영·보존해야 하지만, 피해학생 또는 그 법정대리인이 이를 원하지 않는다는 의사표시를 하면 촬영을 하지 않습니다(「아동·청소년의 성보호에 관한 법률」 제26조제1항 및 제2항).

2-3-2. 증거보전의 특례

피해학생 또는 그 법정대리인은 피해학생이 공판기일에 출석해서 증언하는 것이 현저히 곤란한 사정이 있는 경우에는 그 사유를 소명해서 미리 촬영된 영상물 또는 그 밖의 다른 증거물에 대해서 해당

성폭력사건을 수사하는 검사에게 증거보전의 청구를 할 것을 요청할 수 있습니다(「아동·청소년의 성보호에 관한 법률」 제27조제1항).

2-3-3. 신뢰관계에 있는 사람의 동석

법원은 피해학생을 증인으로 신문하는 경우 검사·피해학생 또는 그 법정대리인의 신청이 있으면 재판에 지장을 초래할 우려가 있는 등 부득이한 경우가 아닌 한 피해학생과 신뢰관계에 있는 사람을 동석하게 해야 합니다. 수사기관이 피해학생을 조사하는 경우에는 마찬가지입니다(「아동·청소년의 성보호에 관한 법률」 제28조).

2-3-4. 비밀누설의 금지

① 성폭력사건의 수사 또는 재판을 담당하거나 이에 관여하는 공무원 또는 그 직에 있었던 사람은 피해학생의 주소·성명·연령·학교·직업·용모 등 그 피해학생을 특정할 수 있는 인적사항이나 사진 등 또는 그 피해학생의 사생활에 관한 비밀을 공개하거나 다른 사람에게 누설해서는 안 됩니다(「아동·청소년의 성보호에 관한 법률」 제31조제1항).

② 비밀누설 금지의무를 위반하면 7년 이하의 징역 또는 5천만원 이하의 벌금에 처해지며, 이 경우 징역혁과 벌금형은 병과될 수 있습니다(「아동·청소년의 성보호에 관한 법률」 제31조제4항).

◆ **성폭력 가해학생과 피해학생이 비밀보장을 요구한 경우 어떻게 하면 좋을까요?**

Q. 학교에서 학생 A가 학생 B와 같이 놀자며 비어있는 교실로 데리고 가서 성추행을 하였습니다. 가해학생과 피해학생 모

두 사안에 대해 비밀을 보호해달라고 요구합니다. 어떻게 하면 좋을까요?

A. 성추행도 학교폭력에 해당되므로 자치위원회를 개최해야 합니다. 다만, 피해학생의 비밀 보호를 위한 노력이 필요합니 다.

〈 해 설 〉

□ **성추행으로 인한 자치위원회 개최 및 피해학생 비밀 보호 노력**
① 학생 A가 학생 B를 상대로 성추행을 한 행위는 가해학생에 해당하기 때문에, 가해학생의 비밀을 보호해달라고 요구하더라도 학교폭력 사안 자체가 축소·은폐되지 않도록 주의해야 합니다.
② 자치위원회의 비공개 진행, 피해학생에 대한 비밀보호 등을 고려하여 자치위원회 개최 시 피해학생의 경우는 대면진술이 아니라, 서면진술로 대체할 수 있습니다.

(생활지도 Tip)

□ **성폭력 예방을 위한 학교 환경 개선 필요**

학교 내에서 발생하는 성범죄의 경우 시청각실, 강당, 음악실 등 눈에 띄지 않는 장소에서 발생하는 경우가 많기 때문에, 특별실 등의 창문을 밖에서도 볼 수 있도록 하거나 학교외진 곳에 CCTV를 설치하는 등 학교환경을 개선하기 위한 노력이 필요합니다.

□ **성폭력 사안에 대한 비밀누설 금지 강조**

성폭력 사건을 목격한 학생 및 주변 학생에 대해서는 학생들을 안정시키고 성폭력 사실을 휴대전화나 인터넷 등을 통해 유포하는 행위를 금지시켜야 합니다.

2-3-5. 보호처분

① 피해학생에 대해 지속적인 위해의 배제와 보호가 필요하다고 인정되면 검사는 법원에 대해 가해자에 대한 「보호관찰 등에 관한 법률」에 따른 보호관찰과 함께 다음 어느 하나에 해당하는 조치를 청구할 수 있습니다(「아동·청소년의 성보호에 관한 법률」 제41조). 보호처분은 성폭력사건의 판결과 동시에 선고되며, 여러 보호처분조치가 함께 부과될 수 있습니다(「아동·청소년의 성보호에 관한 법률」 제42조제2항 및 제4항).

1. 가해자에 대한 「보호관찰 등에 관한 법률」에 따른 보호관찰

2. 피해학생의 주거 등으로부터 가해자를 분리하거나 퇴거하는 조치

3. 피해학생의 주거, 학교 등으로부터 100미터 이내에 가해자 또는 가해자의 대리인의 접근을 금지하는 조치

4. 「전기통신기본법」 제2조제1호의 전기통신이나 우편물을 이용해서 가해자가 피해학생 또는 그 보호자와 접촉을 하는 행위의 금지

5. 「아동·청소년의 성보호에 관한 법률」 제45조에 따른 보호시설에 대한 보호위탁결정 등 피해학생을 위해 필요한 조치

② 보호처분명령을 위반하면 2년 이하의 징역 또는 2천만원 이하의 벌금에 처해집니다(「아동·청소년의 성보호에 관한 법률」 제65조제2항).

2-4. 취학 지원

① 성폭력사건의 피해학생이 주소지 외의 지역에 취학(입학, 전학 및 편입학 포함. 이하 같음)할 필요가 있을 때에는 다음의 절차에 따라 취학할 수 있습니다(「성폭력방지 및 피해자보호 등에 관한 법률」 제

7조 및 동법 시행령 제4조제1항).

  1. 피해학생이 초등학생인 경우 : 보호자가 피해학생을 주소지 외
     의 지역에 있는 초등학교에 입학시키려고 하면 해당 초등학교
     의 장은 피해학생이 취학하는 것을 승낙해야 합니다. 또한, 피
     해학생이 다니고 있는 초등학교의 장은 피해학생 보호자의 동
     의를 받아 교육장에게 그 피해학생의 전학을 추천해야 하고
     교육장은 전학할 학교를 지정해 전학시켜야 합니다.

  2. 피해학생이 중·고등학생인 경우 : 학교의 장은 피해학생이 다
     른 학교로 전학·편입학할 수 있도록 추천해야 하고, 교육장 또
     는 교육감은 전학·편입학할 학교를 지정해 배정해야 합니다.
     이 경우 그 지정된 학교의 장은 피해자 등이 교육과정을 이수
     하는데에 지장이 없으면 전학•편입학을 승낙해야 합니다.

② 읍·면·동의 장, 학교의 장, 교육장 또는 교육감은 피해학생을 보
호하기 위해 전학 조치한 사실이 취학 업무 관계자가 아닌 사람에
게 공개되지 않도록 관리·감독해야 합니다(「성폭력방지 및 피해자보
호 등에 관한 법률 시행령」 제4조제2항).

③ 위의 절차에 따라 취학에 걸린 기간은 피해학생의 출석일수에 산
입합니다(「성폭력방지 및 피해자보호 등에 관한 법률 시행령」 제4조
제3항).

3. 가해자 처벌

3-1. 가해자에 대한 형사제재

3-1-1. 가해자가 14세 이상인 경우

가해자가 14세 이상인 경우에는 다음과 같이 형사처벌될 수 있습니다.

가해 유형	처벌내용	근거규정
1. 폭행 또는 협박으로 사람을 강간한 경우	3년 이상의 유기징역	「형법」 제297조
2. 폭행 또는 협박으로 사람에 대하여 구강, 항문 등 신체(성기는 제외한다)의 내부에 성기를 넣거나 성기, 항문에 손가락 등 신체(성기는 제외한다)의 일부 또는 도구를 넣는 유사강간을 한 경우	2년 이상의 유기징역	「형법」 제297조의2
3. 폭행 또는 협박으로 사람에 대해서 추행을 한 경우	10년 이하의 징역 또는 1천 500만원 이하의 벌금	「형법」 제298조
4. 사람의 심신상실 또는 항거불능의 상태를 이용해서 간음 또는 추행을 한 경우	위 제1호, 제2호 또는 제3호의 예에 따름	「형법」 제299조
5. 강간, 유사강간, 강제추행, 준강간 및 준강제추행의 죄(미수를 포함)를 범한 사람이 사람을 상해하거나 상해에 이르게 한 경우	무기 또는 5년 이상의 징역	「형법」 제301조
6. 강간, 강제추행, 준강간 및 준강제추행의 죄(미수를 포함)를 범한 사람이 사람을 살해한 경우	사형 또는 무기징역(사망에 이르게 한 경우에는 무기징역 또는 10년 이상의 징역)	「형법」 제301조의2
7. 미성년자 또는 심신미약자에 대해서 위계 또는 위력으로써 간음 또는 추행한 경우	5년 이하의 징역	「형법」 제302조
8. 13세 미만의 사람에 대하여 간음 또는 추행을 한 경우	위 제1호, 제2호, 제3호 제5호 또는 제6호의 예에 따름	「형법」 제305조

9. 아동·청소년에 대해서 폭행 또는 협박으로 강간한 경우	5년 이상의 유기징역	「아동·청소년의 성보호에 관한 법률」 제7조제1항
10. 아동·청소년에 대해서 폭행이나 협박으로 ① 구강·항문 등 신체(성기는 제외)의 내부에 성기를 넣는 행위를 하거나, ②성기·항문에 손가락 등 신체(성기는 제외)의 일부나 도구를 넣는 행위를 한 경우	5년 이상의 유기징역	「아동·청소년의 성보호에 관한 법률」 제7조제2항
11. 아동·청소년에 대해서 폭행 또는 협박으로 추행한 경우	2년 이상의 유기징역 또는 1천만원 이상 3천만원 이하의 벌금	「아동·청소년의 성보호에 관한 법률」 제7조제3항
12. 아동·청소년에 대해서 심신상실 또는 항거불능의 상태를 이용해서 간음 또는 추행한 경우	위 제9호부터 제11호까지의 예에 따라 처벌	「아동·청소년의 성보호에 관한 법률」 제7조제4항
13. 위계(僞計) 또는 위력으로써 아동·청소년을 간음하거나 아동청소년을 추행한 경우	위 제9호부터 제11호까지의 예에 따라 처벌	「아동·청소년의 성보호에 관한 법률」 제7조제5항
14. 19세 이상의 사람이 장애 아동·청소년(「장애인복지법」 제2조제1항에 따른 장애인으로서 신체적인 또는 정신적인 장애로 사물을 변별하거나 의사를 결정할 능력이 미약한 13세 이상의 아동·청소년을 말함)을 간음하거나 장애 아동·청소년으로 하여금 다른 사람을 간음하게 하는 경우	3년 이상의 유기징역	「아동·청소년의 성보호에 관한 법률」 제8조제1항
15. 19세 이상의 사람이 장애 아동·청소년을 추행한 경우 또는 장애 아동·청소년으로 하여금 다른 사람을 추행하게 하는 경우	10년 이하의 징역 또는 1천500만원 이하의 벌금	「아동·청소년의 성보호에 관한 법률」 제8조제2항
16. 위 제9호부터 제13호의 죄를 범한 사람이 다른 사람을 상해하거나 상해에 이르게 한 경우	무기징역 또는 7년 이상의 징역	「아동·청소년의 성보호에 관한 법률」 제9조

17. 위 제9호부터 제13호의 죄를 범한 사람이 다른 사람을 살해한 경우	사형 또는 무기징역	「아동·청소년의 성보호에 관한 법률」 제10조제1항
18. 위 제9호부터 제13호의 죄를 범한 사람이 다른 사람을 사망에 이르게 한 경우	사형, 무기징역 또는 10년 이상의 징역	「아동·청소년의 성보호에 관한 법률」 제10조제2항
19. 아동·청소년이용음란물을 제작·수입 또는 수출한 경우	5년 이상의 유기징역	「아동·청소년의 성보호에 관한 법률」 제11조제1항
20. 영리를 목적으로 아동·청소년이용음란물을 판매·대여·배포·제공하거나 이를 목적으로 소지·운반하거나 공연히 전시 또는 상영한 경우	10년 이상의 징역	「아동·청소년의 성보호에 관한 법률」 제11조제2항
21. 아동·청소년이용음란물을 배포·제공하거나 공연히 전시 또는 상영한 경우	7년 이하의 징역 또는 5천만원 이하의 벌금	「아동·청소년의 성보호에 관한 법률」 제11조제3항
22. 아동·청소년이용음란물을 제작할 것이라는 정황을 알면서 아동·청소년을 아동·청소년이용음란물의 제작자에게 알선한 경우	3년 이상의 징역	「아동·청소년의 성보호에 관한 법률」 제11조제4항
23. 아동·청소년이용음란물임을 알면서 이를 소지한 경우	1년 이하의 징역 또는 2천만원 이하의 벌금	「아동·청소년의 성보호에 관한 법률」 제11조제5항
24. 아동·청소년의 성을 사는 행위 또는 아동·청소년이용음란물을 제작하는 행위의 대상이 될 것을 알면서 아동·청소년을 매매 또는 국외에 이송하거나 국외에 거주하는 아동·청소년을 국내에 이송한 경우	무기징역 또는 5년 이상의 징역	「아동·청소년의 성보호에 관한 법률」 제12조제1항
25. 아동·청소년의 성을 사는 행위를 한 경우	1년 이상 10년 이하의 징역 또는 2천만원 이상 5천만원 이하의 벌금	「아동·청소년의 성보호에 관한 법률」 제13조제1항
26. 아동·청소년의 성을 사기 위하여 아동·청소년을 유인하거나 성을 팔도록 권유한 경우	1년 이하의 징역 또는 1천만원 이하의 벌금	「아동·청소년의 성보호에 관한 법률」 제13조제2항

27. 폭행이나 협박으로 아동·청소년으로 하여금 아동·청소년의 성을 사는 행위의 상대방이 되게 한 경우	5년 이상의 유기징역	「아동·청소년의 성보호에 관한 법률」 제14조제1항제1호
28. 선불금(先拂金), 그 밖의 채무를 이용하는 등의 방법으로 아동·청소년을 곤경에 빠뜨리거나 위계 또는 위력으로 아동·청소년으로 하여금 아동·청소년의 성을 사는 행위의 상대방이 되게 한 경우	5년 이상의 유기징역	「아동·청소년의 성보호에 관한 법률」 제14조제1항제2호
29. 업무·고용이나 그 밖의 관계로 자신의 보호 또는 감독을 받는 것을 이용하여 아동·청소년으로 하여금 아동·청소년의 성을 사는 행위의 상대방이 되게 한 경우	5년 이상의 유기징역	「아동·청소년의 성보호에 관한 법률」 제14조제1항제3호
30. 영업으로 아동·청소년을 아동·청소년의 성을 사는 행위의 상대방이 되도록 유인·권유한 경우	5년 이상의 유기징역	「아동·청소년의 성보호에 관한 법률」 제14조제1항제4호
31. 위 제27호부터 제29호의 죄를 범한 자가 그 대가의 전부 또는 일부를 받거나 이를 요구 또는 약속한 경우	7년 이상의 유기징역	「아동·청소년의 성보호에 관한 법률」 제14조제2항
32. 아동·청소년의 성을 사는 행위의 상대방이 되도록 유인·권유한 경우	7년 이하의 징역 또는 5천만원 이하의 벌금	「아동·청소년의 성보호에 관한 법률」 제14조제3항
33. 아동·청소년의 성을 사는 행위의 장소를 제공하는 행위를 업으로 하는 경우	7년 이상의 유기징역	「아동·청소년의 성보호에 관한 법률」 제15조제1항제1호
34. 아동·청소년의 성을 사는 행위를 알선하거나 정보통신망에서 알선정보를 제공하는 행위를 업으로 하는 경우	7년 이상의 유기징역	「아동·청소년의 성보호에 관한 법률」 제15조제1항제2호

35. 위 제33호 또는 제34호의 범죄에 사용되는 사실을 알면서 자금·토지 또는 건물을 제공한 경우	5년 이상의 유기징역	「아동·청소년의 성보호에 관한 법률」 제15조제1항제3호
36. 영업으로 아동·청소년의 성을 사는 행위의 장소를 제공·알선하는 업소에 아동·청소년을 고용하도록 한 경우	5년 이상의 유기징역	「아동·청소년의 성보호에 관한 법률」 제15조제1항제4호
37. 영업으로 아동·청소년의 성을 사는 행위를 하도록 유인·권유 또는 강요한 경우	7년 이하의 징역 또는 5천만원 이하의 벌금	「아동·청소년의 성보호에 관한 법률」 제15조제2항제1호
38. 아동·청소년의 성을 사는 행위의 장소를 제공한 경우	7년 이하의 징역 또는 5천만원 이하의 벌금	「아동·청소년의 성보호에 관한 법률」 제15조제2항제2호
39. 아동·청소년의 성을 사는 행위를 알선하거나 정보통신망에서 알선정보를 제공한 경우	7년 이하의 징역 또는 5천만원 이하의 벌금	「아동·청소년의 성보호에 관한 법률」 제15조제2항제3호
40. 영업으로 위의 제32호 또는 제33호의 행위를 약속한 경우	7년 이하의 징역 또는 5천만원 이하의 벌금	「아동·청소년의 성보호에 관한 법률」 제15조제2항제4호
41. 아동·청소년의 성을 사는 행위를 하도록 유인·권유 또는 강요한 경우	5년 이하의 징역 또는 3천만원 이하의 벌금	「아동·청소년의 성보호에 관한 법률」 제15조제3항
42. 폭행이나 협박으로 아동·청소년대상 성범죄의 피해자 또는 규제「아동복지법」 제3조제3호에 따른 보호자를 상대로 합의를 강요한 경우	7년 이하의 유기징역	「아동·청소년의 성보호에 관한 법률」 제16조
43. 흉기나 그 밖의 위험한 물건을 지닌 채 또는 2명 이상이 합동해서 강간(「형법」 제297조)의 죄를 범한 경우	무기징역 또는 5년 이상의 징역	「성폭력범죄의 처벌 등에 관한 특례법」 제4조제1항

44. 흉기나 그 밖의 위험한 물건을 지닌 채 또는 2명 이상이 합동해서 강제추행(「형법」 제298조)의 죄를 범한 경우	3년 이상의 유기징역	「성폭력범죄의 처벌 등에 관한 특례법」 제4조제2항
45. 흉기나 그 밖의 위험한 물건을 지닌 채 또는 2명 이상이 합동해서 준강간, 준강제추행(「형법」 제299조)의 죄를 범한 경우	위 제43호 또는 제44호의 예에 따라 처벌	「성폭력범죄의 처벌 등에 관한 특례법」 제4조제3항
46. 13세 미만의 여자에 대해서 강간(「형법」 제297조)의 죄를 범한 경우	무기 또는 10년 이상의 징역	「성폭력범죄의 처벌 등에 관한 특례법」 제7조제1항
47. 13세 미만의 사람에 대해서 폭행이나 협박으로 ① 구강·항문 든 신체(성기는 제외)의 내부에 성기를 넣는 행위를 하거나, ② 성기·항문에 손가락 등 신체(성기는 제외)의 일부나 도구를 넣는 행위를 한 경우	7년 이상의 유기징역	「성폭력범죄의 처벌 등에 관한 특례법」 제7조제2항
48. 13세 미만의 사람에 대해서 강제추행(「형법」 제298조)의 죄를 범한 경우	5년 이상의 유기징역 또는 3천만원 이상 5천만원 이하의 벌금	「성폭력범죄의 처벌 등에 관한 특례법」 제7조제3항
49. 13세 미만의 사람에 대해서 준강간, 준강제추행(「형법」 제299조)의 죄를 범한 경우	위 제46호부터 제48호까지의 예에 따라 처벌	「성폭력범죄의 처벌 등에 관한 특례법」 제7조제4항
50. 위계 또는 위력으로써 13세 미만의 여자를 간음하거나 13세 미만의 사람에 대해서 추행한 경우	위 제46호부터 제48호까지의 예에 따라 처벌	「성폭력범죄의 처벌 등에 관한 특례법」 제7조제5항
51. 위 제43호부터 제50호 중 어느 하나의 죄를 범한 사람이 다른 사람을 상해하거나 상해에 이르게 한 경우	무기징역 또는 10년 이상의 징역	「성폭력범죄의 처벌 등에 관한 특례법」 제8조제1항
52. 위 제43호부터 제50호 중 어느 하나의 죄를 범한 사람이 다른 사람을 살해한 경우	사형 또는 무기징역	「성폭력범죄의 처벌 등에 관한 특례법」 제9조제1항

53. 위 제43호부터 제50호 중 어느 하나의 죄를 범한 사람이 다른 사람을 사망에 이르게 한 경우	무기징역 또는 10년 이상의 징역	「성폭력범죄의 처벌 등에 관한 특례법」 제9조제2항
54. 위 제46호부터 제50호 중 어느 하나의 죄를 범한 사람이 다른 사람을 사망에 이르게 한 경우	사형, 무기징역 또는 10년 이상의 징역	「성폭력범죄의 처벌 등에 관한 특례법」 제9조제3항
55. 아동(18세 미만의 사람)에게 음행을 시키거나 음행의 매개를 한 경우	10년 이하의 징역 또는 5천만원 이하의 벌금	「아동복지법」 제71조제1항제1호의2

② 위 제1호부터 제3호까지, 제8호부터 제15호까지의 죄에 대한 미수범 역시 처벌받습니다(「형법」 제300조, 「아동·청소년의 성보호에 관한 법률」 제7조제6항 및 제11조제4항). 범죄의 실행에 착수했지만 행위를 종료하지 못했거나 결과가 발생하지 않은 미수범의 경우 범죄의 성립에 이른 기수범보다 그 형량이 감경될 수 있습니다(「형법」 제25조).

3-1-2. 가해자가 14세 이상 16세 미만인 경우

가해자가 14세 이상 16세 미만인 경우에 해당 사건은 관할 법원 소년부에 송치됩니다(「아동·청소년의 성보호에 관한 법률」 제29조제2항). 사건이 송치된 경우에 가해자는 다음 어느 하나에 해당하는 보호처분 및 수강명령을 받을 수 있습니다(「아동·청소년의 성보호에 관한 법률」 제28조제1항 및 제29조제2항·제4항).

1. 보호자 또는 보호자를 대신해서 소년을 보호할 수 있는 사람에게 감호 위탁

2. 수강명령

3. 사회봉사명령

4. 보호관찰관의 단기 보호관찰(수강명령을 함께 부과해야 함)

5. 보호관찰관의 장기 보호관찰(수강명령을 함께 부과해야 함)

6. 「아동복지법」에 따른 아동복지시설이나 그 밖의 소년보호시설에 감호 위탁

7. 병원, 요양소 또는 「보호소년 등의 처우에 관한 법률」에 따른 소년의료보호시설에 위탁

8. 1개월 이내의 소년원 송치

9. 단기 소년원 송치

10. 장기 소년원 송치

11. 「성매매방지 및 피해자보호 등에 관한 법률」 제9조제1항제2호 의 청소년 지원시설에 선도보호를 위탁하는 보호처분

12. 「청소년보호법」 제35조 청소년보호·재활센터에 선도보호를 위 탁하는 보호처분

3-1-3. 가해자가 10세 이상 14세 미만인 경우

가해자가 10세 이상 14세 미만인 경우에 수사기관은 신속히 수사하고, 그 사건을 관할 법원 소년부에 송치합니다(「아동·청소년의 성보호에 관한 법률」 제29조제1항). 사건이 송치된 경우에 가해자는 다음 어느 하나에 해당하는 보호처분을 받을 수 있습니다(「아동·청소년의 성보호에 관한 법률」 제29조제4항 및 「소년법」 제32조).

1. 보호자 또는 보호자를 대신해서 소년을 보호할 수 있는 사람 에게 감호 위탁

2. 수강명령

3. 사회봉사명령

4. 보호관찰관의 단기 보호관찰(수강명령을 함게 부과해야 함)

5. 보호관찰관의 장기 보호관찰(수강명령을 함께 부과해야 함)

6. 「아동복지법」에 따른 아동복지시설이나 그 밖의 소년보호시설에 감호 위탁

7. 병원, 요양소 또는 「보호소년 등의 처우에 관한 법률」에 따른 소년의료보호시설에 위탁

8. 1개월 이내의 소년원 송치

9. 단기 소년원 송치

10. 장기 소년원 송치

3-1-4. 가해자가 10세 미만인 경우

가해자가 10세 미만인 경우에 이들을 처벌할 수 있는 법적 근거가 마련되어 있지 않습니다. 따라서 이들은 형사책임은 지지 않지만, 손해배상책임 등 민사책임을 물을 수는 있습니다(「소년법」 제38조제2항, 「소년심판규칙」 제42조제1항, 「민법」 제750조 및 제755조).

(관련판례)

[1] 피고인(15세)이 공범 甲과 어린 학생들을 상대로 금품을 빼앗을 것을 공모한 후, 길에서 만난 乙(여, 14세)을 인근 아파트로 유인한 다음 甲으로 하여금 밖에서 기다리게 한 후 乙을 위 아파트 23층에 있는 엘리베이터 기계실 앞으로 데리고 가 지갑을 강취하였고, 곧이어 乙을 강간하려 하였으나 乙이 반항하여 미수에 그쳤다는 성폭력범죄의 처벌 등에 관한 특례법 위반(특수강도강간등)의 공소사실에 대하여, 위 공소사실 중 '특수강도'(합동강도) 부분에 대하여는 피고인이 乙에게 한 폭행이나 협박이 乙을 외포하게 하는 정도에 그치지 않고 그 반항을 억압하거나 항거를 불능하게 할 정도였다고 보기는 어렵고, 공범 甲이 위 범행현장에서 실행행위를 분담하여 피고인이 乙로부터 지갑

을 빼앗는 행위에 시간적·장소적으로 협동하였다고 볼 수는 없다는 이유로 이의 성립을 부정하면서 형법상 공갈죄의 공동정범을 인정하고, 한편 '강간미수' 부분에 대하여는 피고인에게 위 범행 당시 강간의 고의가 있었다고 추단하기 어렵다는 이유로 이의 성립을 배척하면서 아동·청소년의 성보호에 관한 법률 위반(강간등)죄를 인정한 사례(서울중앙지법 2010. 10. 15, 선고, 2010고합815,1303, 판결).

[2] 피고인(15세)이 인근 아파트 23층에 있는 엘리베이터 기계실 앞에서 乙(여, 14세)을 강간하려다 미수에 그친 후 계단을 내려가면서 자리를 비우자, 위 강간미수 범행으로 인해 공포에 휩싸인 乙이 피고인이나 공범 甲에 의한 추가 강간피해를 모면하기 위하여 위 23층 창문을 열고 뛰어내림으로써 乙을 사망에 이르게 하였다는 강간치사의 공소사실에 대하여, 피고인이 乙에게 가한 폭행·협박의 정도가 성폭력범죄의 수단으로서는 그다지 중하지 않았던 점, 乙이 23층에서 뛰어내릴 당시 乙은 이미 급박한 위해상태에서 벗어나 있었던 점, 乙이 애초부터 아파트 밖에서 기다리고 있던 공범 甲에 의한 추가 범행을 우려한 나머지 이를 피하기 위해 23층 창문을 통하여 도망하려 하였다고 보기도 어려운 점, 乙의 사망은 어린 소녀인 乙이 피고인으로부터 강제추행을 당한 후 그로 인한 극도의 수치심과 절망감을 이기지 못하고 투신자살한 결과일 가능성을 배제할 수 없는 점 등에 비추어, 피고인으로서는 위 乙이 피고인이나 甲으로부터 추가로 당할 수도 있는 강간을 모면하기 위하여 23층에서 뛰어내려 사망에 이르리라고는 예견할 수 없었다고 보는 것이 경험칙에 부합한다는 이유로 강간치사죄의 성립을 부정한 사례(서울중앙지법 2010. 10. 15, 선고, 2010고합815,1303, 판결).

[1] 성폭력범죄의 처벌 및 피해자보호 등에 관한 법률 제21조의3 제3항에 의해 촬영된 영상물에 수록된 '피해자의 진술'은 같은 조 제4항에 의해 공판준비 또는 공판기일에서 피해자 또는 조사과정에 동석하였던 신뢰관계에 있는 자의 진술에 의하여 그 성립의 진정함이 인정된 때에는 증거로 할 수 있다. 그리고 같은 조 제4항의 규정에 의하여 증거능력이 인정될 수 있는 것은 '같은 조 제3항에 의해 촬영된 영상물에 수록된 피해자의 진술' 그 자체일 뿐이고, '피해자에 대한 경찰 진술조서'나 '조사과정에 동석하였던 신뢰관계 있는 자의 공판기일에서의 진술'은 그 대상이 되지 아니한다(대법원 2010. 1. 28, 선고 2009도12048 판결).

[2] 성폭력범죄의 처벌 및 피해자보호 등에 관한 법률 위반으로 공소제기된 사안에서, 같은 법 제21조의3 제4항에 의해 같은 조 제3항의 규정에 따라 촬영된 영상물에 수록된 피해자의 진술이 피해자에 대한 경찰 진술조서의 내용과 일치함을 조사과정에 동석하였던 피해자의 어머니의 진술을 통하여 확인하였으면서도 그 피해자의 진술을 증거로 쓰지 아니한 채, 형사소송법 제316조 제2항 및 제312조 제4항의 각 요건을 갖추지 못하여 증거로 할 수 없는 피해자의 어머니의 공판기일에서의 진술, 피해자에 대한 경찰 진술조서 등만에 의하여 범죄사실에 대한 증명이 충분하다고 보아 이를 유죄로 판단한 원심판결을 파기한 사례(대법원 2010. 1. 28, 선고 2009도12048 판결).

미성년자의제강간·강제추행죄를 규정한 형법 제305조가 "13세 미만의 부녀를 간음하거나 13세 미만의 사람에게 추행을 한 자는 제297조, 제298조, 제301조 또는 제301조의2의 예에 의

한다"로 되어 있어 강간죄와 강제추행죄의 미수범의 처벌에 관한 형법 제300조를 명시적으로 인용하고 있지 아니하나, 형법 제305조의 입법 취지는 성적으로 미성숙한 13세 미만의 미성년자를 특별히 보호하기 위한 것으로 보이는바 이러한 입법 취지에 비추어 보면 동조에서 규정한 형법 제297조와 제298조의 '예에 의한다'는 의미는 미성년자의제강간·강제추행죄의 처벌에 있어 그 법정형뿐만 아니라 미수범에 관하여도 강간죄와 강제추행죄의 예에 따른다는 취지로 해석되고, 이러한 해석이 형벌법규의 명확성의 원칙에 반하는 것이거나 죄형법정주의에 의하여 금지되는 확장해석이나 유추해석에 해당하는 것으로 볼 수 없다(대법원 2007. 3. 15, 선고 2006도9453 판결).

(관련판례)

청소년의성보호에관한법률 제10조는 "① 여자 청소년에 대하여 형법 제297조(강간)의 죄를 범한 자는 5년 이상의 유기징역에 처한다. ② 청소년에 대하여 형법 제298조(강제추행)의 죄를 범한 자는 1년 이상의 유기징역 또는 500만 원 이상 2천만 원 이하의 벌금에 처한다. ③ 청소년에 대하여 형법 제299조(준강간, 준강제추행)의 죄를 범한 자는 제1항 또는 제2항의 예에 의한다. ④ 위계 또는 위력으로써 여자 청소년을 간음하거나 청소년에 대하여 추행을 한 자는 제1항 또는 제2항의 예에 의한다. ⑤ 제1항 내지 제4항의 미수범은 처벌한다."라고 규정하고 있고, 형법 제2편 제32장은 제297조에서 강간, 제298조에서 강제추행, 제299조에서 준강간, 준강제추행에 대하여 각 규정하고 있으며 제302조에서 "미성년자 또는 심신미약자에 대하여 위계 또는 위력으로써 간음 또는 추행을 한 자는 5년 이하의 징역에 처한다."라고 규정하고 있으므로, 청소년의성보호에관한법률 제10조는 형법 제297조, 제298조, 제299조 및 제302조의 죄에 대하여 피해자가 청소년인 경우에 이를 가중처벌하는 규정일 뿐

◆ 학교에서 성폭력 사안 발생 시 어떻게 처리하는지요?

Q. 학교에서 성폭력 사안 발생 시 처리 과정이 궁금합니다.

A. 학교 성폭력 사안 처리 과정은 이렇게 진행됩니다.

① 성범죄 신고의무

- 수사기관 신고(피해자가 원하지 않아도 반드시 신고, 전문 기관신고와 별개)

- 교내 성고충 상담원과 협의하여 피해자 긴급 보호조치

- 117 신고센터, 해바라기여성아동센터(1899-3075), ONE-STOP 지원센터, 여성긴급전화(1366), 성폭력상담소 등 전문상담기관에 도움 요청

② 학교폭력대책자치위원회를 개최, 피해학생 보호 및 가해학생 선도·교육 조치

- 전담기구의 사안조사(비밀유지에 유의)

- 학교폭력대책자치위원회 개최

- 전문상담기관으로 의뢰

③ 성폭력 피해학생 보호

- 심리상담 및 조언

- 일시보호

- 치료 및 치료를 위한 요양

- 학급교체

- 그밖에 피해학생의 보호를 위하여 필요한 조치

④ 가해학생에 대한 선도 조치

- 서면사과
- 피해 학생 및 신고·고발 학생에 대한 접촉, 협박 및 보복행위 금지
- 학교에서의 봉사
- 사회봉사
- 학내외 전문가와 특별교육 이수·심리치료
- (기간제한이 없는) 출석정지
- 학급교체
- 전학
- 퇴학처분(고등학생 만 가능)

제2절 신고 및 고발

1. 학교폭력의 신고 · 고발

① 학교폭력으로 피해를 입은 학생, 학교폭력에 가담한 학생과 그 가족, 교직원 및 학교폭력을 목격한 사람은 학교 등 관계기관에 이를 즉시 신고해야 합니다.
② 학교폭력은 해당 사건이 발생한 학교에 직접 신고·고발할 수 있으며, 학교폭력 관련 기관에 신고·고발할 수도 있습니다.

1-1. 학교폭력의 신고·고발자

① 학교폭력 현장을 보거나 그 사실을 알게 된 사람은 학교 등 관계기관에 이를 즉시 신고해야 합니다(학폭법 제20조제1항). 또한, 학교폭력의 예비·음모를 알게 된 사람은 이를 학교의 장 또는 학교폭력대책자치위원회에 고발(단, 교사가 알게 된 경우에는 학교의 장에게 보고한 후 해당 학부모에게 알려야 함)할 수 있습니다(학폭법 제20조제4항).
② 즉, 학교폭력의 피해를 입은 학생(이하 "피해학생"이라 함)과 그 가족, 학교폭력에 가담한 학생(이하 "가해학생"이라 함)과 그 가족, 학교폭력을 목격한 학생과 그 가족, 교직원, 친구 등은 언제든지 학교폭력 사실을 신고할 수 있습니다.
③ 학교폭력신고센터가 24시간 운영되고 있습니다(☎117).

1-2. 학교폭력의 신고·고발사실에 대한 불이익금지 및 비밀보장

① 누구든지 학교폭력을 신고한 사람에게 그 신고행위를 이유로 불

이익을 주어서는 안 됩니다(학폭법 제20조제5항).

② 학폭법에 따라 학교폭력의 예방 및 대책에 관련된 업무를 수행하거나 수행했던 사람은 그 직무로 인해서 알게 된 비밀 또는 피해학생·가해학생 및 신고자·고발자와 관련된 자료를 누설해서는 안 됩니다(학폭법 제21조제1항).

③ 비밀의 구체적인 범위는 다음과 같습니다(학폭법 제21조제2항 및 동법 시행령 제33조).

1. 학교폭력 피해학생과 가해학생 개인 및 가족의 성명, 주민등록번호 및 주소 등 개인정보에 관한 사항

2. 학교폭력 피해학생과 가해학생에 대한 심의·의결과 관련된 개인별 발언 내용

3. 그 밖에 외부로 누설될 경우 분쟁당사자 간에 논란을 일으킬 우려가 있음이 명백한 사항

④ 위의 비밀누설금지의무를 위반한 사람은 1년 이하의 징역 또는 1천만원 이하의 벌금에 처해집니다(학폭법 제22조1항).

◆ **담임교사 등이 학교에 신고하지 않고 피해학생과 가해학생 또는 보호자를 불러서 해결하는 것도 법에 위반되나요?**

Q. 담임교사나 상담교사 등이 학교폭력이 발생한 사실을 알게된 경우에 사건의 조속한 해결을 위해서 학교에 신고하지 않고 피해학생과 가해학생 또는 그 보호자를 불러서 사건을 원만히 해결하는 것도 법에 위반되나요?

A. 법에 위반되는 행위입니다. 학폭법 제20조에 따르면 "학교폭

력의 현장을 보거나 그 사실을 알게 된 자는 학교 등 관계 기관에 이를 즉시 신고해야 하고, 누구라도 학교폭력의 예비·음모 등을 알게 된 자는 이를 학교의 장 또는 자치위원회에 고발할 수 있다. 다만, 교원이 이를 알게 되었을 경우에는 학교의 장에게 보고해야 한다."고 규정되어 있습니다. 따라서 교사는 학교폭력이 발생한 사실을 알게 된 경우에 혼자 해결해서는 안 되며 학교에 알려야 합니다.

◆ 담임교사가 종결한 사안에 대해 자치위원회 개최를 다시 요구한 경우 자치위원회를 열어야 하나요?

Q. 학생 A와 B가 다투었으나, 담임교사가 확인한 결과 담임교사가 자체 종결처리 할 수 있는 사안으로 판단하여, A, B의 보호자에게 이 사실을 알린 후 자체 종결하고 전담기구에 보고 하였습니다. 그런데 며칠 뒤 두 학부모간에 말다툼이 벌어지면서 A 학생 보호자가 B 학생의 보호자가 진심으로 사과하지 않고 태도가 맘에 들지 않는다며 다시 문제를 삼아 자치위원회를 개최할 것을 요구하였습니다. 이 경우 다시 자치위원회를 열어야 하나요?

A. 담임교사가 종결 처리한 사안이라고 하더라도 피해학생 보호자가 자치위원회 개최를 요구하는 경우, 자치위원회를 개최해야 합니다.

〈 해 설 〉

□ 담임교사가 종결 처리한 사안의 구속력
　① 담임교사가 종결 처리하는 것은 학폭법에서 예정하고 있는

행위나 처분은 아니기 때문에 가해학생 및 피해학생 측에 대하여 구속력이 생긴다고 볼 수 없습니다.

② 따라서 피해학생 및 그 보호자가 자치위원회 개최를 요청하는 경우 자치위원회가 개최되어야 합니다.

(생활지도 Tip)

□ 당사자간 진심어린 사과할 수 있는 환경과 분위기 조성

① 담임교사는 비록 경미한 사안이고 피해자와 가해자가 화해를 하였다고 하더라도 형식적인 화해가 아닌 진심어린 사과가 될 수 있도록 지도하는 것이 필요합니다. 가해 학생과 피해 학생이 진정한 화해가 이루어지지 않은 경우 피해 학생 측에서 이의를 제기하는 등 이차 분쟁으로 발전될 수 있습니다.

② 따라서 담임교사가 종결할 수 있는 사안에 해당하여 담임교사가 종결처리 하는 경우 반드시 가해학생 및 피해학생의 보호자를 만나 화해 및 재발 방지에 대한 약속을 하고 필요한 경우 확인서를 작성하도록 하여 향후 이차 분쟁이 발생하지 않도록 합니다.

③ 교사는 가해학생과 피해학생의 보호자 면담 시 다음과 같은 사항에 유의하여야 합니다.

【학부모 면담시 유의사항】

1. 피해학생 학부모 면담
- 확인된 사실을 부모가 정확히 알고 있는지, 오해가 있는지 등에 대해 파악한다.
- 조사한 사실에 대한 추가 의견이나 자료 여부에 대해 점검한다.
- 피해측이 가해측과 면담을 요청할 경우, 교사나 전문가 입회하에 면담을 실시하도록 한다. 왜냐하면 단독으로 피해측과 가해측이 만날 경우 갈등

이   심화되거나 다른 문제가 생길 수 있다.
- 학생의 재발방지에 대해 안심할 수 있도록 한다.
- 피해를 당한 학생의 심리적 안정을 위해 가정에서의 부모역할을 안내한다.
- 학교의 공정한 진행절차에 대해 안내한다.

2. 가해학생 학부모 면담
- 가해학생의 부모가 '우리 아이도 피해자다'라고 주장하는 경우가 있다. 그럴때는 명확한 자료를 근거로 의견을 말할 수 있도록 한다.
- 조사한 사실에 대한 추가 의견이나 자료 여부에 대해 점검한다.
- 학교폭력 사안처리의 진행절차에 대해 안내한다.
- 학교폭력 행위에 대하여 책임과 결과가 따른다는 인식을 갖도록 한다.
- 학교폭력 상황을 정확하게 전달을 한다.
- 학생의 보호를 위하여 어떤 노력을 할지 안내한다.
- 가해학생의 재발방지에 대하여 가정에서의 부모역할을 안내한다.

2. 학교폭력의 신고·고발 및 상담기관

2-1. 학교

① 학생들과 비교적 많은 시간을 보내는 교사의 경우 학교폭력 피해학생과 가해학생의 특성을 어느 정도 파악하고 있기 때문에 학교폭력이 발생했을 때 학생의 상태에 따라 좀 더 유연하게 대처할 수 있다는 장점이 있습니다. 또한, 학교는 외부의 학교폭력 관련 기관과 연계해서 필요한 경우 의료지원, 피해학생·가해학생 심리치료프로그램 등을 제공하고 있습니다.

② 따라서 담임교사나 전문상담교사에게 학교폭력이 발생한 사실을 알리면 피해학생과 가해학생에게 가장 적합한 해결방안을 제시받을 수 있으며, 학교 내에서 교사의 보호를 받을 수 있습니다.

③ 학교폭력의 신고방법은 각 학교별로 다양한 경로를 제공하고 있지만, 일반적으로 구두, 서면, 전화, 이메일, 학교홈페이지의 익명게

시판 등의 방법이 이용됩니다.

2-2. 학교폭력 관련 전문기관

① 학교 내에서 교사와 상담하는 것이 자칫 눈에 띌 수 있다는 불안감이 있다면, 외부의 학교폭력 관련 전문기관에 신고·고발하는 것도 한 방법입니다.

② 외부의 학교폭력 관련 전문기관에는 전문 상담가들이 상주하고 있어서 본인이 필요한 때에 언제든지 상담 및 신고·고발을 할 수 있습니다. 또한, 청소년상담복지센터는 청소년에 대한 상담·긴급구조·자활·의료지원 등의 업무를 수행하므로, 필요에 따라 긴급구조, 의료지원 및 법률지원 등 통합지원을 받을 수 있습니다(「청소년복지 지원법」 제22조, 제29조 및 「청소년복지 지원법 시행령」 제14조).

◆ 학교폭력 관련 상담 및 신고기관

기관명	홈페이지	상담전화
117학교폭력신고센터	http://www.117.go.kr	☎117
청소년폭력예방재단 학교폭력 SOS지원단	http://www.jikim.net/sos	☎1588-9128
청소년전화1388	http://1388.kyci.or.kr *지역별 청소년지원센터 운영	☎1388
Wee 센터(전국 시·도 교육청)	http://www.wee.go.kr	-
여성 긴급전화	http://www.seoul1366.or.kr *지역별 여성 긴급전화 운영	☎1366

③ 학교폭력의 신고를 받은 기관은 이 사실을 피해학생 및 가해학생의 보호자와 소속 학교의 장에게 통보해야 합니다(학폭법 제20조 제2항).

2-3. 경찰 등 수사기관

학교폭력으로 인해 신체의 일부를 다치거나, 협박을 받았거나 감금 등을 당하거나 명예훼손을 당했다면 학교나 학교폭력 관련 전문기관 외에 경찰 등 수사기관에 고소할 수도 있습니다(「형법」 제257조, 제260조, 제261조, 제276조, 제277조, 제278조, 제283조, 제284조, 제287조, 제288조, 제307조, 제350조). 이 경우 법적 절차가 진행되어 형사처벌될 수 있습니다.

3. 긴급조치의 시행

3-1. 피해학생 보호를 위한 긴급조치

① 학교폭력이 신고 또는 고발되면 학교폭력대책자치위원회(이하 "자치위원회"라 함)가 소집되어 심의절차를 거친 후 피해학생에 대한 보호하기 위한 조치가 취해지는 것이 원칙입니다. 그러나 피해학생의 보호를 위해서 긴급하다고 인정하거나 피해학생이 긴급보호를 요청하는 경우, 학교의 장은 자치위원회의 요청 전에 다음의 조치를 즉시 취할 수 있습니다(학폭법제16조제1항 단서).

  1. 심리상담 및 조언

  2. 일시보호

  3. 치료 및 치료를 위항 요양

4. 학급교체

5. 그 밖에 피해학생의 보호를 위해서 필요한 조치

② 위와 같은 조치를 취한 경우에 학교의 장은 즉시 자치위원회에 보고해야 합니다(학폭법 제16조제1항 단서).

3-2. 가해학생에 대한 긴급조치

① 학교의 장은 가해학생에 대한 선도가 긴급하다고 인정되면 자치위원회가 열리기 전에 우선 다음과 같은 조치를 즉시 취할 수 있습니다(학폭법 제17조제4항 전단).

1. 피해학생에 대한 서면사과

2. 피해학생 및 신고·고발 학생에 대한 접촉, 협박 및 보복행위의 금지

3. 학교에서의 봉사

4. 학내외 전문가에 의한 특별 교육이수 또는 심리치료(출석정지와 동시에 취해질 수 있음)

5. 출석정지(학내외 전문가에 의한 특별 교육이수 또는 심리치료와 동시에 취해질 수 있음)

② 학교의 장이 출석정지 조치를 할 수 있는 경우는 다음과 같습니다(학폭법 시행령 제21조제1항).

1. 2명 이상의 학생이 고의적·지속적으로 폭력을 행사한 경우

2. 학교폭력을 행사해서 전치 2주 이상의 상해를 입힌 경우

3. 학교폭력에 대한 신고, 진술, 자료제공 등에 대한 보복을 목적으로 폭력을 행사한 경우

4. 학교의 장이 피해학생을 가해학생으로부터 긴급하게 보호할 필요가 있다고 판단하는 경우

③ 학교의 장은 출석정지 조치를 하려는 경우에는 해당 학생 또는 보호자의 의견을 들어야 합니다(학폭법 시행령 제21조제2항).

④ 위와 같은 조치를 취한 경우에 학교의 장은 즉시 자치위원회에 보고해서 추인을 받아야 합니다(학폭법 제17조제4항 후단). 또한, 이 조치를 이행한 경우에는 가해학생과 그 보호자에게 이를 통지해야 하며, 가해학생이 이 조치의 이행을 거부하거나 회피하면 제「초·중등교육법」 제18조에 따라 징계해야 합니다(학폭법 제17조제7항).

◆ **따돌림과 폭력에 지속적으로 노출되어 있어 학교에 가기를 두려워하고 있는 경우 도움을 줄 수 있는 곳이 있나요?**

Q. 저희 자녀가 따돌림과 폭력에 지속적으로 노출되어 있어 학교에 가기를 두려워하고 있습니다. 우리아이에게 도움을 줄 수 있는 곳이 있나요?

A. 학교폭력 피해자 또는 가해자는 학교 및 학교폭력 관련 단체를 통해 상담을 받을 수 있습니다. 학교장은 학교에 상담실을 설치하고, 전문상담교사를 두도록 하고 있습니다. 또한, 청소년폭력예방재단, 한국청소년상담원 지역 상담실 및 사이버경찰청 등 각종 청소년상담기관을 통해서도 상담을 받을 수 있습니다.

교장은 교감, 전문상담교사, 보건교사 및 책임교사(학교폭력문제를 담당하는 교사) 등으로 학교폭력문제를 담당하는 전담기구를 구성해야 합니다. 전담기구는 학교폭력에 대한 실태조사와 학교폭력 예방 프로그램을 구성·실시하며, 교장 및 학교폭력대책자치위원회의 요구가 있는 경우에는 학교폭력에 관련된 조사결과 등 활동결과를 보고해야 합니다.

◇ 학교 내의 학교폭력 전담기구

① 교장은 교감, 전문상담교사, 보건교사 및 책임교사(학교폭력문제를 담당하는 교사) 등으로 학교폭력문제를 담당하는 전담기구를 구성해야 합니다.

② 전담기구는 학교폭력에 대한 실태조사와 학교폭력 예방 프로그램을 구성·실시하며, 교장 및 학교폭력대책자치위원회의 요구가 있는 경우에는 학교폭력에 관련된 조사결과 등 활동결과를 보고해야 합니다.

③ 피해학생 또는 피해학생의 보호자는 피해사실 확인을 위해 전담기구에 조사를 요구할 수 있습니다.

◇ 학교 외의 학교폭력 예방 및 상담 단체

학교폭력 피해자는 학교폭력 관련 단체 등을 통해 상담을 받을 수 있습니다.

◆ **가해학생은 어떤 처벌을 받게 되나요? 또 가해학생 부모로부터 치료비를 받을 수 있나요?**

Q. 제 아이가 학교폭력을 당했어요. 가해학생은 어떤 처벌을 받게 되나요? 또 가해학생 부모로부터 치료비를 받을 수 있나요?

A. 먼저 신고접수 방법을 설명드리겠습니다.

학교폭력 신고는 간접적 신고와 직접적 신고로 분류할 수 있습니다.

간접적 신고는 경찰청에서 주관하는 117신고 전화가 있으며, 인터넷으로 '안전드림'이라는 사이트가 있습니다.

117신고는 경찰관이 유선상으로 불러주는 내용을 정리하여 관할경찰서 여청계로 사건을 배당하며, '안전드림'이라는 사이트에 피해사실을 기재하게 되면 같은 방법으로 관할 경찰서 여청계로 사건이 배당되어 처리를 합니다.

직접적 신고는 민원인께서 증빙자료(진단서 등)를 지참하여 경찰서 여청계를 방문하시면 담당경찰관이 피해사실을 청취한 후 사건을 처리하게 됩니다.

◆ 신고사실을 비밀로 할 수 있나요?

Q. 신고사실을 비밀로 할 수 있나요?

A. 네, 물론 가능합니다. 피해자 진술조서를 무기명으로 작성하여도 진술의 신빙성이 있는 경우에는 증거능력으로 사용이 가능하므로 피해자의 신고사실은 충분히 비밀로 할 수 있습니다. 다만 피의자가 부인하는 경우에는 피해자 진술 외 다른 증거를 수집하여야 하므로 다소 시간이 걸릴 수 있습니다.

◆ 가해학생은 어떠한 처벌을 받을 수 있나요?

Q. 가해학생은 어떠한 처벌을 받을 수 있나요?

A. 먼저 나이로 구분할 수 있습니다.

만 14세 미만은 형사처벌은 불가능하나 법원에서 소년보호처분은 가능합니다. 그러나 최소한 10세 이상인 경우에 해당되며 10세 미만인 경우에는 검찰 및 법원에서도 어떠한 처벌을 할 수 없습니다.

형사처벌은 검찰에서 법원에 청구하는 것으로 보통 학생임을 감안하여 선도조건부 기소유예 처분을 합니다.

선도조건부 기소유예는 청소년상담지원센터 등을 통해 정서적 함양을 하여 다시는 이러한 일을 하지 못하도록 주의를 주는 것입니다. 다만, 전회 처분을 받은 전력이 있다면 벌금처분이나 징역형 처분도 고려할 수 있습니다.

소년보호처분은 1호부터 10호까지로 분류되는데 1호는 보호자에게 인계 10호는 소년원에 구금을 하는 것으로 숫자가 높을수록 수위가 높아집니다.

소년보호처분은 가해학생의 성행과 범행의 원인 등을 종합적으로 판단하여 법원에서 결정하는 것으로 이는 형사처벌과 동일한 효력은 있으나 전과로 분류되지는 않는다는 차이점이 있습니다.

◆ **Wee 센터에서 운영되는 서비스는 어떤 것이 있나요?**

Q. Wee 센터에서 운영되는 서비스는 어떤 것이 있나요?

A. Wee 센터는 상담서비스와 학생의 잠재력, 학교 및 사회적응력, 글로벌 리더십 등을 향상 시키는 다양하고 전문화된 맞춤형 프로그램을 운영합니다. 임상심리사에 의한 심리검사 및 사례 진단, 전문상담사에 의한 가정문제, 학교폭력, ADHD등의 위기 유형별 상담, 사회복지사에 의한 지역사회와 연계한 장학금 지원과 같은 복지 혜택, 학습치료사에 의한 학습컨설팅을 실시하여 학생들의 특기와 적성, 상황에 맞는 전문화된 서비스가 제공됩니다.

제3절 학교에서의 해결

1. 개요

① 학교폭력이 발생하면, 그것이 아무리 경미하다 하더라도 학교에 설치된 학교폭력대책자치위원회에서 사건을 담당합니다.

② 학교폭력대책자치위원회에서는 사건을 조사한 후 심의를 통해 학교폭력 피해학생과 학교폭력 가해학생에게 적절한 조치를 내리고, 이를 학교의 장이 이행할 것을 요청할 수 있습니다.

③ 피해학생과 가해학생 사이 또는 그 보호자 사이의 손해배상에 관련된 합의조정이 필요하거나, 자치위원회가 필요하다고 인정하는 조정사항이 있으면 자치위원회는 분쟁조정절차에 들어갑니다. 이 분쟁조정절차는 심의와 동시에 진행될 수도, 별개로 진행될 수도 있으며, 심의가 끝난 이후에 진행될 수도 있습니다.

2. 학교폭력대책자치위원회의 학교폭력 처리절차

2-1. 학교폭력대책자치위원회의 역할

각 학교에는 학교폭력대책자치위원회가 설치되어 있으며, 이 위원회에서는 학교폭력과 관련한 다음 사항을 심의합니다(학폭법 제12조 및 동법 시행령 제13조제2항).

　1. 학교폭력의 예방 및 대책수립을 위한 학교 체제 구축
　2. 피해학생의 보호
　3. 가해학생에 대한 선도 및 징계
　4. 피해학생과 가해학생 사이의 분쟁조정

　　5. 학교폭력의 예방 및 대책과 관련해서 학교폭력 문제를 담당하
　　　는 책임교사 또는 학생회의 대표가 건의하는 사항

2-2. 자치위원회의 소집

① 학교폭력 사건이 신고 또는 고발되면 사건의 조사, 학교폭력 피
해학생에 대한 보호 및 학교폭력 가해학생에 대한 선도조치를 위해
자치위원회가 소집됩니다.

② 자치위원회가 소집되는 경우는 다음과 같습니다(학폭법 제13조제
2항).

　　1. 자치위원회 재적위원 4분의 1 이상이 요청하는 경우

　　2. 학교의 장이 요청하는 경우

　　3. 피해학생 또는 그 보호자가 요청하는 경우

　　4. 학교폭력이 발생한 사실을 신고받거나 보고받은 경우

　　5. 가해학생이 협박 또는 보복한 사실을 신고받거나 보고받은 경우

　　6. 그 밖에 위원장이 필요하다고 인정하는 경우

③ 자치위원회는 심의를 진행하기 전에 해당 사건에 대한 진상을 명
확하게 파악하기 위해서 학교의 장 및 피해학생 또는 피해학생의
보호자는 심의 전에 교감, 전문상담교사, 보건교사 및 책임교사 등
으로 구성된 학교폭력문제를 담당하는 전담기구에 가해 및 피해 사
실 여부를 확인하도록 할 수 있고, 전담기구는 학교의 장 및 자치위
원회에 가해 및 피해 사실 여부에 관하여 확인한 사항을 보고합니다
(학폭법 제14조제3항·제5항 및 동법 시행령 제16조).

2-3. 자치위원회의 심의 및 분쟁조정

① 자치위원회는 사전 조사 및 당사자들의 진술을 듣고 피해학생과

가해학생에 대한 조치를 내립니다(학폭법 제16조 및 제17조).

② 피해학생과 가해학생 사이 또는 그 보호자 사이에 손해배상과 관련한 합의조정이 필요하거나, 피해학생 측이 가해학생에 대해서 또 다른 처분을 요구하는 경우 등 자치위원회가 필요하다고 인정하는 조정사항이 있으면 자치위원회는 분쟁조정절차에 들어갑니다(학폭법 제18조제1항).

2-4. 사건의 종료

학교의 장은 학교폭력이 발생한 사실과 피해학생에 대한 보호조치, 가해학생에 대한 처분, 분쟁조정에 따른 조치 및 그 결과를 교육감에게 보고해야 합니다(학폭법 제19조 전단).

◆ **피해학생의 이름을 실명을 기록해야 하는지요. 그 이유가 무엇인지요?**

Q. 학교폭력 상황보고서나 자치위원회 사안보고서 등을 보면 가해학생과 피해학생의 이름을 적도록 되어 있는데, 실명을 기록해야 하는지 그 이유가 무엇인지 궁금합니다.

A. 학교폭력 상황보고서와 사안보고서는 학교폭력 사안처리 담당기관인 학교에서 업무처리를 위해 필요한 서류이므로 실명을 쓰도록 합니다. 다만, 학교폭력 직무를 수행하여 알게 된 비밀이나 자료는 누설하여서는 안되며, 누설할 경우 학폭법 제21조 및 22조에 따라 300만원 이하의 벌금에 처할 수 있음을 알려 드립니다.

◆ 보호자간 합의를 이유로 자치위원회 개최를 반대하는 경우 어떻게 대응해야 할까요?

Q. 학생 2명이 서로 싸움을 하다가 학생 A가 골절 등의 상해를 입는 폭력 사안이 발생하였습니다. 그런데 학교폭력 발생 직후 보호자간 원만한 합의가 이루어져서 양측 모두 학교의 어떠한 조치도 원치 않는다면서 학폭법에 따른 사안 처리를 매우 반대하고 있습니다. 학교는 어떻게 대응해야 할까요?

A. 학생 A가 골절이상의 상해를 입은 것은 담임교사가 종결 처리할 수 있는 경미한 사안이 아니므로 자치위원회를 개최해야 합니다. 다만, 자치위원회에서 학생 A, B가 화해가 이루어진 사정을 고려하여 학생 A, B에 대한 조치를 결정할 수 있습니다.

〈 해 설 〉

① 신체·정신 또는 재산상의 피해가 있는 경우, 담임교사 종결처리를 할 수 없고 자치위원회를 개최하여야 합니다.
② 학교폭력에 해당하는 가해행위로 인하여 경미한 사안이 아니라, 피해자가 골절 등의 심각한 상해를 입었으므로 가해행위로 인한 신체·정신 또는 재산상의 피해가 있었음이 명백합니다.
③ 따라서 당사자 간 합의가 이루어졌더라도 담임교사가 종결 처리 할 수 없으며 자치위원회를 개최하여야 합니다.

(생활지도 Tip)

□ 학생 A의 피해정도가 경미하지 않다면 자치위원회 개최안내

① 학생 A의 피해가 심각한 상황이므로 담임교사가 자체 종결할 수 없으며, 학폭법에 의거하여 반드시 자치위원회를 개최하여 처리해야함을 정확히 설명하여야 합니다.

② 다만, 자치위원회 심의과정에서 양측의 합의한 사정을 고려하여 조치하는 것이 바람직합니다.

③ 학교는 법률에 근거한 명확한 설명과 더불어 학부모의 일방적인 요구에 끌려가지 않도록 학교의 일관된 방침을 세워야 하며, 학부모 상담 창구를 일원화 하여 상담과정에서 학교 방침에 어긋나지 않도록 유의해야 합니다.

□ **쌍방 폭행의 경우 두 학생 모두 피해자이면서 가해자로서의 조치**

학생 A,B가 서로 다투는 과정에서 서로에게 피해를 입힌 경우 두 학생이 모두 가해학생이면서 피해학생이기 때문에 자치위원회에서는 두 학생에게 가해학생 조치 및 피해학생 보호 조치를 동시에 결정해야합니다.

□ **가해학생에 대한 '우선 출석정지' 및 특별교육 실시**

학생 A,B가 고의적·지속적인 폭력을 행사한 경우, 폭력을 행사하여 전치 2주 이상의 상해를 입힌 경우, 학교폭력에 대한 신고, 진술, 자료 제공 등에 대한 보복을 목적으로 폭력을 행사한 경우 등은 우선 출석정지가 가능하고 출석정지 기간 중에는 학교 내 상담실 또는 Wee클래스에서 상담교사 주관으로 상담, 교과 자율학습을 포함하여 특별교육을 실시해야 합니다.

【학교장이 가해학생에 대한 "우선 출석정지"를 할 수 있는 경우】

- **사안 유형**
- 2명 이상의 학생이 고의적 · 지속적인 폭력을 행사한 경우
- 폭력을 행사하여 전치 2주 이상의 상해를 입힌 경우
- 학교폭력에 대한 신고, 진술, 자료 제공 등에 대한 보복을 목적으로 폭

   력을 행사한 경우

- **조치 방안**
- 출석정지 기간은 학교실정에 맞게 구체적으로 기준을 정합니다.
- 출석정지 기간 중에는 학교내 상담실 또는 Wee클래스에서 특별교육을 실시합니다.
- 특별교육은 상담교사 주관으로 상담, 교과 자율학습을 포함하여 학교 자체에서 운영하는 것을 원칙으로 합니다.
- 가해학생에 대한 긴급 조치 후, 신속하게 학교폭력대책자치위원회를 소집 하여 피해학생에 대한 보호 조치를 실시해야 합니다.

◆ **학교폭력을 당했는데 학교폭력대책자치위원회 개최를 요구할 수 있나요?**

Q. 아이가 학교폭력을 당했는데 학교폭력대책자치위원회 개최를 요구할 수 있나요? 그리고 자치위원회의 구성원에 관하여 궁금합니다.

A. 자치위원회는 위원장 1인을 포함하여 5인 이상 10인 이하의 위원으로 구성하되, 대통령령으로 정하는바에 따라 전체위원의 과반수를 학부모 전체회의에서 직접 선출된 학부모대표로 위촉하여야 합니다. 다만, 학부모 전체회의에서 학부모 대표를 선출하기 곤란한 사유가 있는 경우에는 학급별 대표로 구성된 학부모 대표회의에서 선출된 학부모 대표로 위촉할 수 있습니다.

자치위원회는 분기별 1회 이상 회의를 개최하고, 자치위원회의 위원장이 회의를 소집하여야 합니다.

◆ 자치위원회 결정 후, 피해학생이 지속적인 고통을 호소하는 경우 학교는 어떻게 대응해야 할까요?

Q. 1년 전 남학생 A가 여학생 B를 강제 추행하여 당시 자치위원회를 통해 가해학생 및 피해학생에 대한 조치를 취했습니다. 그런데 피해 여학생이 1년이 지난 지금에 와서 "학교에 다니기 힘들다. A를 보면 죽고 싶다."고 하는데, 학교는 어떻게 대응해야 할까요?

A. 먼저 새로운 피해사실이 있는지를 확인해야 하고 새로운 피해사실이 확인된다면 자치위원회를 개최하여 조치를 취해야 합니다. 동일한 사안에 대하여 자치위원회를 다시 개최할 수 없으나, 피해학생 보호를 위해 Wee센터, Cys-Net 등 심리 치료 및 상담 프로그램 등을 지원을 할 수 있습니다.

〈 해 설 〉

□ 새로운 피해사실에 의해 피해학생이 심리적 고통을 받고 있는 경우 자치위원회를 개최하여 가해 및 피해 학생에게 조치를 해야 함

① 1년 전 조치 이후로도 피해의 후유증을 계속 겪고 있다가 힘들어서 피해를 호소하는 경우인지, 아니면 새로운 피해사실, 예컨대 그 때의 일을 가해학생이 다른 학생에게 언급하여 새로이 소문이 났다던지, 그 때의 일을 상기시키는 새로운 언동을 한 바가 있다면 별건의 학교폭력이 다시 발생한 것으로 보아야 합니다.

② 따라서 학교는 새로운 피해사실이 있는지를 우선적으로 확인하여 새로운 피해사실이 발생했을 경우 새로운 학교폭력에 대하여 자치위원회를 개최하여 가해학생에 대한 가중

조치 및 피해학생에 대한 보호조치를 취해야 할 것입니다.

□ 새로운 피해사실이 없음에도 피해학생이 지속적인 고통을 호소하는 경우 학교는 피해학생에 대한 상담, 치료 등 지원 강화

① 새로운 피해사실이 없는 경우 동일한 학교폭력 사안에 기초하여 또다시 자치위원회에서 가해학생에 대한 조치를 결정하는 것은 허용되지 않습니다.

② 다만, 이전 학교폭력 경험에 의해 지속적인 고통을 호소하는 경우라면 학교에서는 자치위원회 개최가 없더라도 Wee센터, Cys-Net 등 심리 치료 프로그램 지원 등 피해학생에 대한 추가적인 지원을 강구해야 할 것입니다.

③ 한편, 피해학생이 가해학생과 대면 등을 이유로 오랜 기간이 지난 후에도 힘들어 하는 경우 피해학생이 희망하면 피해학생의 전학을 추천할 수 있습니다.

④ 학교장이 학생의 교육상 교육환경을 바꾸어줄 필요가 있다고 인정하여 다른 학교로의 전학 또는 편입학을 추천하면, 교육장은 전학 또는 편입학할 학교를 지정하여 배정할 수 있으므로(초·중등교육법 시행령 제21조 제3항, 제73조 제5항, 제89조 제5항), 위 사안에서 학생 B가 원한다면 해당 중학교의 장은 교육장에게 학생 B의 전학을 추천할 수 있습니다.

(생활지도 Tip)

□ 새로운 피해사실이 있는지를 확인 필요

① 피해학생이 그동안 아무런 문제가 없이 지내다가 1년이 지나 새삼 학교 다니기 힘들다고 하고 가해학생을 보면 '죽고 싶다'고 호소하는 것은 매우 이례적입니다. 피해학생이 단지 종전 비행만을 문제 삼고 있는 것인지 철저하

　　게 확인해야 합니다.

② 혹시 추가적인 비행(강제추행이 아니더라도 주변에 종전 비행에 관련된 내용을 유포하는 등으로 피해자에게 종전 피해를 상기시키는 언동으로 새로운 상처를 준 바 있는지)이 있어 위와 같은 호소를 하는 것인지 잘 살필 필요가 있습니다.

□ **성폭력 피해학생 중심의 적극적인 보호 조치 마련**

피해학생과 가해학생이 같은 반이거나 같은 학교인 경우, 가해학생과의 적극적인 분리 조치를 통해서 피해학생이 심신을 안정할 수 있도록 해야 합니다. 심각한 경우에는 가해학생과 같은 학교를 다니고 있다는 것만으로도 피해학생이 불안해 할 수 있기 때문입니다.

□ **성폭력 피해학생의 전문상담 기관과의 연계**

피해학생은 심리적으로 불안정한 상태이기 때문에, 전문상담교사 및 담임교사의 심층적인 상담 및 정밀한 심리치료를 꼭 실시하고 성폭력 전문 상담 기관과 연결하여 적극적인 치료를 해야 합니다.

사례 예시	처리
가해학생과 피해 학생이 **같은 학교**에 재학 중인 경우	가해학생과 피해학생 분리조치를 최우선적으로 처리
가해학생과 피해학생이 **다른 학교**에 재학 중인 경우	양 학교가 공동으로 해당 사건에 대한 대응책을 마련하고 사안을 처리

◆ 가해학생이 자치위원회 개최 이전에 전학을 간 경우에는 어떻게 해야 하나요?

Q. 학생 A가 동급생을 폭행하였는데, 학교에서 학교폭력 사안을 인지한 후 가해학생 A가 전학을 신청하면 어떻게 해야 하나요? 반대로 학교에서 학교폭력 사안을 인지하기 이전에 가해학생 A가 이미 타 학교로 전학을 간 경우에는 어떻게 해야 하나요?

A. 학교폭력 가해학생이 전학을 신청하는 경우 학교는 전학절차를 보류한 후 가해학생에 대한 조치를 완료해야 합니다. 만일 이미 전학을 간 상태라면 학폭법 제12조에 따라 공동 자치위원회를 소집할 수 있습니다.

〈 해 설 〉

□ **전학 전 : 가해학생에 대한 전학보류 조치**
자치위원회의 조치 및 이에 따른 학교생활기록부 기재를 회피하기 위하여 가해학생이 전학을 가려고 하는 경우, 학교는 전학절차를 보류하고(재학증명서, 학생부 등 전학에 필요한 서류의 발급을 보류) 가해학생에 대한 조치 및 그에 따른 학교생활기록부 기재를 완료하여야 합니다.

□ **전학 후 : 학교폭력대책자치위원회를 공동으로 구성하여 개최**
학교의 학교폭력사안 인지 이전에 이미 전학이 완료되었다면, 학교폭력으로 인한 가해학생과 피해학생이 각각 다른 학교에 재학 중인 경우 교육감에게 보고를 하고 둘 이상의 학교가 공동으로 자치위원회를 개최할 수 있습니다.

(생활지도 Tip)

□ **가해학생 및 보호자에게 전학보류에 대한 내용 안내**

학교에서는 해당 교육청에 요청하여 학교의 조치가 완료 될 때까지 서류검토, 학교배정 등 전학 관련 절차를 보류하도록 하여야 하며 가해학생과 보호자에게 해당사안에 대해 학교가 조치해야 할 의무에 대해 상세히 설명하여야 합니다.

□ **조치 결과 거부를 목적으로 한 전출은 무단결석 처리**

자치위원회에서 나온 조치 결과를 거부하거나 회피할 목적으로 전출을 할 경우는 가해학생의 출석부에 무단결석으로 처리할 수 있습니다.

□ **가해학생의 무단 전출로 인한 가중 조치**

가해학생 및 보호자가 자치위원회의 조치를 따르지 않고, 자치위원회의 조치 결과를 거부·회피할 경우 추가로 다른 조치를 할 것을 학교장에게 요청할 수 있는 등 조치 내용을 가중할 수 있습니다.

◆ **학교폭력대책자치위원회에 기자, 변호사를 대동하여 참석을 요구한 경우 어떤 대응을 해야 하나요?**

Q. 두 학생이 몸싸움을 벌여서 학교 측에서 자치위원회를 소집하였습니다. 피해학생의 보호자가 변호사, 기자를 대동하고 자치위원회에 참석하면서 자료를 요구함과 동시에 기자를 통한 촬영을 요구하고 있습니다. 이에 대해서 학교측에서는 어떤 대응을 해야 하나요?

A. 가해학생 및 피해학생에 대한 조치를 위하여 자치위원회 회의는 비공개로 진행되므로, 변호사, 기자는 참석 및 촬영이 불가합니다. 피해학생 · 가해학생 또는 그 보호자가 회의록의 열람·복사 등 회의록 공개를 신청한 경우, 학교는 개인정보에 관한 사항을 제외하고 공개하여야 하나, 변호사, 기자에게는 공개할 의무가 없습니다.

〈 해 설 〉

□ **변호사, 기자 등이 자치위원회에 참석할 권리는 없음**
자치위원회는 피해학생의 보호, 장애학생의 보호, 가해학생에 대한 조치, 피해학생과 가해학생 간의 분쟁조정 등을 포함하여 비공개로 진행되기 때문에(학폭법 제21조 제3항), 변호사, 기자 등은 참석 및 촬영이 불가합니다.

□ **피해·가해학생 및 보호자에게 회의록 공개 가능**
피해학생·가해학생 또는 그 보호자가 회의록의 열람·복사 등 회의록 공개를 신청한 때에는 학생과 그 가족의 성명, 주민 등록번호 및 주소, 위원의 성명 등 개인정보에 관한 사항을 제외하고 공개하여야 합니다.

□ **변호사, 기자 등에게 회의록 공개 의무 없음**
자치위원회 회의록의 공개 청구권은 피해학생·가해학생 및 그 보호자에게는 있지만, 변호사, 기자 등은 회의록의 공개를 청구할 수 없습니다.

(생활지도 Tip)

□ **변호사, 기자 등의 참석 및 촬영할 권리는 없음을 고지**
학교는 법률의 근거에 따라 피해학생의 부모와 동행한 기자

는 학교폭력 대책자치위원회의 회의에 참석할 권리가 없음
을 고지하여야 하며, 마땅히 기자의 촬영 요구와 참석을 거
부하여야 합니다.

□ **피해·가해학생 및 보호자에게 회의록 공개에 대한 안내**

단위학교에서 피해·가해학생 및 보호자를 대상으로 회의록을 공
개할 경우 개인정보가 침해되지 않는 범위 내에서 개인정보에
관한 사항은 제외하고 공개해야 함을 안내해 주어야 합니다.

□ **회의록 공개**

① 피해·가해학생 또는 보호자가 회의록의 열람·복사 등 회
의록 공개를 신청한 때에는 학생과 그 가족의 성명, 주민
등록번호 및 주소, 위원의 성명 등 개인정보에 관한 사항
을 제외하고 공개하여야 합니다.

② 비밀의 범위는 학교폭력 피해학생과 가해학생 개인 및 가족
의 성명, 주민등록번호 및 주소 등 개인정보에 관한 사항,
학교폭력 피해학생과 가해학생에 대한 심의·의결과 관련된
개인별 발언 내용, 그 밖에 외부로 누설될 경우 분쟁당사자
간에 논란을 일으킬 우려가 있음이 명백한 사항입니다.

◆ **학폭법 시행 전의 자치위원회의 회의록도 같은 법 제21조제3항 단서에 따라 공개대상이 되는지요?**

Q. 구 학폭법 제21조제3항에서는 자치위원회의 회의는 공개하지 아니하도록 하였으나, 2011. 5. 19. 법률 제10642호로 일부개정되어 2011. 11. 20. 시행된 학폭법 제21조제3항에서는 자치위원회의 회의는 공개하지 아니하되, 다만, 피해학생·가해학생 또는 그 보호자가 회의록의 열람·복사 등 회의록 공개를 신청한 때에는 학생과 그 가족의 성명, 주민등록번호 및 주소, 위원의 성명 등 개인정보에 관한 사항을 제외하고 공개하도록 단서가 신설되었는데, 이전에 작성된 자치위원회 회의록도 이 규정에 따라 공개대상이 되는지요?

A. 2011. 11. 20. 전에 작성된 자치위원회 회의록도 학폭법 제21조제3항 단서에 따라 공개대상이 된다고 할 것입니다.

「공공기관의 정보공개에 관한 법률」(이하 "정보공개법"이라 함) 제3조에서는 공공기관이 보유·관리하는 정보는 이 법이 정하는 바에 따라 공개하여야 한다고 규정하고 있는데, 학교는 정보공개법의 적용대상인 공공기관에 해당하고(같은 법 제2조제3호 및 같은 법 시행령 제2조제1호), 자치위원회의 회의록도 정보공개법의 적용대상인 정보에 해당하므로(같은 법 제2조제1호) 이는 정보공개법에 따라 공개하여야 할 것이나, 정보공개법 제9조제1항제1호에서는 다른 법률 또는 법률이 위임한 명령에 의하여 비밀 또는 비공개 사항으로 규정된 정보는 공개하지 아니할 수 있도록 하고 있습니다.

그런데, 구 학폭법(2011. 5. 19. 법률 제10642호로 일부개정되어 2011. 11. 20. 시행되기 전의 것을 말합니다) 제21조제3항에서는 같은 법 제16조부터 제18조까지의 규정에 따른 자치위원회의 회의는 공개하지 아니한다고 규정하고 있었으나, 2011. 5. 19. 법률 제10642호로 일부 개정되어 2011. 11. 20. 시행된 학폭법(이하 "개정 학폭법"이라 함) 제21조제3항에서는 자치위원회의 회의는 공개하지 아니하되, 다만, 피해학생·가해학생 또는 그 보호자가 회의록의 열람·복사 등 회의록 공개를 신청한 때에는 학생과 그 가족의 성명, 주민등록번호 및 주소, 위원의 성명 등 개인정보에 관한 사항을 제외하고 공개하여야 한다고 하여 비공개에 대한 예외 규정을 신설하였는바, 여기서 개정 학폭법 시행 전의 자치위원회의 회의록에 대하여 해당 사건의 피해학생·가해학생 또는 그 보호자가 같은 법 시행 이후 그 공개를 신청하는 경우 이를 공개할 수 있는지가 문제됩니다.

우선, 행정처분은 그 근거 법령이 개정된 경우에도 경과 규정에서 달리 정함이 없는 한 처분 당시 시행되는 개정 법령과 그에서 정한 기준에 의하는 것이 원칙이라 할 것이므로(대법원 2001. 10. 12. 선고 2001두274 판례), 피해학생·가해학생 또는 그 보호자가 회의록 공개를 신청하는 경우 정보공개를 하여야 하는지 여부는 정보공개처분시의 법률에 따라야 할 것인데, 개정 학폭법 시행으로 피해학생·가해학생 또는 그 보호자가 공개를 신청한 때에는 자치위원회의 회의를 공개하도록 되었고, 개정 학교폭력예방법 부칙에서는 이 법은 공포 후 6개월이 경과한 날부터 시행한다고만 규정하고 있을 뿐 같은 법 시행 전의 자치위원회의 회의에 대한 경과규정 등을 두고 있지 않으므로, 개정 학폭법 시행 전의 자치위원회의 회의록도 같은 법 시행 이후 피해학생·가해학생 또는 그 보호자가 회의록 공개를 신청하는 경우에는 같은 법 제21조제3항 단서에 따라 공개대상이 된다고 할 것입니다.

특히, 구 학폭력법에서는 학교폭력 사건에 대한 자치위원회의 공정하고 소신 있는 심의, 분쟁조정 활동을 보장하기 위하여 외부의 압력이나 불필요한 분쟁 발생의 가능성을 사전에 차단하려는 취지로 자치위원회의 회의를 비공개 대상으로 규정하였다가(법제처 2009. 8. 21. 회신 09-0222 해석례), 자치위원회 업무수행의 공정성만큼이나 해당 사건 당사자에 대한 정확한 정보제공 및 자치위원회 운영의 투명성 확보 필요성에 대한 요청 역시 증대되어, 적어도 피해·가해학생 또는 그 보호자가 요청하는 경우에는 자치위원회 회의를 공개하도록 개정되었는바, 그렇다면 개정 학폭법 시행 전의 자치위원회 회의라고 하더라도 해당 사건의 당사자인 피해·가해학생 또는 그 보호자가 공개를 요청한다면 이를 공개하는 것이 개정 학교폭력예방법의 개정 취지에도 부합하는 것으로 판단됩니다.

아울러, 종전에 비공개하던 정보라고 하더라도 공개의 필요성이 증가하거나 법률이 개정되는 등 사정의 변경이 있다면 이를 영구히 공개대상 정보라고 보는 것은 불합리하다고 할 것이고(법제처 2010. 5. 10. 회신 10-0082 해석례), 개정 학교폭법 시행 전의 자치위원회 참석자가 가지는 해당 회의의 비공개에 대한 신뢰보다 사건 당사자에 대한 정보제공 등 학교폭력예방법 개정으로 인한 공익의 보호가치가 적다고 볼 수 없을 뿐만 아니라, 학생과 그 가족의 성명, 주민등록번호 및 주소, 위원의 성명 등 개인정보에 관한 사항을 제외하고 공개하도록 한 점 등을 감안하면, 개정 학폭법 시행 전에 개최된 자치위원회 참석자의 비공개에 대한 신뢰를 이유로 하여 위 회의록을 공개할 수 없다고 보기는 어렵습니다. 따라서, 2011. 11. 20. 전에 작성된 자치위원회 회의록도 개정 학폭법 제21조제3항 단서에 따라 공개대상이 된다고 할 것입니다.

◆ **학교폭력대책자치위원회 회의록을 공개해야 하는지요?**

Q. 학교폭력사건의 가해·피해 당사자가 학교에 학교폭력대책자치위원회 회의록의 공개를 요청하는 경우, 학교가 「공공기관의 정보공개에 관한 법률」 제9조제1항제1호, 학폭법 제21조 및 같은 법 시행령 제17조를 근거로 회의록을 비공개 할 수 있는지요?

A. 학교폭력사건의 가해·피해 당사자가 학교에 학교폭력대책자치위원회 회의록의 공개를 요청하는 경우, 학교는 「공공기관의 정보공개에 관한 법률」 제9조제1항제1호, 학폭법 제21조 및 같은 법 시행령 제17조를 근거로 회의록을 비공개 할 수 있습니다.

정보공개법 및 같은 법 시행령에 따르면, 공공기관이 보유·관리하는 정보는 그 공개에 관하여 다른 법률에 특별한 규정이 없는 한 이 법에 따라 원칙적으로 공개되어야 하나(법 제3조·제4조), 다른 법률 또는 법률이 위임한 명령에 의하여 비밀 또는 비공개 사항으로 규정된 정보는 이를 공개하지 않을 수 있는바(법 제9조제1항제1호), 학교에 학교폭력대책자치위원회의 회의록을 이해관계 있는 당사자가 공개요청하는 경우 그 공개 여부가 문제됩니다.

먼저 학폭법 및 같은 법 시행령에 따르면, 자치위원회 위원으로 학교폭력의 예방 및 대책과 관련된 업무를 수행한 사람은 그 직무로 인하여 알게 된 비밀 또는 가해학생·피해학생과 관련된 자료를 누설해서는 안 되고(법 제22조제1항), 누설이 금지되는 비밀은 학교폭력 가해학생과 피해학생 개인 및 가족의 성명, 주민등록번호 및 주소 등 개인정보에 관한 사항과 학교폭력 가해학생과 피해학생에 대한 심의·의결과 관련된 개인별 발언 내용 그리고 그 밖에 외부로 누설될 경우 분쟁당사자 간에 논란을 일으킬 우려가 명백한 사항으로 정하고 있으며(영 제17조 각호), 자치위원회의 회의는 공개하지 않도록 규정하고 있습니다(법 제21조제3항).

이와 같은 학폭법령에서 자치위원회의 회의록 등을 비공개하거나 비밀로 정하여 누설을 금지하는 것은 학교폭력 사건에 대한 자치위원회의 공정하고 소신 있는 심의, 분쟁조정 활동을 보장하기 위하여 외부의 압력이나 불필요한 분쟁 발생의 가능성을 사전에 차단하기 위한 것이라 할 것이고, 이러한 학폭법령의 규정과 그 취지 등을 종합하면 자치위원회의 회의록 등은 정보공개법 제9조제1항제1호에 따라 비밀 또는 비공개 대상 정보라고 할 것입니다.

다음으로, 이해당사자에 대하여 정보공개법에 따른 정보의 비밀 또는 비공개 규정이 적용되지 않는 것이지 여부에 대하여 살펴보면, 정보공개법은 정보공개청구권자를 모든 국민으로 하고 있고(제5조제1항), 비공개대상정보를 규정하면서 비공개를 하는 국민의 범위를 정하고 있지 아니하므로(제9조), 원칙적으로 정보공개법에 따른 비밀정보 등의 비공개 상대방은 비밀보유자·기관 외의 모든 사람이라고 할 것이고, 따라서 그 상대방은 제3자는 물론 이해관계 있는 당사자를 포함한다고 할 것입니다.

그런데 학폭법에서도 위원 등의 비밀누설금지, 회의록의 비공개 상대방의 범위를 정하고 있지 아니하므로(제21조), 자치위원회의 회의록 등의 비공개 상대방에도 제3자는 물론 이해관계 있는 당사자까지 포함된다고 보아야 할 것이고, 만일 당사자에게 자치위원회의 회의록 등을 공개할 수 있다고 한다면 공개된 정보의 전파가능성 등이 있어 학폭법령 및 정보공개법 등에서 비밀누설 금지 또는 회의록의 비공개 등으로 자치위원회의 심의권을 보장하고자 한 입법 취지를 저해하게 될 것입니다.

따라서, 학교폭력사건의 가해·피해 당사자가 학교에 학교폭력대책자치위원회 회의록의 공개를 요청하는 경우, 학교는 정보공개법 제9조제1항제1호, 학폭법 제21조 및 같은 법 시행령 제17조를 근거로 회의록을 비공개할 수 있습니다.

3. 사건 조사

① 학교폭력이 신고되거나 관련 기관에서 학교폭력이 접수된 사실을 통보받으면 학교폭력대책자치위원회가 열려 해당 학생들에게 적절한 보호·선도조치가 내려집니다.

② 학교폭력대책자치위원회의 심의에서 정확한 판단을 내리기 위해 학교폭력의 발생원인, 잔여 관련자, 피해 범위 및 피해 수준 등을 명백히 밝히는 사건조사가 먼저 진행됩니다.

3-1. 학교폭력의 조사

3-1-1. 학교폭력의 조사 착수

① 학교폭력이 발생한 사실 또는 가해학생이 협박 또는 보복한 사실을 신고·보고받거나 학교폭력 피해학생 또는 그 부모가 요청하는 경우에는 자치위원회가 소집되어 심의를 진행합니다(학폭법 제13조제2항).

② 자치위원회는 심의를 열어 피해학생의 보호에 필요한 조치와 학교폭력 가해학생에 대해서 선도조치를 할 수 있습니다(학폭법 제16조 및 제17조).

③ 심의를 할 때 학교폭력을 정확히 파악하고 이에 상응하는 조치를 취하기 위해서 자치위원회는 심의를 열기 전에 사건조사를 실시합니다.

3-1-2. 담임교사를 통한 조사

담당교사는 학교폭력 발생사실을 확인하고 담당학생의 신체적·정신적 상태를 파악해서 그 결과를 학교폭력 전담기구 또는 자치위원회에 보고합니다.

3-1-3. 전문상담교사를 통한 조사

전문상담교사는 자치위원회의 요구가 있으면 학교폭력에 관련된 가해학생과 피해학생의 상담결과를 보고해야 합니다(학폭법 제14조제2항).

3-1-4. 학교폭력 전담기구를 통한 조사

① 학교폭력문제를 담당하는 전담기구로 교감, 전문상담교사, 보건

교사 및 책임교사(학교폭력문제를 담당하는 교사를 말함) 등으로 구성됩니다(학폭법 제14조제3항).

② 학교폭력 사건이 발생했을 때 학교폭력 전담기구는 각자의 역할에 따라 다음 사건을 조사할 수 있습니다.

소속 교사	역 할
교감	학교폭력 전담기구의 학교폭력 관련 사안조사업무를 총괄합니다.
전문상담교사	필요한 경우에는 가해학생과 피해학생에 대한 심리검사와 상담을 실시해서 학생의 상태에 대한 소견을 밝힙니다.
보건교사	피해학생의 신체적인 피해상태를 파악하고 필요한 경우에는 진단서 및 소견서를 확보합니다.
책임교사	사건의 진상을 조사하고 증인 및 증거자료를 확보합니다. 필요한 경우에는 가해학생과 피해학생의 담임교사 및 학부모에게 협조를 요청합니다.

③ 학교폭력 전담기구는 자치위원회의 요구가 있으면 학교폭력에 관한 조사결과 등 활동결과를 보고해야 합니다(학폭법 제14조제4항).

3-2. 학교폭력 조사와 관련한 비밀의 누설금지

① 학교폭력 조사와 관련된 업무를 수행하거나 수행했던 사람은 그 직무로 인해서 알게 된 비밀 또는 피해학생·가해학생 및 신고자·고발자와 관련된 자료를 누설해서는 안 됩니다(학폭법 제21조제1항, 동법 시행령 제33조제1호 및 제3호).

② 비밀의 구체적인 범위는 다음과 같습니다(학폭법 제21조제2항 및 동법 시행령 제33조).

 1. 학교폭력 피해학생과 가해학생 개인 및 가족의 성명, 주민등록번호 및 주소 등 개인정보에 관한 사항

2. 학교폭력 피해학생과 가해학생에 대한 심의·의결과 관련된 개
   인별 발언 내용
3. 그 밖에 외부로 누설될 경우 분쟁당사자 간에 논란을 일으킬
   우려가 있음이 명백한 사항
③ 위의 비밀누설금지의무를 위반한 사람은 1년 이하의 징역 또는 1
천만 원 이하의 벌금에 처해 집니다.

◆ **카톡에서 나가기를 해도 다시 초대해서 계속 욕을 하는 경우에**
  어떤 방법으로 해결해야 하나요?

Q. 초등학교 6년 남자아이의 학부모입니다. 같은 반 친구들 몇
   명이서 단체 카똑을 하면서 학교 밖이니까 상관없다며 욕을
   한답니다. 카톡에서 나가기를 해도 다시 초대해서 계속 욕을
   하는 경우, 어떤 방법으로 해결해야 하나요?

A. 휴대전화 등 정보통신기기를 이용해서 지속적·반복적으로 심리적
   공격을 가하는 행위는 사이버 따돌림이며, 이러한 사이버 따돌
   림은 학교폭력의 한 유형입니다. 또한 해당 행위의 실행장소와
   무관하게 그 대상이 학생인 경우는 모두 학교폭력으로 판단하고
   있습니다
   학교폭력으로 피해를 입은 학생·학교폭력에 가담한 학생과 그
   가족, 교직원 및 학교폭력을 목격한 사람은 학교 등 관계기관에
   이를 즉시 신고해야 합니다.
   학교의 담임교사나 전문상담교사에게 학교폭력이 발생한 사실을
   알리면 피해학생과 가해학생에게 가장 적합한 해결방안을 제시
   받을 수 있으며, 학교 내에서 교사의 보호를 받을 수 있습니다.

학교내 상담방법 외에 외부의 학교폭력 관련 전문기관에 신고·고발할 수 도 있습니다.

학교폭력의 신고방법은 일반적으로 구두, 서면, 전화, 이메일, 학교홈페이지의 익명게시판 등의 방법을 이용할 수 있습니다.

학교폭력의 신고·고발은 교육부가 24시간 운영하고 있는 117학교폭력신고센터(☎117)를 이용하실 수 있습니다. 그 밖에 학교폭력에 대한 대응 및 신고에 대한 참고 내용은 스톱불링(www.stopbullying.or.kr)에서 확인하실 수 있습니다.

◆ 학교폭력대책자치위원회 개최 순서는 어떻게 되나요?

Q. 학교폭력대책자치위원회 개최 순서는 어떻게 되나요?

A. - 피해학생 조사-증인 조사(주변학생 및 목격자)-피해 학부모 면담(분쟁조정 심의여부 확인, 피해학생 치료 및 보호문 제 확인)-자치위원회 개최통보(위원, 학부모, 위임장 동봉)
   - 위원회 개최 - 분쟁조정 및 가해학생 선도처분, 피해학생 보호조치

◆ 학교폭력대책자치위원회 회의록은 공개할 수 있습니까?

Q. 학교폭력대책자치위원회 회의록은 공개할 수 있습니까?

A. - 자치위원회의 회의록은 가해학생·피해학생 또는 그 보호자가 회의록의 열람·복사 등 회의록 공개를 신청할 때에는 학생과 그 가족의 성명, 주민등록번호 및 주소, 위원의 성명 등 개인정보에 관한 사항을 제외하고는 공개됩니다.(개정 2011.5.19, 법률 제21조, 시행령 제17조)

- 학교폭력 예방 및 대책에 관한법률 제21조(비밀누설 금지)에 의거 아래의 비밀과 가해학생·피해학생과 관련된 자료를 공개할 수 없습니다.
- 피해·가해학생에 대한 심의·의결과 관련된 개인별 발언내용, 분쟁 당사자 간 논란을 일으킬 우려가 명백한 사항 등 입니다.

◆ 수사기관에서 학교가 조사한 조사기록 및 진술서를 요청한 경우 어떻게 대응해야 하나요?

Q. 학교폭력 사건 담당 경찰관이 당시 학교에서 조사한 진술서 등 관계 자료를 제출해달라고 요청하고 있습니다. 학교에서는 어떻게 대응해야 하나요?

A. 법령상 의무적으로 제출해야 하는 자료의 경우에는 제출해야 합니다. 법령상 의무적으로 제출해야 하는 사항이 아닌 경우에는 학교는 자료 제출을 거부할 수 있습니다.

〈 해 설 〉

□ **관계 법령상 의무적으로 제출하여야하는지 여부가 판단 기준이 됨**
① 관계 기관의 적법한 요구가 있어 관련 자료를 제출하는 경우, 이는 학폭법 제21조가 금지하고 있는 비밀의 누설에 해당하지 않습니다.
② 국회, 영장, 감사원 등 관계 법령상 의무적으로 제출해야 하는 경우에는 제출하여야 합니다.
③ 관계 법령상 의무적으로 제출해야 하는 경우가 아닌 경우에는 학교에서 거부할 수 있습니다. 그러나, 심각한 학교

폭력 사안으로서 수사진행이 긴요한 경우 관련 자료 제출을 적극적으로 검토해 볼 필요가 있습니다.

(생활지도 Tip)

□ 관계 법령에 대한 검토가 필요

법률전문가의 자문 등을 거쳐 판단하는 것이 바람직합니다.

【관계 법령 관련 예시】

- 수사기관이 범죄의 수사를 위해 필요한 경우(영장 미발부시) 「형사소송법」 제199조 제2항에 따라 수사협조를 할 수 있으나 자료제출이 강제되는 것은 아닙니다.
- 국가인권위원회의 경우 국가인권위원회법 제22조, 제36조 제1항에 근거하여 '당사자, 관계인 또는 관계기관 등에 대하여 조사 사항과 관련이 있다고 인정되는 자료 등의 제출을 요구' 할 수 있으나, 동법 제36조 제7항의 예외적으로 제출을 거부할 수 있는 정당한 사유가 있는 경우 제출에 응하지 않을 수 있습니다.

◆ **피해학생의 보호자가 이의를 제기하는 경우에는 어떻게 처리해야 합니까?**

Q. 학교폭력대책자치위원회가 의결한 가해학생에 대한 조치에 대하여 피해학생의 보호자가 이의를 제기하는 경우에는 어떻게 처리해야 합니까?

A. 학생 및 보호자가 자치위원회 의결결과에 이의를 제기할 경우 새로운 증거가 추가되었거나 절차상의 중대한 하자가 있는 경우를 제외하고는 재심의 할 수 없습니다.

2가지 경우를 제외하고도 재심의를 요구한 경우는 학생 및 학부

모를 통해 수사기관에 고소·고발 또는 소송을 제기하는 것이 가
능함을 안내합니다.

4. 심의 : 피해학생 및 가해학생에 대한 조치

① 정해진 기일에 학교폭력대책자치위원회가 열리면 심의절차가 진행
됩니다.
② 학교폭력대책자치위원회에서는 학교폭력 피해학생과 가해학생에
게 어떤 조치를 취할 것인지를 의결한 후, 학교의 장에게 그 이행을
요청할 수 있습니다.
③ 학교폭력대책자치위원회의 심의결과에 불복하는 경우에는 분쟁조
정을 신청할 수 있습니다.

4-1. 심의의 진행
4-1-1. 심의절차
① 자치위원회가 소집되면, 그 동안 조사한 내용을 근거로 심의가
진행됩니다.
② 자치위원회는 피해학생과 가해학생의 진술을 듣고 질의응답을 한
이후에 자치위원회 위원들이 협의해서 피해학생에 대한 보호조치와
가해학생에 대한 선도조치의 수위를 정하게 됩니다. 자치위원회는
학교의 장에게 자치위원회에서 내린 조치를 이행할 것을 요청할 수
있습니다.
③ 특히, 가해학생에 대한 조치를 내린 경우에는 학교의 장에게 이
조치의 이행을 요청하기 전에 가해학생과 그 보호자에게 의견진술의

기회를 부여하는 등 적정한 절차를 거쳐서 가해학생이 부당하게 처벌되는 일이 없도록 해야 합니다(학폭법제17조제5항).

4-1-2. 비밀누설의 금지

① 피해학생의 보호, 가해학생에 대한 조치 및 분쟁조정에 관한 자치위원회의 회의는 비공개를 원칙으로 합니다(학폭법 제21조제3항 본문).

② 다만, 피해학생·가해학생 또는 그 보호자가 회의록의 열람·복사 등 회의록 공개를 신청한 경우에는 학생과 그 가족의 성명, 주민등록번호 및 주소, 위원의 성명 등 개인정보에 관한 사항을 제외하고 공개해야 합니다(학폭법 제21조제3항 단서).

③ 자치위원회 심의와 관련된 업무를 수행하거나 수행했던 사람은 그 직무로 인해서 알게 된 다음의 비밀 또는 피해학생·가해학생 및 신고자·고발학생과 관련된 자료를 누설해서는 안 됩니다(학폭법 제21조제1항 및 동법 시행령 제33조).

　1. 피해학생·가해학생 개인 및 가족의 성명, 주민등록번호 및 주소 등 개인정보에 관한 사항

　2. 피해학생·가해학생에 대한 심의·의결과 관련된 개인별 발언내용

　3. 그 밖에 외부로 누설될 경우 분쟁 당사자 사이에 논란을 일으킬 우려가 명백한 사항

④ 이를 위반하면 1년 이하의 징역 또는 1천만 원 이하의 벌금에 처해집니다(학폭법 제22조제1항).

◆ 피해학생 보호자가 담임교사에게 사건 경위서를 요구한 경우 어떻게 하면 좋은가요?

Q. 학생 A와 학생 B가 다투어 B가 상해를 입었습니다. 이에 화가 난 B의 보호자가 A를 고소하고자 담임교사를 찾아와 사건 경위서와 의견서를 써달라고 합니다. 담임교사가 이에 응해야 되는지요? 또한 주변에서 목격한 학생들의 진술서를 복사해 달라는데 어떻게 하면 좋은가요?

A. 담임교사가 경위서나 의견서 및 진술서를 공개할 의무는 없습니다. 다만, 자치위원회 회의록은 가·피해학생 또는 그 보호자가 요청하는 경우, 개인정보에 관한 사항을 제외하고 공개하여야 합니다.

〈 해 설 〉

□ **보호자가 담임교사에게 사건경위서나 의견서를 써달라고 요구할 권리는 없음**

① 위 사례에서 B의 보호자가 고소를 할 수 있다 하더라도 담임교사에게 사건 경위서나 의견서를 써달라고 요구할 권리는 없습니다. 즉 담임교사라고 하여 B의 보호자의 요구에 따라 사건에 관한 경위서나 의견서를 작성하거나 교부해 줄 의무는 없습니다.

② 또한 담임교사가 피해학생 및 보호자에게 가해행위를 목격한 학생이 작성한 진술서를 열람하게 하거나 복사해 줄 의무도 없습니다.

③ 다만, 학폭법상 피해학생, 가해학생 또는 그 보호자가 자치위원회 회의록의 열람·복사 등 회의록 공개를 신청한 때에는 학생과 그 가족의 성명, 주민등록번호 및 주소, 위원의

성명 등 개인정보에 관한 사항을 제외하고 공개하여야 합니다.

④ 참고로 보호자가 폭행 또는 협박을 수단으로 하여 담임교사에게 사건경위서나 의견서를 써달라고 요구할 경우, 형법상의 강요죄에 해당할 수 있습니다.

(생활지도 Tip)

□ 피해학생과 가해학생의 보호자 교육 필요

① 위 사례의 경우, 피해학생의 보호자가 감정적으로 대응하게 된 사례로 보입니다. 학교폭력의 경우 초기에 적절한 대응이나 사과가 이루어지지 않아 보호자들이 법적 다툼 사건으로 확대될 수 있습니다.

② 따라서 학교는 가해학생이 진심으로 피해학생에게 사과하고 서로 화해할 수 있도록 지도하는 것이 필요합니다. 이 경우 섣부르게 피해학생 보호자와 가해학생 보호자를 대면하게 하는 것은 바람직하지 않습니다. 담임교사의 충분한 대화와 설득으로 서로 이해하는 마음을 갖도록 하는 것이 필요합니다

【보호자가 흥분한 경우 대처 방법】

- 교사는 흥분한 보호자의 태도에 동요하지 말고 침착해야 한다.
- 학교에서 피해학생, 가해학생들에 대한 보호 및 지도 조치를 통하여 책임지고 돕겠다는 것을 분명히 알린다.
- 감정이 격앙되어 오히려 문제해결을 악화시킬 수 있으므로, 피해학생 보호자와 가해학생 보호자를 같은 자리에서 만나지 않도록 한다.
- '학교폭력대책자치위원회'라는 말이 자칫 보호자에게 반감을 불러일으킬 수 있으므로 '자치위원회'라는 말로 바꾸어 사용한다.
- 피해학생 보호자와 가해학생 보호자의 심정을 충분히 공감하고 이해하며 경청한다.

4-2. 심의결과의 이행 : 피해학생에 대한 조치

4-2-1. 보호조치 내용

① 자치위원회가 피해학생에게 취할 수 있는 보호조치는 다음과 같습니다. 이 조치는 상황에 따라 여러 개를 동시에 적용할 수도 있습니다(학폭법 제16조제1항 각 호의 내용).

유 형	내 용
심리상담 및 조언	학교폭력으로 받은 정신적·심리적 충격으로부터 회복할 수 있도록 하기 위해 학교 내의 전문상담교사나 학교폭력 관련 기관의 전문가에게 심리상담 및 조언을 받도록 함
일시보호	지속적인 학교폭력이나 보복의 우려가 있는 경우에 청소년 쉼터, 피해학생보호센터 등에서 일시적으로 보호를 받을 수 있도록 함
치료 및 치료를 위한 요양	학교폭력으로 발생한 신체적·정신적 피해를 치료하기 위해서 학교에 출석하지 않고 의료기관 등에서 치료를 받거나 요양할 수 있도록 함
학급교체	지속적인 학교폭력의 불안감에서 벗어나도록 하기 위해서 피해학생을 동일 학교 내의 다른 학급으로 옮기도록 함
그 밖에 피해학생의 보호를 위해 필요한 조치	피해학생의 보호를 위해 필요하다고 판단되는 조치를 실시함 예시) 등하교시 교사 또는 경찰의 보호동행, 학교폭력 관련 전문기관 등과 연계한 의료·법률 지원 등

4-2-2. 장애학생의 보호

① 누구든지 장애를 이유로 장애학생에게 폭력을 행사해서는 안 됩니다(학폭법 제16조의2제1항).

② 장애학생이란 신체적·정신적·지적 장애 등으로 「장애인 등에 대한 특수교육법」 제15조에서 규정하는 특수교육을 필요로 하는 학생을 말합니다(학폭법 제2조제5호).

③ 자치위원회는 학교폭력으로 피해를 입은 장애학생의 보호를 위해서 장애인전문 상담가의 상담 또는 장애인전문 치료기관의 요양 조치를 학교의 장에게 요청할 수 있습니다(학폭법제16조의2제2항).

4-2-3. 치료비 등의 부담

① 피해학생이 전문단체나 전문가로부터 심리상담 및 조언, 일시보호, 치료 및 치료를 위한 요양 등을 받는 데에 드는 비용은 가해학생의 보호자가 부담해야 합니다(학폭법 제16조제6항 본문).

② 피해학생의 신속한 치료를 위해 학교의 장 또는 피해학생의 보호자가 원하는 경우에는 학교안전공제회(「학교안전사고 예방 및 보상에 관한 법률」 제15조) 또는 특별시·광역시·특별자치시·도 및 특별자치도 교육청이 먼저 다음의 금액을 부담하고, 가해학생의 보호자에게 피해자에게 지급한 모든 비용에 대해 구상권을 행사할 수 있습니다(학폭법 제16조제6항 단서 및 동법 시행령 제18조).

1. 교육감이 정한 전문심리상담기관에서 심리상담 및 조언을 받는 데 드는 비용

2. 교육감이 정한 기관에서 일시보호를 받는 데 드는 비용

3. 치료 및 치료를 위한 요양에 드는 비용(「의료법」에 따라 개설된 의료기관, 「지역보건법」에 따라 설치된 보건소·보건의료원 및 보건지소, 「농어촌 등 보건의료를 위한 특별조치법」에 따라 설치된 보건진료소, 「약사법」에 따라 등록된 약국 및 한국희귀의약품센터에서 치료 및 치료를 위한 요양을 받거나 의약품을 공급받는데 드는 비용)

③ 치료비 등 경비의 지급기간은 피해학생 상담 및 치료의 경우 2년, 일시보호의 경우 30일을 기준으로 합니다. 다만, 추가적인 치료

를 위해서 피해학생 및 보호자의 요청이 있으면 학교안전공제보상심사위원회의 심의를 거쳐 1년의 범위에서 상담 및 치료기간을 연장해 그 비용을 지급할 수 있습니다(「학교안전사고 예방 및 보상에 관한 법률 시행규칙」 제9조의3제1항).

④ 학교의 장 또는 피해학생의 보호자는 필요한 경우 학교안전공제회에 공제급여청구서를 제출하여 공제급여를 직접 청구할 수 있습니다(학폭법 제16조제7항, 동법 시행령 제18조제2항, 「학교안전사고 예방 및 보상에 관한 법률」 제41조, 제57조 및 「학교안전사고 예방 및 보상에 관한 법률 시행규칙」 제3조).

⑤ 공제급여의 지급 여부는 학교안전공제회에 공제급여를 청구한 날로부터 14일 이내에 결정됩니다.

⑥ 학교안전공제회가 공제급여를 지급하기로 결정한 경우에는 즉시 공제급여가 지급됩니다.

⑦ 학교안전공제회가 공제급여의 전부 또는 일부를 지급하지 않기로 결정하여 그 결정에 대해 불복이 있는 경우에는 학교안전공제보상심사위원회에 심사청구를 할 수 있습니다.

⑧ 학교안전공제회는 피해학생에 대한 치료비 등의 지급을 결정한 때에는 그 비용을 지급하기 전에 학교폭력 가해자 및 보호자에게 알려야 합니다(「학교안전사고 예방 및 보상에 관한 법률 시행규칙」 제9조의3제4항).

4-2-4. 피해학생 보호를 위한 긴급조치의 시행

학교의 장은 피해학생의 보호를 위해서 긴급하다고 인정할 경우에는 자치위원회의 심의가 있기 전에 다음의 조치를 즉시 취할 수 있습니다(학폭법 제16조제1항 단서).

  1. 심리상담 및 조언

2. 일시보호

3. 치료 및 치료를 위한 요양

4. 학급교체

5. 그 밖에 피해학생의 보호를 위해서 필요한 조치

4-2-5. 조치이행의 요청

① 자치위원회는 피해학생의 보호를 위해서 필요하다고 인정하는 때에는 피해학생에 대해서 일정한 보호조치를 취해 줄 것을 학교의 장에게 요청할 수 있습니다(학폭법 제16조1항).

② 자치위원회는 학교의 장에게 보호조치를 요청하기 전에 피해학생 및 그 보호자에게 의견진술의 기회를 부여하는 등 적정한 절차를 거쳐야 합니다(학폭법 제16조제2항).

③ 자치위원회의 피해학생 보호조치 요청이 있으면 학교의 장은 피해학생 보호자의 동의를 받아 7일 이내에 해당 조치를 해야 합니다(학폭법 제16조제3항). 즉, 자치위원회의 요청만으로 바로 조치가 취해지는 것이 아니라 피해학생 보호자의 동의가 있어야만 해당 조치를 취할 수 있는 것입니다.

4-2-6. 보호조치로 인한 불이익의 금지

① 보호조치가 필요한 학생에 대해서는 학교의 장이 인정하는 경우에 그 조치에 필요한 결석을 출석일수에 산입할 수 있습니다(학폭법 제16조제4항). 예를 들어, 입원치료조치를 받고 입원치료를 위해 3일간 입원한 경우에, 학교의 장의 재량으로 이 기간은 출석한 것으로 인정받을 수 있습니다.

② 또한, 학교의 장은 성적 등을 평가할 때 보호조치로 인해 학생

에게 불이익을 주지 않도록 노력해야 합니다(학폭법 제16조제5항).

4-2-7. 그 밖의 보호조치

① 학교폭력 가해학생과 동일학교 진학 금지 등

학교폭력의 가해학생에게는 전학조치를 할 수 있습니다(학폭법 제17조제1항). 그러나 가해학생이 전학을 간다고 해도 피해학생은 여전히 불안할 수 있습니다. 따라서 가해학생이 전학할 학교를 배정할 때에는 피해학생의 보호에 충분한 거리 등을 고려하도록 하고 있으며, 전학 조치된 가해학생과 피해학생이 상급학교에 진학할 경우에는 각각 다른 학교로 배정하도록 하고 있습니다. 이 때에는 피해학생이 입학할 학교를 우선적으로 배정합니다(학폭법 시행령 제20조제2항 및 제4항).

② 안전한 등·하교길-신변보호 서비스

KT텔레캅은 교육부와 MOU를 체결해서 학생들이 학교폭력의 위험으로부터 보호받을 수 있도록 '학교폭력 피해학생 신변보호서비스'를 제공하고 있습니다.

학교폭력의 위협 또는 피해를 받은 경우에 학교에 알리면, 학교에서 KT텔레캅에 학생의 신변보호를 요청합니다. 신변보호가 완료되면 학부모에게 연락해서 그 사실을 알려주는 외에도 학교 및 학생에 대한 지속적인 관찰 및 상담을 받을 수 있습니다.

4-3. 심의결과의 이행 : 가해학생에 대한 조치

4-3-1. 처분조치 내용

① 자치위원회가 가해학생에 대해 할 수 있는 처분은 다음과 같습니다. 이 조치는 상황에 따라서 여러 개가 동시에 부과될 수도 있습

니다(학폭법 제17조제1항 각 호의 내용).

유　　형	내　　용
피해학생에 대한 서면사과	가해학생이 피해학생에게 사과편지 등을 써서 화해할 수 있도록 함
피해학생 및 신고·고발 학생에 대한 접촉, 협박 및 보복 행위의 금지	가해학생이 피해학생 및 신고·고발 학생에게 접근하는 것을 막아 폭력이나 협박, 보복행위를 더 이상 할 수 없도록 함
학교에서의 봉사	교내 청소, 교사업무보조 등 교내에서 일정시간 동안 봉사하도록 함
사회봉사	지역의 교통안내, 요양기관 봉사, 지역 청소 등 교외에서 일정시간 동안 봉사하도록 함
학내외 전문가에 의한 특별 교육이수 또는 심리치료	교내의 전문상담교사나 교외의 학교폭력 관련 전문가에게 특별 교육을 이수하게 하거나 심리치료를 받도록 함
출석정지	피해학생과 가해학생을 격리시켜 피해학생을 보호하고 가해학생이 반성할 수 있도록 가해학생이 학교에 출석하지 못하게 함
학급교체	가해학생을 피해학생으로부터 격리시켜 더 이상의 폭력행위를 막고 피해학생이 불안감을 느끼지 않도록 가해학생을 동일 학교 내의 다른 학급으로 옮기도록 함
전학	지속적인 폭력행위가 단절될 수 있도록 가해학생이 다른 학교로 전학 가도록 함
퇴학처분	학생의 신분을 상실시킴

② 자치위원회는 가해학생에 대한 조치를 결정할 때 다음의 사항을 고려합니다(학폭법 제17조제1항 및 동법시행령 19조).

　1. 가해학생이 행사한 학교폭력의 심각성·지속성·고의성

　2. 가해학생의 반성 정도

　3. 해당 조치로 인한 가해학생의 선도 가능성

4. 가해학생 및 보호자와 피해학생 및 보호자 간의 화해의 정도

　5. 피해학생이 장애학생인지 여부

③ 자치위원회가 학교의 장에게 가해학생에 대한 조치를 요청할 때 그 이유가 피해학생이나 신고·고발 학생에 대한 협박 또는 보복 행위일 경우에는 각 조치를 동시에 부과하거나 조치 내용을 가중할 수 있습니다(학폭법 제17조제2항).

④ 학교의 장은 자치위원회의 요청이 있는 때에는 14일 이내에 해당 조치를 해야 합니다(학폭법 제17조제6항).

⑤ 피해학생에 대한 서면사과 이외의 조치를 받은 가해학생이 해당 조치를 거부하거나 기피하는 경우 자치위원회는 학교의 장으로부터 그 사실을 통보받은 날부터 7일 이내에 추가로 다른 조치를 취 할 것을 학교의 장에게 요청할 수 있습니다(학폭법 제17조제11항 및 동법 시행령 제22조).

4-3-2. 학내외 전문가에 의한 특별교육이수 또는 심리치료

① 피해학생 및 신고·고발 학생에 대한 접촉, 협박 및 보복행위의 금지, 학교에서의 봉사, 사회봉사, 출석정지, 학급교체 및 전학 처분을 받은 가해학생은 교육감이 정한 기관에서 특별교육을 이수하거나 심리치료를 받아야 합니다. 이 특별교육 기간은 자치위원회에서 정해집니다(학폭법 제17조제3항).

② 자치위원회는 가해학생이 특별교육을 이수할 때 해당 학생의 보호자도 함께 교육을 받게 해야 합니다(학폭법 제17조제9항).

③ 자치위원회의 교육 이수 조치를 따르지 않은 보호자에게는 300만원 이하의 과태료가 부과됩니다(학폭법 제22조제2항).

4-3-3. 출석정지

① 자치위원회는 필요하다면 가해학생에게 출석정지조치를 내릴 수 있습니다(학폭법 제17조제1항제6호).

② 연간 수업일수의 3분의 2 이상을 출석해야 각 학년과정을 수료 또는 졸업할 수 있으므로, 학교폭력으로 인한 출석정지기간이 연간 수업일수의 3분의 1을 넘으면 유급으로 처리됩니다(「초·중등교육법 시행령」 제45조 및 제50조).

4-3-4. 가해학생에 대한 우선 출석정지 등

① 학교의 장은 가해학생에 대한 선도가 긴급하다고 인정할 경우 피해학생에 대한 서면사과, 피해학생 및 신고·고발 학생에 대한 접촉, 협박 및 보복행위의 금지, 학교에서의 봉사, 학내외 전문가에 의한 특별 교육이수 또는 심리치료 및 출석정지를 취할 수 있습니다(학폭법 제17제4항).

② 학교의 장은 다음과 같은 경우 해당 학생 및 보호자의 의견을 들어 우선 출석정지를 할 수 있습니다(학폭법 제17제4항 및 동법 시행령 제21조).

   1. 2명 이상의 학생이 고의적·지속적으로 폭력을 행사한 경우
   2. 학교폭력을 행사하여 전치 2주 이상의 상해를 입힌 경우
   3. 학교폭력에 대한 신고, 진술, 자료제공 등에 대한 보복을 목적으로 폭력을 행사한 경우
   4. 학교의 장이 피해학생을 가해학생으로부터 긴급하게 보호할 필요가 있다고 판단하는 경우

③ 학교의 장이 긴급조치를 한 때에는 가해학생과 그 보호자에게 이를 통지해야 하며, 가해학생이 이를 거부하거나 회피하는 때에는 「초·

중등교육법」 제18조에 따라 징계해야 합니다(학폭법 제17조제7항).

4-3-5. 전학

① 자치위원회가 가해학생에 대한 전학 조치를 요청하는 경우 초등학교·중학교의 장은 교육장에게, 고등학교의 장은 교육감에게 해당 학생이 전학할 학교의 배정을 지체 없이 요청해야 합니다(학폭법 시행령 제20조제1항).

② 교육감 또는 교육장은 가해학생에게 전학조치가 내려진 경우 그 실현을 위해 가해학생이 전학할 학교를 배정할 때 피해학생의 보호에 충분한 거리 등을 고려해야 하며, 관할구역 외의 학교를 배정하려는 경우에는 해당 교육감 또는 교육장에게 이를 통보해야 합니다. 통보를 받은 교육감 또는 교육장은 해당 가해학생이 전학할 학교를 배정해야 합니다(학폭법 제11조제6항 및 동법 시행령 제20조제2항·제3항).

③ 가해학생이 다른 학교로 전학을 간 이후에는 전학 전의 피해학생 소속 학교로 다시 전학 올 수 없도록 해야 합니다(학폭법 제17조제10항).

④ 교육감 또는 교육장은 전학 조치된 가해학생과 피해학생이 상급 학교에 진학할 때에는 각각 다른 학교를 배정해야 합니다. 이 경우 피해학생이 입학할 학교를 우선적으로 배정합니다(학폭법 제11조제6항 및 동법 시행령 제20조제4항).

4-3-6. 퇴학처분

① 자치위원회는 필요하다면 가해학생에게 퇴학처분을 할 수 있습니다(학폭법 제17조제1항제9호).

② 퇴학처분은 의무교육과정에 있는 가해학생에 대해서는 적용할 수 없기 때문에 사실상 고등학생에게만 해당되는 조치입니다(학폭법 제17조제1항 단서 및 「교육기본법」 제8조제1항).

③ 학교의 장은 가해학생을 퇴학처분한 경우에 해당 학생 및 그 보호자와 진로상담을 해야 하며, 지역사회와 협력해서 다른 학교 또는 직업교육훈련기관 등을 알선하는데 노력해야 합니다(「초·중등교육법 시행령」 제31조제7항).

④ 교육감 역시 가해학생이 퇴학처분된 경우 그 학생의 건전한 성장을 위해서 퇴학 처분을 받은 학생에 대해 해당 학생의 선도의 정도, 교육가능성 등을 종합해서 대안학교로의 입학 등 적합한 대책을 마련해야 합니다(학폭법 제11조제6항, 제17조제12항 및 동법 시행령 제23조).

4-4. 조치이행의 요청

① 자치위원회는 피해학생의 보호와 가해학생의 선도·교육을 위해 가해학생에 대해서 일정한 조치를 취해 줄 것을 학교의 장에게 요청해야 합니다(학폭법 제17조제1항 본문).

② 자치위원회는 가해학생에 대한 조치를 학교의 장에게 요청하기 전에 가해학생과 그 보호자에게 의견진술의 기회를 부여하는 등 적정한 절차를 거쳐야 합니다(학폭법 제17조제5항).

③ 자치위원회가 가해학생에 대해 조치해 줄 것을 요청하면 학교의 장은 14일 이내에 해당 조치를 취해야 합니다(학폭법제17조제6항). 이 때는 피해학생의 경우와 달리 보호자의 동의를 얻을 필요가 없습니다.

4-5. 처분조치로 인한 불이익의 금지

가해학생이 ① 학교에서의 봉사, ② 사회봉사, ③ 학내외 전문가에
의한 특별 교육이수 또는 심리치료 조치를 이행하기 위해 결석한 경
우에 학교의 장이 인정하면 출석한 것으로 처리될 수 있습니다(학폭
법 제17조제8항). 예를 들어, 교내에서의 봉사조치를 받고 5교시에
교내봉사활동을 하는 경우에, 학교장의 재량으로 5교시를 출석한 것
으로 인정받을 수 있습니다.

5. 심의결과에 대한 이의제기 : 재심청구

5-1. 피해학생 또는 그 보호자의 재심청구

① 자치위원회 또는 학교의 장이 내린 피해학생에 대한 조치와 가해
학생에 대한 조치에 대해 이의가 있는 피해학생 또는 그 보호자는
그 조치를 받은 날로부터 15일 이내, 그 조치가 있음을 안 날부터
10일 이내 학교폭력대책지역위원회에 다음의 사항을 적어 서면으로
재심을 청구할 수 있습니다(학폭법제17조의2제1항 및 동법 시행령
제24조제1항).
1. 청구인의 이름, 주소 및 연락처
2. 가해학생
3. 청구의 대상이 되는 조치를 받은 날 및 조치가 있음을 안 날
4. 청구의 취지 및 이유
② 학교폭력대책지역위원회는 청구인, 가해학생 및 보호자 또는 해
당 학교에 심사에 필요한 자료 또는 정보의 제출을 요구할 수 있
고, 청구인, 가해학생 또는 해당 학교는 특별한 사유가 없으면 이를

즉시 제출해야 합니다. 또한, 청구인, 가해학생 및 보호자 또는 관련 교원 등을 출석하여 진술하게 할 수 있고, 전문가 등 참고인을 출석하게 하거나 서면으로 의견을 들을 수 있습니다(학폭법 제17조의2제5항 및 동법 시행령 제24조제2항·제3항·4항).

③ 학교폭력대책지역위원회는 재심청구를 받은 때부터 30일 이내에 이를 심사·결정하여 청구인과 가해학생에게 서면으로 통보해야 합니다(학폭법」 제17조의2제3항 및 동법 시행령 제24조제7항).

④ 학교폭력대책지역위원회의 회의는 비공개를 원칙으로 합니다(학폭법 시행령 제24조제5항).

⑤ 학교폭력대책지역위원회의 결정에 대해서 이의가 있는 청구인은 그 통보를 받은 날부터 60일 이내에 행정심판을 제기할 수 있습니다(학폭법 제17조의2 제4항).

5-2. 가해학생 또는 그 보호자의 재심청구

① 자치위원회의 전학 또는 퇴학처분에 대해 이의가 있는 학생 또는 그 보호자는 그 조치를 받은 날부터 15일 이내, 그 조치가 있음을 안 날부터 10일 이내에 시·도학생징계조정위원회에 다음의 사항을 적어 서면으로 재심을 청구할 수 있습니다(학폭법 제17조의2제2항· 제6항 및 「초·중등교육법 시행령」 제31조의2제1항).

　1. 청구인의 이름, 주소 및 연락처

　2. 피청구인

　3. 전학 또는 퇴학조치가 있음을 안 날

　4. 청구의 취지 및 이유

② 징계조정위원회는 청구인이나 피청구인에게 심사에 필요한 자료 또는 정보의 제출을 요구할 수 있고, 청구인이나 피청구인은 특별한

사유가 없는 한 이를 즉시 제출해야 합니다. 또한, 청구인, 피청구인 또는 관련 교원 등을 출석해 진술하게 할 수 있고, 전문가 등 참고인을 출석하게 하거나 서면으로 의견을 들을 수 있습니다(학폭법 제17조의2제6항 및 「초·중등교육법 시행령」 제31조의2제2항·제3항·4항).

③ 징계조정위원회의 회의는 비공개를 원칙으로 합니다(학폭법 제17조의2제6항 및 「초·중등교육법 시행령」 제31조의2제5항).

④ 시·도학생징계조정위원회는 재심청구를 받으면 30일 이내에 심사·결정하여 청구인에게 통보해야 합니다(학폭법 제17조의2제6항 및 「초·중등교육법」 제18조의2제2항).

⑤ 시·도학생징계조정위원회의 심사결정에 이의가 있는 청구인은 통보를 받은 날부터 60일 이내에 행정심판을 제기할 수 있습니다(학폭법 제17조의2제6항 및 「초·중등교육법」 제18조의2제3항).

6. 분쟁조정의 신청

피해학생과 가해학생 사이 또는 그 보호자 사이에 손해배상과 관련한 합의를 조정하기를 원하거나, 자치위원회의 심의 이후 새로운 사실이 밝혀져 재심의가 필요한 경우 등 그 밖에 자치위원회가 필요하다고 인정하는 경우에는 자치위원회 또는 교육감에게 분쟁조정을 신청할 수 있습니다(학폭법」 제18조제1항 및 제3항).

◆ **부모님 주소지 이전 없이 다른 보호자(누나)와 함께 있는 것으로 타시도 강제전학이 가능한지요?**

Q. 학교폭력가해자로서 전학조치가 내려졌습니다. 이 학생이 당해지역에서 실제로 방치된 상태로 지내고 있는 상태여서 보호자(누나, 어머니)가 있는 타 시도로 전학조치를 내렸습니다. 그런데 어머니 주소지는 당해지역에 두고 있어서 타시도 전학이 힘들다는 교육청의견을 들었습니다. 규정을 보면 '교육감 또는 교육장은 가해학생에게 전학조치가 내려진 경우 그 실현을 위해 가해학생이 전학할 학교를 배정할 때 피해학생의 보호에 충분한 거리 등을 고려해야 하며, 관할구역 외의 학교를 배정하려는 경우에는 해당 교육감 또는 교육장에게 이를 통보해야 합니다. 통보를 받은 교육감 또는 교육장은 해당 가해학생이 전학할 학교를 배정해야 합니다' 라고 되어 있는데, 부모님 주소지 이전 없이 다른 보호자(누나)와 함께 있는 것으로 타시도 강제전학이 가능한지요?

A. 학교폭력이 발생하여 가해학생에 대한 전학 조치가 내려진 경우

교육감 또는 교육장은 가해학생이 전학할 학교를 배정할 때 피해학생의 보호에 충분한 거리 등을 고려해야 하며, 관할구역 외의 학교를 배정하려는 경우에는 해당 교육감 또는 교육장에게 이를 통보해야 합니다. 통보를 받은 교육감 또는 교육장은 해당 가해학생이 전학할 학교를 배정해야 합니다(「학교폭력예방 및 대책에 관한 법률」 제11조제6항 및 「학교폭력예방 및 대책에 관한 법률 시행령」 제20조).

가해학생이 다른 학교로 전학을 간 이후에는 전학 전의 피해학생 소속 학교로 다시 전학올 수 없도록 해야 하며(「학교폭력예방 및 대책에 관한 법률」 제17조제10항), 교육감 또는 교육장은 전학 조치된 가해학생과 피해학생이 상급학교에 진학할 때에는 각각 다른 학교를 배정해야 합니다. 이 경우 피해학생이 입학할 학교를 우선적으로 배정합니다(「학교폭력예방 및 대책에 관한 법률」 제11조제6항 및 「학교폭력예방 및 대책에 관한 법률 시행령」 제20조제4항).

「학교안전사고 예방 및 보상에 관한 법률」 제2조 6호에 의하면 '학교안전사고'대한 정의가 있습니다.

◆ **교육중에 학교폭력이 발생되어 질병을 얻었다면 학교안전사고에 해당하는지요?**

Q. 교육중[수업중, 교사감독하]에 학교폭력이 발생되어 질병을 얻었다면 학교안전사고에 해당하는지요?

A. "학교안전사고"란 교육활동 중에 발생한 사고로서 학생·교직원 또는 교육활동참여자의 생명 또는 신체에 피해를 주는 모든 사

고 및 학교급식 등 학교장의 관리·감독에 속하는 업무가 직접 원인이 되어 학생·교직원 또는 교육활동참여자에게 발생하는 질병을 말합니다(「학교안전사고 예방 및 보상에 관한 법률」 제2조 제6호).

학교안전사고는 구체적으로 다음 중 어느 하나에 해당하는 질병입니다(「학교안전사고 예방 및 보상에 관한 법률 시행령」 제3조).
- 학교급식이나 가스 등에 의한 중독
- 일사병
- 이물질의 섭취 등에 의한 질병
- 이물질과의 접촉에 의한 피부염
- 외부 충격 및 부상이 직접적인 원인이 되어 발생한 질병

따라서 질의하신것과 같이 해당 「학교안전사고 예방 및 보상에 관한 법률」에서 정의하고 있는 학교사고의 해당 여부는 소관부처의 판단이 필요한 사안으로 생각됩니다.

◆ 같은 반 친구를 수시로 괴롭혔는데 저를 학교폭력대책자치위원회에 신고했을 경우에 이제 어떻게 되나요?

Q. 같은 반 친구를 수시로 괴롭혔는데 그 친구가 저를 학교폭력대책자치위원회에 신고했습니다. 저는 이제 어떻게 되나요?

A. 학교폭력대책자치위원회는 피해학생의 보호와 가해학생의 선도·교육을 위해 필요하다고 인정하는 경우에는 가해학생에게 서면사과, 사회봉사, 전학, 퇴학조치 등을 할 것을 교장에게 요청할 수 있고, 교장은 해당 조치를 해야 합니다.
    ◇ 학교폭력 가해자에 대한 조치

학교폭력대책자치위원회는 피해학생의 보호와 가해학생의 선도·
교육을 위해 필요하다고 인정하는 경우에는 가해학생에 대해 다
음에 해당하는 조치(여러 개의 조치를 함께 받을 수 있음)를 할
것을 교장에게 요청할 수 있고, 교장은 해당 조치를 해야 합니
다. 다만, 퇴학처분은 의무교육과정에 있는 가해학생에게는 적용
되지 않습니다.

① 피해학생에 대한 서면사과
② 피해학생 및 신고·고발 학생에 대한 접촉, 협박 및 보복행
　위의 금지
③ 학교에서의 봉사
④ 사회봉사
⑤ 학내외 전문가에 의한 특별 교육이수 또는 심리치료
⑥ 출석정지
⑦ 학급교체
⑧ 전학
⑨ 퇴학처분

자치위원회는 위의 조치를 요청하기 전에 가해학생 및 보호자에게
의견진술의 기회를 부여하는 등 적정한 절차를 거쳐야 합니다.

(관련판례)

학교폭력대책자치위원회에서의 자유롭고 활발한 심의·의결이 보장
되기 위해서는 위원회가 종료된 후라도 심의·의결 과정에서 개
개 위원들이 한 발언 내용이 외부에 공개되지 않는다는 것이
철저히 보장되어야 한다는 점, 학교폭력예방 및 대책에 관한
법률 제21조 제3항이 학교폭력대책자치위원회의 회의를 공개
하지 못하도록 명문으로 규정하고 있는 것은, 회의록 공개를
통한 알권리 보장과 학교폭력대책자치위원회 운영의 투명성 확

보 요청을 다소 후퇴시켜서라도 초등학교·중학교·고등학교·특수학교 내외에서 학생들 사이에서 발생한 학교폭력의 예방 및 대책에 관련된 사항을 심의하는 학교폭력대책자치위원회 업무수행의 공정성을 최대한 확보하기 위한 것으로 보이는 점 등을 고려하면, 학교폭력대책자치위원회의 회의록은 공공기관의 정보공개에 관한 법률 제9조 제1항 제5호의 '공개될 경우 업무의 공정한 수행에 현저한 지장을 초래한다고 인정할 만한 상당한 이유가 있는 정보´에 해당한다(대법원 2010. 6. 10, 선고 2010두2913 판결).

◆ 우리 아이가 몇몇의 학생들로부터 학교 내 괴롭힘을 당하여 전학을 시키려 할 경우 전학을 갈 수 있는지요?

Q. 우리 아이가 몇몇의 학생들로부터 학교 내 괴롭힘을 당하는데 학교생활을 힘들어해서 전학을 시키려고 합니다. 이런 경우 전학을 갈 수 있는지요? 전학을 하려면 어떻게 해야 하나요?

A. 중학교 전학의 경우 원칙상 거주지 이전으로 인한 전학으로 주소지가 속한 학교군의 학교·학년별 정원 범위에서 희망학교에 전학할 수 있고, 희망학교에 결원이 없을 경우에는 거주지 인근의 결원이 있는 타 학교에 전학을 할 수 있습니다.

하지만, 예외적으로 위와 같이 학생이 학교내 폭력이나 괴롭힘으로 학교생활이 불가능할 경우에는 교육환경 전환을 위한 전학으로 거주지 이전없이 전학이 가능합니다.

우선 학교장이 학생의 교육상 교육환경을 바꾸어줄 필요가 있다고 인정한 자에 한해서 부모에 동의를 받아 학교장 추천서 및 기타서류를 첨부하여 해당 교육지원청의 교육환경전환 적·부 심

사를 의뢰하고 적합하다고 판정을 받으면 학생은 거주지와 관
계없이 희망학교에 정원외 배정을 받을 수 있습니다.

  * 기타첨부서류 : 전입학추천서, 선도협의록(자치위원회회의록)사
    본, 상담기록부 사본, 담임의견서, 학부모동의서, 학교생활기록부
    사본, 기타증빙서류

◆ 학교폭력으로 학교생활을 매우 힘들게 하고 있는 경우 다른 중학
   교를 배정 받을수 있는 방법은 없나요?

Q. 초등학교 6학년으로 1학기때 학교폭력으로 학교생활을 매우
    힘들게 하고 있습니다. 이 아이들과 다른 중학교를 배정 받
    을 수 있는 방법은 없나요?

A. 중학교 입학 배정에서의 분리배정 규정은 학폭법 시행령 제20조
    로 다음과 같다

① 초등학교·중학교·고등학교의 장은 자치위원회가 학폭법 제17
   조제1항에 따라 가해학생에 대한 전학 조치를 요청하는 경우에
   는 초등학교·중학교의 장은 교육장에게, 고등학교의 장은 교육
   감에게 해당 학생이 전학할 학교의 배정을 지체 없이 요청하여
   야 한다.

② 교육감 또는 교육장은 가해학생이 전학할 학교를 배정할 때 피
   해학생의 보호에 충분한 거리 등을 고려하여야 하며, 관할구역
   외의 학교를 배정하려는 경우에는 해당 교육감 또는 교육장에게
   이를 통보하여야 한다.

③ 제2항에 따른 통보를 받은 교육감 또는 교육장은 해당가해학생
   이 전학할 학교를 배정하여야 한다.

④ 교육감 또는 교육장은 제2항과 제3항에 따라 전학 조치된 가해 학생과 피해학생이 상급학교에 진학할 때에는 각각 다른 학교를 배정하여야 한다. 이 경우 피해학생이 입학할 학교를 우선적으로 배정한다.

제4항의 규정에 의거 강제 전학 처리된 가해 학생의 피해자만 분리배정 할 수 있으며, 이외의 경우에는 학교에서 원서 작성시에 같은 학교를 1지망으로 쓰지 않도록 유의하여 작성한다.

◆ 학교폭력 피해 학생의 치료비도 학교안전공제회에서 보상이 가능한지요?

Q. 학교폭력 피해 학생의 치료비도 학교안전공제회에서 보상이 가능한지요?

A. 학교폭력 피해 학생의 치료비 등에 대해서도 학교안전공제회에서 심사 후 보상을 하고 있으며, 그 지원 범위는 다음과 같습니다.

① 심리상담 및 조언 : 교육감이 지정한 전문심리상담기관에서 심리상담 및 조언을 받는 데 드는 비용(2년 이내 지원)

② 치료 및 치료를 위한 요양 : 의료기관, 보건소, 약국 등에서 치료, 요양, 의약품 사용에 드는 비용(2년 이내 지원)

③ 일시보호 : 교육감이 지정한 장소에서 일시보호를 받는 데 드는 비용(30일 이내 지원)

◆ 자치위원회의 전학 및 특별교육 조치에 반발하면서 무단결석을 한 경우 어떻게 하면 좋은가요?

Q. 남학생이 여학생을 지속적으로 괴롭히고 강제추행한 사안을

인지하고 자치위원회를 개최하여 전학과 특별교육 결정이 이루어졌습니다. 학교장은 전학이 이루어질 때까지 가해학생에 대하여 Wee클래스에서 특별교육을 실시하려고 합니다. 그런데 가해학생의 보호자가 가해학생을 학교에 보내지 않아 현재 (사고)결석 상태이고 가해학생과 그 보호자 모두 특별교육 이수를 하지 않고 있습니다. 이럴 경우 어떻게 하면 좋은가요?

A. 결석이 장기화되는 경우 출석일수 미달로 유급이 가능합니다. 특별교육 이수의 거부 또는 기피에 대해 가해학생의 경우, 자치위원회는 추가로 다른 조치를 할 것을 학교장에 요청할 수 있고, 보호자는 300만원 이하의 과태료를 부과 받을 수 있습니다.

〈 해 설 〉

□ **학교장의 조치에 대해 반발하여 무단결석을 하는 것은 바람직하지 않음**
① 자치위원회의 결정에 대해 가해학생 또는 그 보호자가 불복하고자 하는 경우 재심 등 절차에 따라 불복할 수 있습니다.
② 반면 무단결석으로 반발하는 것은 바람직하지 않으며 결석이 장기화되는 것은 교육적으로 바람직하지 않으며, 유급이 될 수도 있습니다.

□ **학교장의 조치에 대해 거부 또는 기피하는 경우, 추가적인 조치 등을 받을 수 있음**
① 학교장의 조치에 대해 임의로 거부 또는 기피하는 것도 바람직하지 않습니다.
② 가해학생이 자치위원회의 결정에 따른 학교장의 조치에 대해 거부 또는 기피를 하는 경우, 자치위원회는 학교장으로

부터 그 사실을 통보받은 날부터 7일 이내에 추가로 다른 조치를 할 것을 학교장에게 요청할 수 있습니다(학폭법 제17조제11항 및 시행령 제22조).

③ 특별교육 이수 조치를 따르지 아니한 가해학생의 보호자는 300만원 이하의 과태료를 부과 받을 수 있습니다(학폭법 제22조제2항).

(생활지도 Tip)

□ **무단결석이나 학교장의 조치에 대한 거부 또는 기피는 바람직하지 않음을 안내**

① 특히 무단결석은 가해학생을 위해서도 교육적으로 바람직하지 않음을 보호자에게 설명하고, 가해학생이 등교할 수 있도록 설득합니다.

② 자치위원회의 결정에 따른 학교장의 조치에 대해서는 재심 등을 통해 권리구제를 받을 수 있음을 함께 설명합니다.

□ **과태료 부과 절차**

① 학교장(3개월 이내에 1차 안내), 시·도교육감(1개월 이내에 2차 안내)의 안내에도 불구하고 특별한 사유 없이 특별교육에 불응할 경우, 시·도교육감은 과태료 부과 예고를 가해학생의 보호자에 서면으로 통보합니다.

② 가해학생 보호자는 과태료 부과 예고 통보를 받은 날로부터 15일 이내에 특별교육을 이수하고 이수증을 제출하거나, 특별교육에 불응한 타당한 사유를 제출해야 합니다.

③ 가해학생 보호자가 15일 이내에 이수증 또는 불응 사유를 제출하지 않을 경우, 시·도교육감은 「질서위반행위규제법」에 따라 과태료 부과 및 징수 절차를 개시합니다.

④ 다만, 가해학생 보호자의 거동이 불편한 경우 등 특별교육 이수가 어려운 상황이 명백한 경우에는 Wee센터의 전문상담사 등이 보호자를 방문하여 상담하는 것도 특별교육 이수로 인정하는 등 적극적 조치를 취할 필요가 있습니다.

7. 분쟁조정

① 학교폭력 피해학생과 가해학생 및 그 보호자가 손해배상에 관련된 합의를 조정하기를 원하는 경우나 그 밖에 자치위원회가 필요하다고 인정하는 경우에는 학교폭력대책자치위원회에서 분쟁조정을 받을 수 있습니다.

② 서로 다른 학교의 학생들 사이에 분쟁이 발생한 경우에는 학교의 관할이 같다면 해당 지역의 교육감이 각 학교의 학교폭력대책자치위원회 위원장과 협의를 거쳐 직접 분쟁을 조정하며, 학교의 관할이 다르다면 학교폭력 피해학생을 감독하는 교육감이 학교폭력 가해학생을 감독하는 교육감 및 관련 해당 학교의 학교폭력대책자치위원회 위원장과 협의를 거쳐 직접 분쟁을 조정합니다.

③ 분쟁의 조정은 분쟁조정 개시 후 1개월 이내에 이루어져야 합니다.

7-1. 분쟁조정 개요

① 분쟁조정이란 소송에 대한 대체적 분쟁해결수단으로서 제3자의 주선을 통해 분쟁 당사자가 자율적으로 합의에 이르게 하는 제도를 말합니다.

② 분쟁조정은 소송에 비해 신속·저렴하게 진행되며, 비공개로 진행되기 때문에 당사자의 프라이버시를 보호받을 수 있다는 장점이 있습니다.

③ 반면, 분쟁조정은 당사자 중 어느 한 쪽이 거부하면 합의가 이루어지지 않으며, 당사자들이 합의했다 하더라도 그 합의에 법적 구속력이 없습니다.

7-2. 분쟁조정절차

① 분쟁 당사자가 학교폭력대책자치위원회(이하 "자치위원회"라 함) 또는 교육감에 분쟁조정을 신청하면, 자치위원회 또는 교육감은 그 신청을 받은 날부터 5일 이내에 분쟁조정을 시작해야 합니다(학폭법 시행령 제27조제1항). 자치위원회가 분쟁조정을 하려고 하는 경우에는 이를 피해학생·가해학생 및 그 보호자에게 통보해야 합니다(학폭법 제18조제5항).

② 자치위원회는 분쟁조정을 위해서 필요하다고 판단하면 관계 기관의 협조를 얻어서 학교폭력과 관련한 사항을 조사할 수 있습니다(학폭법 제18조제4항).

③ 분쟁조정이 성립되면 자치위원회 또는 교육감은 합의서를 작성해서 분쟁 당사자에게 그 내용을 통보해야 하며, 분쟁조정이 성립되지 않으면 그 이후의 법적 절차를 안내해 줍니다(학폭법 시행령 제29조제1항).

④ 분쟁조정은 1개월 이내에 이루어져야 합니다(학폭법 제18조제2항).

7-3. 비밀누설의 금지

① 분쟁조정에 관한 자치위원회의 회의는 비공개를 원칙으로 합니다

(학폭법 제21조제3항 본문).

② 다만, 학교폭력 피해학생·가해학생 또는 그 보호자가 회의록의 열람·복사 등 회의록 공개를 신청한 경우에는 학생과 그 가족의 성명, 주민등록번호 및 주소, 위원의 성명 등 개인정보에 관한 사항을 제외하고 공개해야 합니다(학폭법 제21조제3항 단서).

③ 자치위원회 분쟁조정과 관련된 업무를 수행하거나 수행했던 사람은 그 직무로 인해서 알게 된 다음의 비밀 또는 피해학생·가해학생 및 신고자·고발자와 관련된 자료를 누설해서는 안 됩니다(학폭법 제21조제1항 및 동법 시행령 제33조).

1. 피해학생·가해학생 개인 및 가족의 성명, 주민등록번호 및 주소 등 개인정보에 관한 사항
2. 피해학생·가해학생에 대한 심의·의결과 관련된 개인별 발언 내용
3. 그 밖에 외부로 누설될 경우 분쟁 당사자 사이에 논란을 일으킬 우려가 명백한 사항

④ 이를 위반하면 1년 이하의 징역 또는 1천만 원 이하의 벌금에 처해집니다(학폭법 제22조제1항).

7-4. 자치위원회의 분쟁조정과 심의

7-4-1. 자치위원회의 분쟁조정

분쟁조정은 금전적 피해보상, 재심의 등 일정한 사유가 있는 경우에만 개시할 수 있습니다(학폭법 제18조제3항). 분쟁조정을 통해 분쟁 당사자들이 합의에 이르렀다고 해도 이는 강제성을 띠지 않기 때문에 이행하지 않는다고 해서 징계처분 되지 않습니다.

7-4-2. 자치위원회의 심의

① 자치위원회는 심의절차를 거쳐 피해학생에 대한 보호조치와 가해학생에 대한 선도·징계처분을 의결하고 학교의 장에게 그에 따른 이행을 요청할 수 있습니다(학폭법 제16조 및 제17조). 가해학생이 학교장의 이행에 응하지 않으면 징계처분을 받습니다(「초·중등교육법」 제18조 및 동법 시행령 제31조).

② 분쟁조정과 피해학생·가해학생에 대한 보호·선도조치에 대한 심의는 모두 자치위원회에서 다루어지기만 할 뿐 그 성격이 전혀 다릅니다. 분쟁조정이 성립하지 않은 경우에도 자치위원회는 피해학생·가해학생에 대한 보호·선도조치에 대한 심의를 진행할 수 있습니다. 다만, 분쟁조정과 심의가 동시에 진행되는 경우에 사건조사의 결과는 공유할 수 있습니다.

7-5. 분쟁조정의 신청

7-5-1. 분쟁조정의 대상

다음과 같은 사항이 발생한 경우에는 자치위원회 또는 교육감의 분쟁조정을 받을 수 있습니다(학폭법 제18조제3항).

1. 피해학생과 가해학생 사이 또는 그 보호자 사이의 손해배상에 관련된 합의조정

   예시) 피해학생의 치료에 드는 비용, 피해학생의 금전적 손해에 대한 배상, 피해학생의 정신적 피해에 따른 위자료 등2. 그 밖에 자치위원회가 필요하다고 인정하는 사항

   예시) 자치위원회의 심의결과에 따라 가해학생에게 조치가 취해졌음에도 불구하고 피해학생 측이 가해학생에 대해 또 다른 처분을 요구하는 경우, 학교폭력과 관련된 새로운 사실이 밝혀져 재심의가 필요한 경우 등

7-5-2. 분쟁조정의 신청자

① 피해학생과 그 보호자, 가해학생과 그 보호자는 분쟁 당사자가 됩니다. 이들 중 어느 한 쪽은 해당 분쟁사건에 대한 조정권한이 있는 자치위원회 또는 교육감에게 분쟁조정을 신청할 수 있습니다(학폭법 시행령 제25조).

② 분쟁조정을 신청할 때는 다음의 사항이 기재된 분쟁조정신청서를 제출해야 합니다(학폭법 시행령 제25조 각 호).

　1. 분쟁조정 신청인의 성명 및 주소

　2. 보호자의 성명 및 주소

　3. 분쟁조정신청의 사유

◆ **가해학생 보호자가 자치위원회 결정이 과도하다며 학교에 이의를 신청한 경우 학교에서는 어떻게 해야 하나요?**

Q. 학생 3명이 상습적으로 후배 학생들의 금품을 갈취한 사안으로 자치위원회를 개최하여 전학결정을 내렸습니다. 이에 가해학생의 보호자들이 자치위원회의 결정이 과중하다며 곧바로 이의신청을 하였습니다. 이럴 때 학교에서는 어떻게 해야 하나요? 재심 요건과 방법은 무엇인가요?

A. 가해학생 또는 그 보호자는 전학 조치에 대해 불복하여시·도학생징계조정위원회에 재심을 청구할 수 있습니다. 전학 조치가 완료되기 이전에 재심을 청구한 경우, 학교장의 전학 조치는 유보되며, 재심 결정 후 그 결과에 따라 가해학생에 대한 조치를 내릴 수 있습니다.

□ **가해학생 조치에 대해 요건을 갖추어 재심을 청구**
 ① 가해학생에 대한 전학 또는 퇴학 결정의 경우, 재심 청구의 대상이 될 수 있습니다.
 ② 위 사례의 경우, 가해학생 또는 그 보호자는 조치를 받은 날로부터 15일 이내, 그 조치가 있음을 안 날로부터 10일 이내에 「초중등교육법」제18조의3에 따른 시·도학생징계조정위원회에 재심을 청구할 수 있습니다.
 ③ 이 때 재심청구, 심사절차, 결정통보 등은 「초중등교육법」 제18조의2 제2항부터 제4항까지의 규정을 준용합니다.

□ **재심 청구 시 완료되지 않은 가해학생 조치는 유보**
 ① 가해학생 또는 그 보호자가 재심을 청구할 때, 전학 조치가 아직 완료되지 않은 경우, 재심 결과가 나올 때까지 전학 조치를 유보해야 합니다.
 ② 다만, 가해학생에 대한 조치 시행을 유보하는 것과 이를 학생부에 기재하는 것은 별개의 문제로, 가해학생에 대한 조치 결과는 학생부에 기재 후 재심결과에 따라 처리해야 합니다.

(생활지도 Tip)
 학교에서는 자치위원회 조치에 피해학생 보호자 또는 가해학생 보호자가 이의를 제기할 경우 재심 청구에 대한 적절한 안내를 해 주어야 합니다.

【재심 청구 시 안내 방향】

• 재심 청구 시 원만한 조정이나 화해 등을 원함에도 불구하고 정보의 부

족으로 인해 원하는 결과를 얻지 못하게 될 수 있습니다. 따라서 자치
위원회의 결정을 서면으로 통보할 때 분쟁조정 및 재심청구의 요건 및
방법 등에 대하여 충분히 안내하여 혼선을 방지하고 학교폭력 문제해
결을 도모하는 것이 바람직합니다.

【재심 관련 참고 사항】

- 청구인은 자치위원회의 조치에 대하여 불복하는 가해학생 또는 그 보호
  자이고 학교장이 피청구인의 지위를 갖게 됩니다.
- 청구인은 ① 청구인의 이름, 주소 및 연락처, ② 피청구인, ③ 전학·퇴
  학조치가 있음을 안 날, ④ 청구의 취지 및 이유를 기재한 서면을 시·
  도학생징계조정위원회에 제출하여야 합니다(초·중등교육법 제18조의2제
  4항, 초·중등교육법 시행령 제31조의2제1항).
- 시·도학생징계조정위원회로부터 심사에 필요한 자료 또는 정보의 제출을
  요구받으면 특별한 사유가 없는 한 이를 즉시 제출하여야 합니다(초·중
  등교육법 제18조의2제4항, 초·중등교육법 시행령 제31조의2제2항).
- 시·도학생징계조정위원회로부터 출석을 요구받은 관련 교원은 위 징계조
  정위원회에 출석하여 진술하여야 합니다(초·중등교육법 제18조의2제4항,
  초·중등교육법 시행령 제31조의2제3항).

7-6. 분쟁조정의 담당 기관

7-6-1. 분쟁조정의 관할

① 학교 내에서 발생한 학교폭력과 관련해서 분쟁이 있는 경우에는
자치위원회가 그 분쟁을 조정합니다(학폭법 제18조).

② 그러나 서로 다른 학교의 학생들 사이에서 분쟁이 발생한 경우
에는 학교의 관할이 같다면 해당 지역의 교육감이 각 학교의 자치위
원회 위원장과 협의를 거쳐 직접 분쟁을 조정하며, 학교의 관할이
다르다면 피해학생을 감독하는 교육감이 가해학생을 감독하는 교육
감 및 관련 해당 학교의 자치위원회 위원장과 협의를 거쳐 직접 분
쟁을 조정합니다(학폭법 제18조제6항 및 제7항)

◆ 분쟁조정 관할권

관 할	분쟁조정
같은 학교의 학생들 사이의 분쟁 예시) 같은 반 학생들끼리의 싸움	해당 학교의 자치위원회에서 분쟁을 조정
다른 학교의 학생들 사이의 분쟁 관할구역이 동일한 시·도교육청에 소속된 학교인 경우 예시) A시 ㄱ학교의 학생과 A시 ㄴ학교 학생의 싸움	해당 지역의 교육감이 각 학교의 자치위원회 위원장과 협의를 거쳐 직접 분쟁을 조정
관할구역이 다른 시·도교육청에 소속된 학교인 경우 예시) A시 ㄱ학교의 학생과 B시 ㄴ학교 학생의 싸움	피해학생을 감독하는 교육감이 가해학생을 감독하는 교육감 및 관련 해당 학교의 자치위원회 위원장과 협의를 거쳐 직접 분쟁을 조정

◆ **서로 다른 고등학교 학생3명이 중학생에게 폭행과 금품갈취 한 경우 어떻게 대응해야 할까요?**

Q. 각각 '가', '나', '다' 고교에 재학 중인 학생 A, B, C는 서로 친구 지간입니다. 그런데 학생 A, B, C가 함께 '라' 중학교에 다니는 학생 D를 폭행하고 금품을 여러 차례 상납 받아온 사실로 학교폭력 사안을 처리해야 합니다. 이때 '가' 고등학교는 어떻게 대응해야 할까요?

A. 관련된 학교가 사전에 협의하여 주관 학교를 정하고 교육감에게 보고하여 공동으로 자치위원회를 개최할 수 있습니다.

< 해 설 >

① 여러 학교가 관련되어 있을 경우 공동자치위원회 개최 가능합니다.

② 학교폭력으로 인한 가해학생과 피해학생이 각각 다른 학교에 재학 중인 경우에는 교육감에의 보고를 거쳐 둘 이상의 학교가 공동으로 학교폭력대책자치위원회를 개최할 수 있습니다(학폭법 제12조 제1항 단서, 학폭법 시행령 제13조 제1항)

③ 따라서 각각의 가해학생들이 소속된 '가', '나', '다' 고등학교와 피해학생이 소속된 '라' 중학교가 공동으로 자치위원회를 구성할 수 있습니다.

(생활지도 Tip)

□ 공동자치위원회 개최 방법 및 유의 사항

① 공동자치위원회 구성 시 소속 교육청의 관련과에 자문을 구한 뒤 관련 학교의 책임교사는 자치위원회 일정 및 필요한 내용들(위원 수, 주관학교 등)을 서로 협의하여야 합니다.

② 특히, 공동자치위원회를 구성할 때에는 피해학생에 대한 보호조치가 적극적으로 행사될 수 있도록 공동의 위원을 구성하여야 하고, 교육감 보고 과정에서 조정될 수 있습니다.

7-6-2. 자치위원회 위원의 제척·회피·기피

① 제척(除斥)·기피(忌避)·회피(回避)란 법관이 구체적인 사건과 특별한 관계가 있을 때 그 사건에 관한 직무의 집행에서 그 법관을 배제해서 정당한 재판을 보장하기 위한 제도를 말합니다.

② 제척

분쟁조정의 공정성을 확보하기 위해서 분쟁조정 시 자치위원회의 위원이 다음 어느 하나에 해당되면 해당 조정사건에서 제척됩니다(학폭법 시행령 제26조제1항).

　1. 자치위원회 위원이나 그 배우자 또는 그 배우자였던 사람이 해당 분쟁조정사건의 피해학생 또는 가해학생의 부모 등 보호자인 경우 또는 보호자였던 경우

　2. 자치위원회 위원이 해당 분쟁조정 사건의 피해학생 또는 가해학생과 친족이거나 친족이었던 경우

　3. 그 밖에 자치위원회 위원이 해당 분쟁조정 사건의 피해학생 또는 가해학생과 관련이 있다고 자치위원회가 인정하는 경우

③ 기피

자치위원회의 위원에게 공정한 심의를 기대하기 어려운 사정이 있다고 인정할만한 상당한 사유가 있는 경우에 분쟁 당사자는 자치위원회에 그 사실을 서면으로 소명하고 기피신청을 할 수 있습니다(학폭법 시행령 제26조제2항).

기피신청이 접수되면 자치위원회는 의결로써 해당 위원의 기피 여부를 결정해야 합니다. 이 경우 기피신청 대상이 된 위원은 그 의결에 참여할 수 없습니다(학폭법시행령 26조3항).

④ 회피

자치위원회의 위원은 자신이 제척 또는 기피사유에 해당하는 경우에

스스로 해당 분쟁조정 사건을 회피할 수 있습니다(학폭법 시행령 제26조제4항).

7-6-3. 분쟁조정 담당자의 지정 및 자문의뢰

① 자치위원회 또는 교육감은 자치위원회 위원이나 학교폭력대책지역위원회 위원 중에서 분쟁조정 담당자를 지정할 수 있습니다(학폭법 시행령 제27조제4항 전단).

② 또한, 필요한 경우에는 외부 전문기관과 분쟁에 관련한 사항에 대한 자문 등을 할 수 있습니다(학폭법 시행령 제27조제4항 후단).

7-6-4. 학교폭력SOS지원단의 분쟁조정 자문

① 학교폭력SOS지원단(http://www.jikim.net/sos/)은 2007년 교육과학기술부와 청소년폭력예방재단이 학교폭력의 예방과 효과적인 문제해결을 위해 설립한 기구입니다.

② 학교폭력SOS지원단은 자치위원회의 원활한 진행 및 문제해결을 위해 전문적인 자문서비스를 지원하고, 피해학생 측·가해학생 측·학교 등에서 중재 개입 신청이 들어올 경우 피해학생 보호, 가해학생 조치, 합의 등에 관련된 사항을 중재개입합니다. 또한 법률지원이 필요한 경우에는 학교폭력 전문 변호사와 서울변호사회 등의 자문 및 연계를 통해 민사·형사 과정까지 가지 않고 합의를 할 수 있도록 지원하고 있습니다.

7-6-5. 학교폭력SOS지원단의 중재 개입

학교 밖 수업이 이루어지던 중 중학생 9명이 1명을 집단폭행하였고, 학교에서 분쟁조정을 하였으나 합의가 이루어지지 않아 학교폭력SOS지원단이 중재개입하였습니다. 사실 확인 및 정황 파악을 한 학교폭력SOS지원단은 중재개입 과정에서 전문적인 법적 개입의 필요성을 파악하고 피해·가해 측이 서울지방변호사회에서 중재판결을 받을 수 있도록 지원하였습니다. 이에 가해 측이 피해 측에게 3,000만원을 배상하는 것으로 합의하여 사건을 종결하였습니다.
[출처: 「학교폭력 사안처리 가이드북」(교육부·청소년폭력예방재단]

7-7. 분쟁조정의 개시 및 사건 조사

7-7-1. 분쟁조정의 개시

① 분쟁 당사자의 분쟁조정 신청이 있으면 자치위원회 또는 교육감은 분쟁조정의 신청을 받은 날부터 5일 이내에 분쟁조정을 시작해야 합니다(학폭법 시행령 제27조제1항).

② 분쟁조정을 하는 것이 확정되면 자치위원회 또는 교육감은 피해학생·가해학생 및 그 보호자에게 분쟁조정 개시사실과 분쟁조정 일시 및 장소를 통보해야 합니다(학폭법 제18조제5항 및 동법 시행령 제27조제2항).

③ 위의 통지를 받은 분쟁 당사자 중 어느 한 쪽이 불가피한 사유로 출석할 수 없는 경우에는 자치위원회 또는 교육감에게 분쟁조정의 연기를 요청할 수 있습니다. 이 경우 자치위원회 또는 교육감은 분쟁조정의 기일을 다시 정해야 합니다(학폭법시행령 제27조제3항).

7-7-2. 사건의 조사

학교폭력 분쟁조정에 대한 자치위원회의 사건조사는 심의 전 진행되는 사건조사와 유사하게 진행됩니다.

◆ 분쟁 당사자 중 어느 한쪽이 참여를 거부하는 경우에는 어떻게 하여야 하나요?

Q. 분쟁조정에 당사자 참석을 요청하였지만 한 쪽이 참여를 거부하는 경우에는 어떻게 하여야 하나요?

A. 분쟁조정 자체를 거부한다면 강제할 수 없습니다. 오히려 분쟁조정을 종료할 수는 있습니다.

단순히 참여하기가 힘들어 거부하는 것이라면 일정 조정 등으로 해결될 수 있지만, 그 거부가 분쟁조정자체를 거부하는 것이라면 달라질 수 있습니다. 이런 경우에 위원회는 분쟁조정을 개시하는 것을 중단하거나 아니면 기존 진행되던 분쟁조정을 중지할 수 있습니다. 가해학생에 대한 조치의 경우에 당사자의 참석은 중요한 부분입니다. 그러나 당사자가 출석을 거부하는 경우 이를 학교나 위원회가 출석을 강제할 수 있는 방법은 없기 때문입니다.

7-8. 분쟁조정

7-8-1. 분쟁조정

① 사전에 통보된 분쟁조정기일에 분쟁 당사자와 자치위원회 또는 교육감이 정해진 장소에 출석해서 분쟁조정이 시작됩니다(학폭법 시행령 제27조제2항).

② 자치위원회 또는 교육감은 피해학생·가해학생 및 그 보호자의 진술과 요구사항을 듣고 피해학생 측과 가해학생 측의 합의를 유도합니다.

7-8-2. 분쟁조정의 거부 및 중지

① 자치위원회 또는 교육감은 다음 어느 하나에 해당하는 사유가 발생하면 분쟁조정의 개시를 거부하거나 분쟁조정을 중지할 수 있습니다(학폭법 시행령 제28조제1항).

1. 분쟁 당사자 중 어느 한 쪽이 분쟁조정을 거부한 경우
2. 피해학생 등이 관련된 학교폭력 건에 대해서 가해학생을 고소·고발하거나 민사상 소송을 제기한 경우
3. 분쟁조정의 신청내용이 거짓임이 명백하거나 정당한 이유가 없다고 인정되는 경우

② 분쟁조정을 거부하거나 중지하는 경우에 자치위원회 또는 교육감은 그 사유를 분쟁 당사자에게 각각 통보해야 합니다(학폭법 시행령 제28조제3항).

◆ 분쟁조정 중 가해학생이 고소·고발된 경우에는 어떻게 처리하는 것이 타당한가요?

Q. 자치위원회가 학교폭력 처리 중에 피해학생 측이 가해학생을 수사기관에 정식으로 고소·고발하거나 민사상 소를 제기한 경우에는 어떻게 처리하는 것이 타당한가요?

A. 이 경우 분쟁조정은 중단되지만, 선도·교육조치 등은 계속됩니다. 분쟁 당사자가 고소·고발을 하거나 민사상 소를 제기한 경우라고 하더라도 원칙적으로 학교차원에서의 피해학생·가해학생에 대한 조치는 가능합니다. 다만, 공정한 수사나 재판에 영향을 미칠 수 있는 조사활동은 중지하는 것이 바람직합니다. 또한, 자치위원회에서 하는 분쟁조정의 경우 분쟁 당사자가 고소·고발을

하거나 민사상 소를 제기한 경우 자치위원회는 분쟁조정의 개시를 거부하거나 이미 개시된 분쟁조정을 중단할 수 있습니다(학폭법 시행령 제28조제1항제2호).

7-9. 분쟁조정의 종료

7-9-1. 분쟁조정의 종료

① 다음 어느 하나에 해당하는 사유가 발생하면 분쟁조정이 종료됩니다(학폭법 시행령 제28조제2항).

1. 분쟁 당사자 사이에 합의가 이루어지거나 자치위원회 또는 교육감이 제시한 조정안을 분쟁 당사자가 수락하는 등 분쟁 조정이 성립한 경우
2. 분쟁조정 개시일부터 1개월이 지나도록 분쟁조정이 성립하지 않은 경우

② 기간경과를 이유로 분쟁조정을 종료할 경우에 자치위원회 또는 교육감은 그 사유를 분쟁 당사자에게 각각 통보해야 합니다(학폭법 시행령 제28조제3항).

③ 분쟁조정이 종료되면 자치위원회 위원장은 분쟁조정의 결과를 교육감에게 보고해야 합니다(학폭법 시행령 제29조3항).

7-9-2. 분쟁조정이 성립된 경우

① 분쟁조정이 성립되면 자치위원회 또는 교육감은 다음의 사항을 기재한 합의서를 작성해서 자치위원회가 조정한 경우에는 분쟁 당사자에게, 교육감이 조정한 경우에는 피해학생 및 가해학생 소속 학교 자치위원회와 분쟁 당사자에게 각각 통보합니다(학폭법 시행령 제29조제1항).

1. 분쟁 당사자의 주소와 성명

2. 조정대상 분쟁의 내용 : 분쟁의 경위, 조정의 쟁점(분쟁 당사자의 의견을 기술)

3. 조정의 결과

② 자치위원회가 조정한 경우에는 분쟁 당사자와 조정에 참가한 위원이 합의서에 각각 서명·날인하고, 교육감이 조정한 경우에는 분쟁 당사자와 교육감이 각각 서명·날인합니다(학폭법시행령 제29조제2항).

7-9-3. 분쟁조정이 성립되지 않은 경우

자치위원회 또는 교육감이 분쟁조정 개시를 거부하거나, 분쟁조정을 중지하거나, 분쟁조정 개시일부터 1개월이 지나서 분쟁조정이 성립되지 않고 종료된 경우에 분쟁 당사자는 법원의 소송절차를 통해 손해배상을 받을 수 있으며, 가해학생의 처벌을 원할 경우에는 형사상의 절차를 진행할 수 있습니다.

◆ 분쟁조정이 성립해서 합의가 이루어졌으나, 일방이 합의내용을 이행하지 않는 경우강제할 수 있는 방법이 있나요?

Q. 분쟁조정이 성립해서 당사자 사이에 합의가 이루어졌으나, 당사자 일방이 합의 내용을 이행하지 않는 경우 이행을 강제할 수 있는 방법이 있나요?

A. 분쟁조정을 통해 당사자들 사이에 합의가 이루어진다 해도 이는 화해계약이 성립한 것에 지나지 않으므로 강제집행은 인정되지 않습니다. 따라서 자치위원회가 나서서 이행을 강제하는 방법은 없으며, 당사자 일방이 합의 내용을 이행하지 않는 경우 법원에 소송을 제기해서 이행을 강제하는 수 밖에 없습니다.

◆ 학교폭력대책위원에게 제출되어 가해학생의 처벌 근거가된 가해
학생의 진술서가 공개되었는데 타당한 것인지요?

Q. 학교폭력대책위원에게 제출되어 가해학생의 처벌 근거가 된
가해학생의 진술서가 공개되었는데 타당한 것인지요?

A. 학폭법에 따라 학교폭력의 예방 및 대책과 관련된 업무를 수행하
거나 수행하였던 자는 그 직무로 인하여 알게 된 비밀 또는 가
해학생·피해학생 및 학폭법 제20조에 따른 신고자·고발자와 관
련된 자료를 누설해서는 안 되고, 그 비밀의 범위는 다음과 같
습니다(학폭법 제21조제1항, 제2항 및 동법 시행령 제33조).
1. 학교폭력 피해학생과 가해학생 개인 및 가족의 성명, 주민등
록번호 및 주소 등 개인정보에 관한 사항
2. 학교폭력 피해학생과 가해학생에 대한 심의·의결과 관련된
개인별 발언 내용
3. 그 밖에 외부로 누설될 경우 분쟁당사자 간에 논란을 일으킬
우려가 있음이 명백한 사항
학폭법 제16조(피해학생의 보호), 제16조의2(장애학생의 보
호), 제17조(가해학생에 대한 조치), 제17조의2(재심청구), 제
18조(분쟁조정)에 따른 자치위원회의 회의는 공개하지 않습니
다. 다만, 피해학생·가해학생 또는 그 보호자가 회의록의 열람·
복사 등 회의록 공개를 신청한 때에는 학생과 그 가족의 성명,
주민등록번호 및 주소, 위원의 성명 등 개인정보에 관한 사항을
제외하고 공개해야 합니다(학폭법 제21조제3항).

◆ 분쟁조정 신청은 어떻게 하는 것이고, 어떤 절차로 진행되나요?

Q. 자녀가 같은 반 친구에게 주기적으로 폭행을 당해 학교폭력 대책 자치위원회에 분쟁조정을 신청하려고 합니다. 분쟁조정 신청은 어떻게 하는 것이고, 어떤 절차로 진행되나요?

A. 학교폭력이 발생한 경우 양 당사자는 학교폭력대책자치위원회(이하 '자치위원회'라고 함)에 분쟁조정을 신청할 수 있습니다.

이 경우 분쟁조정은 ① 분쟁조정의 서면신청, ② 분쟁조정의 일시 및 장소 통보, ③ 자치위원회의 조사, ④ 분쟁조정, ⑤분쟁조정의 종료의 절차로 진행됩니다.

◇ 학교폭력 분쟁조정의 절차

① 분쟁조정의 서면 신청

- 학교폭력의 양 당사자는 분쟁조정에 따라 해당 분쟁사건에 대한 조정권한이 있는 자치위원회에 문서로 분쟁조정을 신청할 수 있습니다.

- 자치위원회는 분쟁조정 신청을 받은 날부터 5일 이내에 분쟁조정을 시작해야 합니다.

② 분쟁조정 일시 및 장소의 통보

- 자치위원회는 당사자에게 분쟁조정의 일시 및 장소를 통보해야 합니다.

- 통지를 받은 양 당사자 중 어느 한 쪽이 불가피한 사유로 출석할 수 없는 경우에는 자치위원회에 분쟁조정의 연기를 요청할 수 있습니다. 이 경우 자치위원회는 분쟁조정의 기일을 다시 정해야 합니다.

③ 자치위원회의 조사

- 자치위원회는 분쟁조정을 위해 필요하다고 인정하는 경우에는
관계기관의 협조를 받아 학교폭력과 관련한 사항을 조사합니다.
④ 분쟁조정
- 분쟁조정은 1개월 내에 이루어지며, 피해학생과 가해학생 또
는 그 보호자의 손해배상과 관련된 합의조정, 그 밖에 자치위원
회가 필요하다고 인정하는 사항을 조정합니다.
⑤ 분쟁조정의 종료
- 분쟁조정 시작일부터 1개월이 지날 때까지 분쟁조정이 성립
하지 않거나, 당사자간의 합의가 이루어지거나, 자치위원회가 제
시한 조정안을 양 당사자가 수락한 경우에는 분쟁조정이 종료됩
니다.

◇ 분쟁조정의 결과
분쟁조정이 성립되면 합의서를 작성하여 양 당사자가 서명합니
다. 그러나, 분쟁조정을 통해 당사자들 사이에 합의가 이루어진
다 해도 이는 화해계약이 성립한 것에 지나지 않으므로 강제집
행은 인정되지 않습니다. 따라서 자치위원회가 나서서 이행을
강제하는 방법은 없으며, 당사자 일방이 합의 내용을 이행하지
않는 경우 법원에 소송을 제기하여 이행을 강제하는 수밖에 없
습니다.

(관련판례)

[1] 중학생들이 같은 반의 학생을 집단적으로 괴롭혀 상처를 입히
고 우울증 등의 증상을 겪게 한 경우, 가해학생들이 모두 집단
따돌림 당시 12세 5개월부터 13세 2개월 남짓 된 중학교 1학
년생들로서 경제적인 면에서 전적으로 부모들에게 의존하면서

부모들의 보호·감독을 받고 있었고, 우리 사회에서 학교 내 폭력과 집단따돌림 등이 이미 사회문제화되어 있었으므로 가해학생의 부모들로서는 나이가 어려서 변별력이 부족한 가해학생들이 다른 학생을 폭행하거나 집단적으로 괴롭히는 등의 행위를 하지 않도록 교육하고 보호·감독하여야 할 주의의무가 있음에도 이를 게을리 한 과실로 가해학생들이 피해학생에게 집단따돌림을 가하는 것을 방치하였으므로, 가해학생들의 부모들은 민법 제750조에 따라 집단폭행으로 인하여 피해학생 및 그 부모가 입은 손해를 배상할 책임이 있다(울산지법 2006. 12. 21, 선고 2005가단35270 판결.

[2] 공립중학교의 학생들이 같은 반의 학생을 집단적으로 괴롭혀 상처를 입히고 우울증 등의 증상을 겪게 한 경우, 담임교사로서는 당시의 사회분위기나 자신이 맡고 있는 학급 내 상황에 비추어 피해학생이 가해학생들로부터 집단 괴롭힘이나 집단폭행을 당할 수도 있다는 것을 어느 정도 예상할 수 있었으므로, 수업시간 전후로 수시로 돌아보고, 학급의 반장을 통하여 학급 내에서의 집단 괴롭힘이나 폭행사건이 발생할 경우 즉각적으로 보고를 하도록 하며, 학급 내에서 종종 동료 학생들을 괴롭히는 가해학생들에 대하여는 보다 적극적인 자세로 훈육을 하고 위와 같은 집단 괴롭힘 등이 발생하지 않도록 필요한 예방조치를 취해야 할 주의의무가 있음에도 불구하고 이를 소홀히 함으로써 결과적으로 피해학생으로 하여금 위와 같이 집단따돌림을 당하도록 하는 상황에 이르게 하였으므로, 위 중학교의 설치·경영자인 지방자치단체는 국가배상법 제2조에 따라 소속 공무원인 담임교사의 위와 같은 위법한 공무수행으로 인하여 피해학생 및 그 부모가 입은 손해를 배상할 책임이 있다(울산지법 2006. 12. 21, 선고 2005가단35270 판결.

◆ 학교폭력 가해학생 조치에 대하여 불만과 이의가 있을 경우 학교
폭력대책자치위원회에서 재심의가 가능한가요?

Q. 학교폭력 가해학생 조치에 대하여 불만과 이의가 있을 경우
학교폭력대책자치위원회에서 재심의가 가능한가요?

A. 학폭법 및 시행령 상 동일한 사안인 경우 자치위원회에서 재심을
할 수 없고, 학폭법 제17조의2에 따라 재심절차를 거쳐야 합니
다. 동일한 사안에 대해 추가로 새로운 증거가 발견되더라도 이
를 학교폭력대책자치위원회에서 재심의할 수 없고, 학교폭력대책
지역위원회(시,도청)에 재심을 신청해야 합니다(조치를 받은 날
부터 15일 이내, 그 조치가 있음을 안 날로부터 10일 이내).
가해학생에 대한 조치인 전학 또는 퇴학에 대하여 가해학생이 징계
조정위원회에 재심을 청구하였을 때느, 징계조정위원회의 판단 결과
가 나올 때까지 전학 또는 퇴학 조치 실행을 유보해야 합니다.
만약 동일한 당사자 간에 학교폭력 사안이 발생한 사실이 추가로 확
인된다면 별개의 학교폭력 사안이므로 법률 제13조제2항에 따라 학
교폭력대책자치위원회를 소집하여 심의하여 조치하여야 합니다.

◆ 피해학생의 보호자가 자치위원회 결정이 경미하다며 학교에 이의
를 신청한 경우 어떻게 대응해야 하나요?

Q. 학생 간 폭행과 집단따돌림으로 인해 자치위원회를 개최하여
가해학생에 대한 조치 결정을 하였습니다. 이때 피해학생 보
호자가 조치 내용이 너무 경미하다며 이의를 제기하였습니
다. 학교에서는 어떻게 대응해야 하나요?

A. 피해학생 또는 그 보호자는 조치에 대해 불복하여 시·도의 학교

폭력대책지역위원회에 재심을 청구할 수 있습니다. 가해학생 조치가 완료되기 이전에 재심을 청구한 경우, 가해학생 조치는 유보되며, 재심 결정 후 결과에 따라 가해학생에 대한 조치를 내릴 수 있습니다.

〈 해 설 〉

□ **가해학생 조치에 대해 요건을 갖추어 재심을 청구할 수 있음**
 ① 피해학생 또는 그 보호자는 가해학생 조치에 대해 조치를 받은 날로부터 15일 이내, 그 조치가 있음을 안 날로부터 10일 이내에 지역위원회에 재심을 청구할 수 있습니다.
 ② 지역위원회는 재심청구를 받고 30일 이내에 심사·결정하여 청구인(피해학생 또는 그 보호자)에게 통보하여야 합니다.

□ **재심 청구 시 완료되지 않은 가해학생 조치는 유보되어야 함**
 ① 피해학생 또는 그 보호자가 재심을 청구할 때, 가해학생 조치가 아직 완료되지 않은 경우, 재심 결과가 나올 때까지 해당 조치를 유보해야 합니다.
 ② 다만, 가해학생에 대한 조치 시행을 유보하는 것과 이를 학생부에 기재하는 것은 별개의 문제로, 가해학생에 대한 조치 결과는 학생부에 기재 후 재심 결과에 따라 처리해야 합니다.

(생활지도 Tip)

□ 재심 청구 절차에 대한 안내

학교에서는 자치위원회 조치에 피해학생 보호자 또는 가해학생 보호자가 이의를 제기할 경우 재심 청구에 대한 적절한 안내를 해 주어야 합니다.

제4절 법원에서의 해결 : 형사사건

1. 가해자가 14세 이상인 경우

① 학교폭력이 발생하면 우선적으로 학교의 학교폭력대책자치위원회에서 해결하려고 노력하지만, 이것이 불가능하거나 학교 내에서의 해결을 원하지 않는 경우에는 경찰 등 수사기관에 고소해서 형사 절차를 진행할 수 있습니다.

② 학교폭력 가해학생이 학교폭력대책자치위원회로부터 선도조치를 받은 경우에도 이와 별개로 형사책임을 물을 수 있습니다.

③ 그러나 이 형사처벌은 해당 학교폭력 가해자가 14세 이상인 경우에만 가능합니다. 가해자가 10세 이상 14세 미만인 경우에는 형사처벌 대신 「소년법」에 따라 보호처분을 받게 되며, 10세 미만인 경우에는 해당 가해자를 처벌할 법적 근거가 없어 형사처벌 또는 보호처분의 대상이 되지 않습니다.

1-1. 개요

1-1-1. 형사처벌 등 가능 여부

① 학교폭력의 가해자가 14세 이상(일반적으로 중학교 2학년 이상)인 경우에는 「소년법」의 적용대상이 되는 동시에 「형법」의 적용대상이 되므로, 보호처분 또는 형사처벌될 수 있습니다(「소년법」 제2조 및 「형법」 제9조).

② 「소년법」의 적용대상은 19세 미만인 사람이며, 「형법」의 적용대상은 14세 이상입니다(「소년법」 제2조 및 「형법」 제9조).

③ 보호처분은 19세 미만 소년의 범죄사건 등에 대해서 소년의 환경

을 바꾸고 소년의 성격과 행동을 바르게 하기 위해 하는 처분조치로 보호자인 부모가 소년을 돌보도록 하는 것부터 소년원에 보내는 것까지 여러 가지가 있습니다.

④ 학교폭력대책자치위원회(이하 "자치위원회"라 함)에서 내리는 선도 조치는 학교에서 부과하는 징계의 일종으로 볼 수 있는 반면, 형사처벌은 국가에서 강제하는 법적 제재라고 할 수 있습니다. 즉 선도 조치와 달리 형사처벌은 법적 제재이므로 이를 지키지 않으면 미이행에 따른 처벌을 받을 수 있습니다. 또한, 선도조치의 부과 주체와 형벌의 부과 주체가 다르기 때문에 가해학생이 자치위원회로부터 선도 조치를 받았다 하더라도 형사처벌을 받을 수 있습니다.

1-1-2. 형사소송절차

가해자가 경찰 등 수사기관에 고소 또는 고발된 경우에는 수사→기소(공소제기)→형 집행의 순으로 형사재판절차가 진행됩니다.

1-2. 가해 유형에 따른 형사처벌

1-2-1. 형사처벌의 요건 및 처벌내용(28조항)

① 가해자가 14세 이상인 경우에는 다음과 같이 형사처벌 될 수 있습니다.

가해 유형	처벌내용	근거규정 (형법)
1. 사람을 살해한 경우(미수를 포함)	사형, 무기징역 또는 5년 이상의 징역	제250조제1항 및 제254조
2. 사람의 신체를 상해한 경우(미수를 포함)	7년 이하의 징역, 10년 이하의 자격정지 또는 1천만원 이하의 벌금	제257조제1항 및 제3항

3. 사람의 신체를 상해해서 생명에 대한 위험을 발생하게 하거나, 불구 또는 불치나 난치의 질병에 이르게 한 경우	1년 이상 10년 이하의 징역	제258조제1항 및 제2항
4. 단체 또는 다중의 위력을 보이거나 위험한 물건을 휴대하여 사람 또는 자기 또는 배우자의 직계존속의 신체를 상해한 경우(미수를 포함)	1년 이상 10년 이하의 징역	제258조의2제1항 및 제3항
5. 단체 또는 다중의 위력을 보이거나 위험한 물건을 휴대하여 사람 또는 자기 또는 배우자의 직계존속의 신체를 상해하여 생명에 대한 위험을 발생하게 한 경우 및 신체의 상해로 인해 불구 또는 불치나 난치의 질병에 이른 경우	2년 이상 20년 이하의 징역	제258조의2제2항
6. 사람의 신체를 상해해서 사망에 이르게 한 경우	3년 이상의 유기징역	제259조제1항
7. 사람의 신체에 대해서 폭행을 가한 경우	2년 이하의 징역, 500만원 이하의 벌금, 구류 또는 과료	제260조제1항
8. 단체 또는 다중이 위력을 보이거나 위험한 물건을 휴대해서 폭행의 죄를 범한 경우	5년 이하의 징역 또는 1천만원 이하의 벌금	제261조
9. 위 제7조 또는 제8조의 죄를 범해서 사람을 사상(死傷)에 이르게 한 경우	위 제2호부터 제6호까지의 예에 따라 처벌	제262조
10. 과실로 인해 사람의 신체를 상해에 이르게 한 경우	500만원 이하의 벌금, 구류 또는 과료	제266조
11. 과실로 인해 사람을 사망에 이르게 한 경우	2년 이하의 금고 또는 700만원 이하의 벌금	제267조
12. 사람을 감금한 경우(미수를 포함)	5년 이하의 징역 또는 700만원 이하의 벌금	제276조 및 제280조
13. 사람을 감금해서 가혹한 행위를 한 경우(미수를 포함)	7년 이하의 징역	제277조 제280조
14. 단체 또는 다중의 위력을 보이	그 죄에서 정한 형	제278조 및 제

거나 위험한 물건을 휴대해서 위 제12호 또는 제13호의 죄를 범한 경우(미수를 포함)	의 2분의 1까지 가중	280조
15. 위 제12호부터 제14호까지의 죄를 범해서 사람을 상해에 이르게 한 경우	1년 이상의 유기징역	제281조제1항
16. 위 제12호부터 제14호까지의 죄를 범해서 사람을 사망에 이르게 한 경우	3년 이상의 유기징역	제281조제1항
17. 사람을 협박한 경우(미수를 포함)	3년 이하의 징역, 500만원 이하의 벌금, 구류 또는 과료	제283조제1항 및 제286조
18. 단체 또는 다중의 위력을 보이거나 위험한 물건을 휴대해서 사람 또는 자기 또는 배우자의 직계존속을 협박한 경우(미수를 포함)	7년 이하의 징역 또는 1천만원 이하의 벌금	제284조 및 제286조
19. 미성년자를 약취(略取) 또는 유인한 경우(미수를 포함)	10년 이하의 징역	제287조 및 제294조
20. 공연히 사실을 적시해서 사람의 명예를 훼손한 경우 ※ 위 행위가 진실한 사실로서 오로지 공공의 이익에 관한 때에는 처벌되지 않음	2년 이하의 징역이나 금고 또는 500만원 이하의 벌금	제307조제1항 및 제310조
21. 공연히 허위의 사실을 적시해서 사람의 명예를 훼손한 경우	5년 이하의 징역, 10년 이하의 자격정지 또는 1천만원 이하의 벌금	제307조제2항
22. 공연히 사람을 모욕한 경우	1년 이하의 징역이나 금고 또는 200만원 이하의 벌금	제311조
23. 폭행 또는 협박으로 사람의 권리행사를 방해하거나 의무 없는 일을 하게 한 경우(미수를 포함)	5년 이하의 징역 또는 3천만원 이하의 벌금	제324조제1항 및 제324조의5
24. 단체 또는 다중의 위력을 보이거나 위험한 물건을 휴대하여 폭행 또는 협박으로 사람의 권리행사를 방해하거나 의무없는 일을 하게 경우(미수를 포함)	10년 이하의 징역 또는 5천만원 이하의 벌금	제324조제2항 및 제324조의5

25. 다른 사람의 재물을 절취한 경우(미수를 포함)	6년 이하의 징역 또는 1천만원 이하의 벌금	제329조 및 제342조
26. 흉기를 휴대하거나 2명 이상이 합동해서 다른 사람의 재물을 절취한 경우(미수를 포함)	1년 이상 10년 이하의 징역	제331조제2항 및 제342조
27. 사람을 공갈해서 재물의 교부를 받거나 재산상의 이익을 취득한 경우(미수를 포함)	10년 이하의 징역 또는 2천만원 이하의 벌금	제350조제1항 및 제352조
28. 사람을 공갈해서 제3자로 하여금 재물의 교부를 받게 하거나 재산상의 이익을 취득하게 한 경우(미수를 포함)	10년 이하의 징역 또는 2천만원 이하의 벌금	제350조제2항 및 제352조

② 위 제2호, 제3호, 제4호, 제5호, 제7호, 제8호, 제12호, 제13호, 제17호, 제18호, 제25호부터 제28호까지의 죄를 상습적으로 저지른 경우에는 그 죄에서 정한 형의 2분의 1까지 가중처벌됩니다(「형법」 제264조, 제279조, 제285조, 제332조 및 제351조).

③ 위 제5호, 제8호, 제15호, 제18호 및 제19호의 죄는 가해자의 처벌을 원치 않는다는 피해학생의 명시한 의사가 있다면 가해자를 처벌할 수 없습니다(「형법」 제260조제3항, 제266조제2항 및 제312조제2항).

④ 범죄의 실행에 착수했지만 행위를 종료하지 못했거나 결과가 발생하지 않은 미수범의 경우 범죄의 성립에 이른 기수범보다 그 형량이 감경될 수 있습니다(「형법」 제25조).

1-2-2. 가해 유형에 따른 형사처벌 예시

◆ 같은 학교의 학생을 때려서 전치 6주의 상처를 입혔는데, 그 학생이 고소를 하면 어떤 처벌을 받게 되나요?

Q. 같은 학교의 학생을 때려서 전치 6주의 상처를 입혔는데, 그 학생이 고소를 했습니다. 저는 어떤 처벌을 받게 되나요?

A. 가해자가 10세 이상 14세 미만이면 「소년법」의 적용을 받게 되지만, 14세 이상은 「형법」의 적용도 함께 받게 됩니다. 따라서 죄질에 따라 상해죄(「형법」 제257조)로 처벌을 받을 수도 있고, 「소년법」에 따라 보호처분을 받을 수도 있습니다. 만약 두 사람 이상이 함께 때린 경우라면 「폭력행위 등처벌에 관한 법률」에 따라 무겁게 처벌될 수 있습니다.
「형법」이 적용될 경우 성인과 마찬가지로 일반 형사재판을 거쳐 형이 확정됩니다. 「소년법」이 적용되는 경우에는 가정법원 소년부 또는 지방법원 소년부에서 사건을 심리해서 보호사건으로 처리하게 됩니다. 사건에 따라 임시조치가 취해질 수도 있고, 감호위탁 또는 보호관찰 등의 보호처분을 받을 수도 있습니다(「소년법」 제3조제3항 및 제32조).

◆ 화가 나서 화장실로 끌고 가 화장실에 있던 대걸레로 때렸습니다. 이 경우는 어떤 죄가 성립하나요?

Q. 김○○군은 수업 중 우연히 자신을 쳐다보고 있던 최○○군을 발견하고 화가 나서 최○○군을 화장실로 끌고 가 화장실에 있던 대걸레로 때렸습니다. 이 경우는 어떤 죄가 성립하나요?

A. 대걸레로 때린 경우는 위험한 물건을 휴대해서 폭행한 것으로 특수폭행죄(「형법」 제261조)에 해당합니다. 따라서 5년 이하의 징역 또는 1천만원 이하의 벌금에 처해지게 됩니다.

(관련판례)

형법 제20조는 "법령에 의한 행위 또는 업무로 인한 행위 기타 사회상규에 위배되지 아니하는 행위는 벌하지 아니한다."고 규정하고 있는데, 어떠한 행위가 정당한 행위로서 위법성이 조각되는 것인지는 구체적인 경우에 따라 합목적적, 합리적으로 가려져야 할 것인바, 정당행위를 인정하려면 첫째 그 행위의 동기나 목적의 정당성, 둘째 행위의 수단이나 방법의 상당성, 셋째 보호이익과 침해이익과의 법익권형성, 넷째 긴급성, 다섯째 그 행위 외에 다른 수단이나 방법이 없다는 보충성 등의 요건을 갖추어야 한다(대법원 2000. 2. 25, 선고 99도4305 판결).

◆ 고등학교 2학년 선배들에게 맞아서 전치 5주의 상처를 입었습니다. 선배들을 처벌할 수 있나요?

Q. 고등학교 2학년 선배들에게 맞아서 전치 5주의 상처를 입었습니다. 선배들을 처벌할 수 있나요?

A. 선배들이 2명 이상 집단으로 폭행해서 상처를 입힌 경우 「폭력행위 등 처벌에 관한 법률」 제2조에 따라 처벌될 수 있습니다. 「폭력행위 등 처벌에 관한 법률」은 「형법」의 특별법으로 일정한 범죄를 가중해서 처벌하고 있습니다. 따라서 집단으로 폭행 또는 상해를 입힌 경우에는 「폭력행위 등 처벌에 관한 법률」에 따라 「형법」에서 정한 형의 2분의 1까지 가중해서 처벌을 받게 됩니다(「폭력행위 등 처벌에 관한 법률」 제2조제1항 및 제2항).

또한, 「폭력행위 등 처벌에 관한 법률」이 적용되는 경우에는 반의사불벌죄(反意思不罰罪)가 성립되지 않습니다. 즉, 단순폭행죄는 피해자의 명시한 의사에 반해서 처벌하는 것이 불가능하므로 피해학생 측과 합의를 하면 형사처벌을 받지 않는 반면에 위와 같은 경우에는 피해학생 측의 의사와 상관없이 처벌받게 됩니다(「형법」 제260조제3항).

> **(관련판례)**
>
> 폭력행위등처벌에관한법률 제3조 제1항에 있어서 ´위험한 물건´이라 함은 흉기는 아니라고 하더라도 널리 사람의 생명, 신체에 해를 가하는 데 사용할 수 있는 일체의 물건을 포함한다고 풀이할 것이므로, 본래 살상용·파괴용으로 만들어진 것뿐만 아니라 다른 목적으로 만들어진 칼, 가위, 유리병, 각종 공구, 자동차 등은 물론 화학약품 또는 사주된 동물 등도 그것이 사람의 생명·신체에 해를 가하는 데 사용되었다면 본조의 ´위험한 물건´이라 할 것이며, 한편 이러한 물건을 ´휴대하여´라는 말은 소지뿐만 아니라 널리 이용한다는 뜻도 포함하고 있다(대법원 2002. 9. 6, 선고 2002도2812 판결).

1-3. 배상명령제도

① 「소송촉진 등에 관한 특례법」은 일정한 형사사건에 대해서 유죄판결이 선고될 경우 법원이 직권 또는 피해자의 신청에 따라 피고인에게 그 행위로 인해서 발생한 직접적인 물적 피해, 치료비 및 위자료의 배상을 명할 수 있도록 하고 있습니다(「소송촉진 등에 관한 특례법」 제25조제1항).

② 이 배상명령제도를 이용해서 학교폭력의 피해학생은 형사재판과

정에서 간편한 방법으로 가해자 측을 상대로 민사적인 손해배상명령
을 받아낼 수 있습니다.

2. 가해자가 14세 미만인 경우

① 「형법」은 14세 이상의 사람을, 「소년법」은 19세 미만의 사람을
그 적용대상으로 하므로 학교폭력의 가해자가 14세 이상인 경우에
는 「형법」에 따라 처벌되거나 「소년법」에 따라 보호처분될 수 있습니
다.

② 그러나 가해자의 나이가 14세 미만인 경우에는 「형법」은 적용되
지 않고 「소년법」에 따라 보호처분됩니다.

③ 보호처분 역시 학교폭력대책자치위원회에서 내린 선도조치와 별
개로 취해질 수 있습니다.

2-1. 개요

① 학생만이 학교폭력의 가해자가 되는 것은 아닙니다. 현행법은 자퇴하거나 그 밖의 사유로 학교를 다니지 않는 사람이 학생을 대상으로 폭력을 행사하는 경우도 학교폭력으로 보고 있습니다(학폭법 제2조제1항).

② 학교폭력을 행사한 사람은 학교 내부에서 출석정지 등 선도처분을 받을 수 있으며, 학교의 조치와는 별개로 민사상 또는 형사상 책임을 부담할 수 있습니다. 학교의 장 또는 교육감이 학폭법에 따라 선도처분하거나 분쟁조정을 할 수 있는 대상은 학생에 한정되지만, 민사상 또는 형사상 책임은 학생이 아닌 경우에도 질 수 있습니다.

2-2. 형사처벌 등 가능 여부

① 학교폭력의 가해자가 14세 이상(일반적으로 중학교 2학년 이상)인 경우에는 「형법」에 따라 처벌받을 수 있지만, 14세 미만인 경우에는 형사미성년자라고 해서 「형법」의 적용을 받지 않습니다(「형법」 제9조).

② 따라서 가해자의 나이가 14세 미만이라면 「형법」에 따른 형사처벌은 받지 않지만 「소년법」에 따라 감호위탁, 수강명령, 사회봉사명령, 보호관찰 등 보호처분 될 수 있습니다(「소년법」 제32조제1항).

③ 그러나 「소년법」에 따라 보호처분을 받을 수 있는 연령은 10세 이상입니다(「소년법」 제4조제1항, 제38조제2항 및 「소년심판규칙」 제42조제1항). 따라서 가해자가 10세 미만인 경우에는 해당 가해자를 처벌한 법적 근거가 없어 형사처벌 또는 보호처분 되지 않습니다.

가해자 연령에 따른 처분 내용	10세 미만	10세 이상 ~ 14세 미만	14세 이상
보호처분	×	○	○
형사처벌	×	×	○

④ 학교폭력대책자치위원회에서 내리는 선도조치는 학교에서 부과하는 징계의 일종으로 볼 수 있는 반면, 보호처분은 국가에서 내리는 법적 조치라고 할 수 있습니다. 따라서 자치위원회에서 적절한 조치가 취해진 경우에도 가해학생에 대한 고소·고발 등이 있다면 가해학생은 보호처분될 수 있습니다.

2-3. 보호처분절차(소년보호재판절차)

보호사건은 가정법원 소년부 또는 지방법원 소년부(이하 "소년부"라 함)에서 다루어집니다. 10세 이상인 가해자가 경찰 등 수사기관에 고소 또는 고발된 경우에는 송치·통고(소년부의 접수)→조사→심리→보호처분 집행의 순으로 소년보호재판절차가 진행됩니다.

◆ **다른 학생의 강요로 인해 두 학생이 서로 폭행하여 상해가 발생한 경우도 학교폭력에 해당이 되나요?**

Q. 상급생 A가 하급생 B와 C에게 한번 붙어보라고 싸움을 시켜서 B와 C가 서로 폭행을 했습니다. 학교에서는 학생 B와 학생 C를 자치위원회를 개최하여 조치하려고 합니다. 이 경우 상급생 A의 경우는 아무런 폭행 행위를 하지 않았는데도 학교폭력에 해당이 되나요?

A. 학생 A는 협박, 학생 B와 C는 폭행 혹은 상해에 해당하는 학교폭력 가해학생으로서 모두 학폭법에 근거하여 조치되어야 합니다. 학생 B와 C는 상대방에게서 입은 피해사실에 관하여는 피해학생으로 보호조치 되어야 합니다.

< 해 설 >

□ **'협박', '강요'에 해당하는 학교폭력 사안**

① 상급생 A가 하급생 B와 C에게 한번 붙어보라고 부추기면서 싸움을 시킨 행위는 학교폭력 행위유형 중 '협박(상대방을 폭행 또는 위협하여 법률상 의무 없는 일을 시키는 것)' 및 '강요'에 해당합니다.

② 상급생 A의 단순한 권유에 따라 하급생 B와 C가 싸움을 하지 않으면 상급생 A의 보복이 두려워서 싸웠기 때문에, 상급생 A는 가해학생이고, 하급생 B와 C는 피해학생입니다.

③ 하급생 B와 C가 서로에 대하여 폭력을 행사하며 싸움을 벌인 행위는 학폭법에서 학교폭력 행위유형 중 '폭행' 혹은 '상해'에 해당하므로, 하급생 B와 C 둘 다 가해학생이자, 피해학생입니다.

(생활지도 Tip)

□ **정확한 사안 조사 후 자치위원회 개최 및 안내**

① 학교는 정확한 사안 조사가 이루어져야 하며 사안 조사 결과를 바탕으로 각각의 사안에 대하여 별도의 조치를 실시하여야 합니다.

② 상급생 A의 강요에 의한 하급생 B와 C의 싸움이 있었으므로 이 경우 '강요'에 해당 하며 A가 가해학생이며, B와 C가 피해학생인 사안에 대한 조치

③ 하급생 B와 C가 서로에게 폭력을 행사하여 C가 '상해'를 입었다면 B가 가해학생, C가 피해학생인 사안에 대한 조치

④ B와 C가 서로에게 폭력을 행사하여 C가 B를 '폭행'한 사실에 대해서는 C가 가해자, B가 피해자인 사안에 대한 조치

⑤ 개별 사안으로 구분하여 자치위원회를 개최하여야 하며, 이런 경우 개별 사안에 대한 조치기준은 다르게 조치 할 수 있습니다.

【피해·가해학생 조사 시 유의할 점】

- 각자 개별적으로 면담한다. 피해·가해학생을 한 장소에 모이게 한 후 조사를 하는 것은 피해학생에게 위축감, 불안감을 줄 수 있기 때문에 개별 조사하는 것이 효과적입니다.
- 집단폭행이나 목격학생을 조사할 때에는 관련 학생 모두를 한꺼번에 불러 다른 장소에서 일제히 조사해야한다. 그렇지 않으면 상황을 조작할 가능성이 있거나, 소수 학생의 의견에 다른 학생들이 동조할 위험이 있습니다.
- 다른 학생들이 학교폭력 사안에 대해 인지하지 못할 수 있으므로 피해·가해학생을 부를 때 조용히 따로 부르도록 합니다.
- 가해학생에게 훈계나 평가를 하는 것은 오히려 역효과를 줄 수 있으므로, 비난이나 심문하는듯한 태도를 취하지 않도록 합니다.

□ 명확한 근거 및 법률해석 제시로 민원제기 사전 예방

상해가 큰 쪽의 학부모가 피해학생이라고 주장하는 경우가 있을 수 있으니 학폭법에 근거하여 당사자들에게 충분히 설명해 주고 안내해 주어야 합니다.

(관련판례)

폭력행위등처벌에 관한 법률에 이른바 " 공동하여 죄를 범한 때" 라 함은 수인간에 공범관계가 존재함을 그 요건으로 하며 수인이 동일장소에서 같은 기회에 서로 다른 자가 가하는 상해 폭행을 인식하고 이를 이용하여 그에 대하여 상해 폭행을 가하

는 경우를 말하므로 피고인이 갑에게 폭행을 가한 사실이 인정
된다고 하더라도 이것만으로는 범죄의 실행행위의 분담이 없는
한 을에 대한 폭행사실에 공동범으로서의 죄책을 지는 것이 아
니다(대법원 1981. 6. 23, 선고 81도1176 판결).

◆ 초등학생도 형사처벌을 받게 할 수 있나요?

Q. 초등학교 5학년인 제 아이가 같은 반 친구에게 일방적으로
   맞아 다리가 부러지는 등 크게 다쳤습니다. 가해자를 형사고
   소하려고 하는데, 초등학생인 경우에도 형사처벌을 받게 할
   수 있나요?

A. 가해자가 10세 이상 14세 미만이면 「소년법」의 적용을 받게 되
   지만, 14세 이상이라면 「형법」의 적용도 함께 받게 됩니다. 즉
   학교폭력의 가해자는 나이와 죄질에 따라 「소년법」상의 보호처
   분을 받을 수도 있고 형사처벌을 받게 될 수도 있습니다. 사안
   의 경우 가해자가 14세 미만이라면 「소년법」이 적용되므로 형
   사처벌을 받게 할 수는 없습니다.
   참고로 「소년법」이 적용될 경우에는 가정법원 소년부 또는 지방
   법원 소년부에서 사건을 심리해서 보호사건으로 처리하게 됩니
   다. 사건에 따라 임시조치가 취해질 수도 있고, 감호위탁 또는
   보호관찰 등의 보호처분을 받을 수도 있습니다. 그리고 「형법」
   이 적용될 경우에는 성인과 마찬가지로 일반 형사재판절차를 거
   쳐 형벌이 확정됩니다.

2-4. 소년보호재판의 개시

2-4-1. 보호사건 심리의 대상

① 가해자가 다음 어느 하나에 해당하는 경우에는 일반형사법원이 아닌 가정법원 소년부 또는 지방법원 소년부의 보호사건으로 다루어집니다(「소년법」 제4조제1항).

1. 죄를 범한 소년

2. 형벌 법령에 저촉되는 행위를 한 10세 이상 14세 미만인 소년

3. 다음 어느 하나에 해당하는 사유가 있고 그의 성격이나 환경에 비추어 앞으로 형벌 법령을 위반할 우려가 있는 10세 이상인 소년

    가. 집단적으로 몰려다니며 주위 사람들에게 불안감을 조성하는 성벽(性癖)이 있는 것

    나. 정당한 이유 없이 가출하는 것

    다. 술을 마시고 소란을 피우거나 유해환경에 접하는 성벽이 있는 것

2-4-2. 사건의 접수(송치 또는 통고)

① 경찰서장은 가해자가 위의 사유 중 1과 2에 해당할 때에는 직접 관할 법원 소년부에 송치해야 합니다(「소년법」 제4조제2항).

② 위 사유 1~3의 어느 하나에 해당하는 가해자를 발견한 보호자 또는 학교·사회복리시설·보호관찰소(보호관찰지소를 포함)의 장은 이를 관할 소년부에 통고할 수 있습니다(「소년법」 제4조제3항). 통고는 서면 또는 구술의 방식으로 할 수 있습니다(「소년심판규칙」 제6조제1항).

③ 검사는 가해자에 대한 학교폭력을 수사한 결과 보호처분에 해당하는 사유가 있다고 인정하는 경우에는 사건을 관할 법원 소년부에

송치해야 합니다(「소년법」 제49조제1항).

④ 법원은 가해자에 대한 학교폭력을 심리한 결과 보호처분에 해당할 사유가 있다고 인정하면 결정으로써 사건을 관할 법원 소년부에 송치해야 합니다(「소년법」 제50조).

2-5. 소년보호재판의 조사와 심리

2-5-1. 조사

① 소년부 판사는 조사관에게 사건 본인, 보호자 또는 참고인의 심문이나 그 밖에 필요한 사항을 조사하게 할 수 있습니다(「소년법」 제11조제1항).

② 소년부 또는 조사관이 학교폭력사실에 관해 가해자를 조사할 때는 미리 본인에게 불리한 진술을 거부할 수 있음을 알려야 하며(「소년법」 제10조), 의학·심리학·교육학·사회학이나 그 밖의 전문적인 지식을 활용해서 가해자와 보호자 또는 참고인의 품행, 경력, 가정 상황 및 그 밖의 환경 등을 밝히도록 노력해야 합니다(「소년법」 제9조).

③ 또한, 소년부는 조사 또는 심리를 할 때에 정신건강의학과의사·심리학자·사회사업가·교육자나 그 밖의 전문가의 진단, 소년 분류심사원의 분류심사 결과와 의견, 보호관찰소의 조사결과와 의견 등을 고려해야 합니다(「소년법」 제12조).

④ 소년 분류심사원은 법원 소년부로부터 위탁된 가해자를 일시 수용하고 분류심사, 품행 및 환경등의 조사를 실시합니다.

2-5-2. 임시조치

① 소년부 판사는 학교폭력을 조사 또는 심리하는데 필요하다고 인정하면 가해자의 감호에 관해서 결정으로써 다음 어느 하나에 해당

하는 조치를 할 수 있습니다(소년법 18조 1항).

임시조치 내용	기 간	비 고
보호자, 가해자를 보호할 수 있는 적당한 사람 또는 시설에 위탁	3개월	단, 1회에 한해 결정으로써 연장 가능
병원이나 그 밖의 요양소에 위탁	3개월	
소년분류심사원에 위탁	1개월	

② 위와 같은 임시조치는 언제든지 결정으로써 취소하거나 변경할 수 있습니다(「소년법」 제18조제6항).

2-5-3. 심리 개시의 결정

① 소년부 판사는 송치서와 조사관의 조사보고에 따라 사건을 심리할 필요가 있다고 인정하면 심리 개시 결정을 해야 합니다(「소년법」 제20조제1항). 그러나 사건의 심리를 개시할 수 없거나, 개시할 필요가 없다고 인정하면 심리를 개시하지 않는다는 결정을 해야 합니다(「소년법」 제19조제1항 전단).

② 사안이 가볍다는 이유로 심리를 개시하지 않는다는 결정을 할 때는 가해자에게 훈계하거나 보호자에게 가해자를 엄격히 관리하거나 교육하도록 고지할 수 있습니다(「소년법」 제19조제2항).

2-5-4. 심리 기일의 지정

소년부 판사는 심리 개시 결정을 한 때 심리 기일을 지정해서 소년과 보호자를 소환하고(단, 필요가 없다고 인정하는 경우에는 보호자를 소환하지 않음), 보조인이 선정된 경우에는 보조인에게 심리 기일을 알려줍니다(「소년법」 제21조).

2-5-5. 심리

① 심리는 비공개를 원칙으로 하지만, 소년부 판사가 적당하다고 인정하는 자는 참석이 허가될 수 있습니다(「소년법」 제24조제2항).

② 심리는 대개 다음의 순서대로 진행됩니다(「소년법」 제23조, 제25조 및 제25조의2).

  1. 심리 개시 선언

  2. 인적사항의 확인

  3. 불리한 진술을 거부할 수 있다는 진술거부권의 고지

  4. 학교폭력에 대해 고지하고 가해자의 반성을 들음

  5. 학교폭력이 사실인지 심리하고, 보호처분을 할 필요가 있는지를 판단함[피해학생 또는 그 법정대리인 · 변호인 · 배우자·직계친족 · 형제자매(이라 "대리인 등"이라 함)의 요청이 있으면 피해학생 또는 그 대리인 등이 의견진술을 할 수 있음]

  6. 조사관, 보호자 및 보조인의 의견을 들어 소년부 판사가 보호처분 여부, 보호처분 내용 및 기간 등을 최종적으로 결정함

③ 소년부 판사는 소년의 품행을 교정하고 피해학생을 보호하기 위해서 필요하다고 인정하면 가해자 측에 피해 변상을 요청하는 등 피해학생 측과 가해자 측의 화해를 권고할 수 있습니다(「소년법」 제25조의3제1항). 이 권고에 따라 화해가 이루어지면 소년부 판사는 이를 고려해서 보호처분을 결정해야 합니다(「소년법」 제25조의3제3항).

2-5-6. 보호처분 결정 등

① 소년부 판사는 심리 결과 보호처분을 할 수 없거나 할 필요가 없다고 인정하면 아무런 처분을 하지 않기로 하는 이른바 '불처분 결정'을 합니다. 불처분 결정을 하면 소년보호재판은 종료됩니다. 다

만, 가해자에게 훈계하거나 보호자에게 가해자를 엄격히 관리하거나 교육하도록 고지할 수는 있습니다(「소년법」 제29조제2항).

② 조사 또는 심리한 결과 금고 이상의 형에 해당하는 범죄 사실이 발견된 경우 그 동기와 죄질이 형사처분을 할 필요가 있다고 인정하거나, 가해자가 19세 이상인 것으로 밝혀진 경우에는 결정으로써 사건을 관할 지방법원에 대응한 검찰청 검사에게 송치해야 합니다(「소년법」 제7조)

③ 심리 결과 보호처분을 할 필요가 있다고 인정하면 '보호처분 결정'이 내려집니다(「소년법」 제32조).

④ 소년부 판사는 보호처분을 하기 전까지 소년의 품행을 교정하고 피해자를 보호하기 위해 필요하다고 인정하면 소년에게 피해변상 등 피해자와의 화해를 권고할 수 있습니다. 이 경우 화해를 권고하기 위한 기일까지 소년, 보호자 및 피해자의 서면에 의한 동의를 받아야 하고, 소년, 보호자 및 피해자는 화해권고절차가 종료할 때까지 동의를 서면으로 철회할 수 있습니다(「소년법」 제24조의3 및 「소년심판규칙」 제26조의2).

2-6. 보호처분

2-6-1. 보호처분의 내용

가해자가 받을 수 있는 보호처분은 다음과 같습니다. 이 보호처분은 경우에 따라 여러 개의 보호처분 내용이 함께 부과될 수 있습니다(「소년법」 제32조 및 제33조).

보호처분 종류	기 간
1. 보호자 또는 보호자를 대신해서 소년을 보호할 수 있는 사람에게 감호 위탁	6개월 ※ 최대 6개월 연장 가능

2. 수강명령 ※ 12세 이상인 경우만 부과 가능	100시간 이내
3. 사회봉사명령 ※ 14세 이상인 경우만 부과 가능	200시간 이내
4. 보호관찰관의 단기 보호관찰	1년
5. 보호관찰관의 장기 보호관찰	2년 ※ 최대 1년 연장 가능
6. 「아동복지법」에 따른 아동복지시설이나 그 밖의 소년보호시설에 감호 위탁	6개월 ※ 최대 6개월 연장 가능
7. 병원, 요양소 또는 「보호소년 등의 처우에 관한 법률」에 따른 소년의료보호시설에 위탁	6개월 ※ 최대 6개월 연장 가능
8. 1개월 이내의 소년원 송치	1개월 이내
9. 단기 소년원 송치	6개월 이내
10. 장기 소년원 송치 ※ 12세 이상인 경우만 부과 가능	2년 이내

◆ **법원의 보호처분이 내려진 후 자치위원회 조치는 이중처벌이라며 거부한 경우 학교는 어떻게 대응해야 하나요?**

Q. 학생 A의 폭행사안이 발생하여 학교 측에서 자치위원회가 개최되었으나 수사기관 수사가 시작되자 잠시적으로 학교폭력 자치위원회를 중지하였습니다. 법원 소년부에서 학생 A에 대한 보호처분이 내려진 후 학교는 자치위원회를 다시 개최하여 가해학생 조치를 하였습니다. 이에 가해학생 보호자는 이미 소년부에서 처벌을 받았는데 학교에서 또 처벌을 내리는 것은 이중처벌이라며 강하게 거부합니다.

이 경우 학교는 어떻게 대응해야 하나요?

A. 가해학생에 대한 조치는 처벌이 아니므로, 소년보호처분과의 병과가 이중처벌에 해당되지는 않습니다. 수사기관 이 수사 중인 사안이라는 이유로 수사기관이 조사를 마칠 때까지 자치위원회 개최를 연기할 수 없습니다.

〈 해 설 〉

□ **자치위원회의 결정에 따른 학교장의 가해학생 조치는 처벌이 아님**

□ **학폭법이 정한 조치는 사법적 목적이 아닌 교육적 목적을 위한 조치로 처벌이 아님**
  ① 학폭법에 따른 자치위원회의 조치 결정과 학교장의 조치 시행 과정은 교육적 목적을 위해 시행되는 행정적 절차입니다. 따라서 수사기관의 수사, 법원의 보호처분 등 사법적 절차와는 목적과 성질이 다른 별개의 절차입니다.
  ② 따라서 학폭법상 가해학생에 대한 조치는 처벌이 아니며 법원의 보호처분과 병과되어도 이중처벌에 해당하지 않습니다.

□ **수사기관 수사 여부와 관계없이 자치위원회는 개최되어야 함**
  ① 자치위원회 개최 등 학폭법상 절차는 사법적 절차와는 목적과 성질이 다른 별개의 절차이므로, 신속한 피해학생 보호 및 가해학생 조치를 위해 자치위원회가 개최되어야 합니다.
  ② 수사기관의 수사와 관계없이 학교폭력 전담기구 등의 사안 조사와 자치위원회의 개최 및 결정, 학교장의 조치 시행 등 학폭법상 절차가 진행되어야 합니다.

2-6-2. 보호처분의 효력

① 보호처분은 그 가해자의 장래 신상에 어떠한 영향도 미치지 않습니다(「소년법」 제32조제6항).

② 보호처분을 받은 가해자에 대해서는 같은 사건으로 다시 공소를 제기하거나 소년부에 송치할 수 없습니다(「소년법」 제53조 본문). 다만, 가해자가 보호처분 당시 19세 이상인 것으로 밝혀져 보호처분이 취소되고 검찰청 검사에게 송치된 경우에는 공소를 제기할 수 있습니다(「소년법」 제53조 단서).

2-6-3. 보호처분의 취소

① 보호처분이 계속 중일 때에 사건 본인이 처분 당시 19세 이상인 것으로 밝혀진 경우에는 소년부 판사는 결정으로써 그 보호처분을 취소하고 다음에 따라 사건을 처리해야 합니다(「소년법」 제38조제1항).

1. 검사·경찰서장의 송치 또는 가해자를 발견한 보호자 또는 학교·사회복리시설·보호관찰소(보호관찰지소를 포함)의 장이 이를 관할 소년부에 통고한 사건인 경우: 관할 지방법원에 대응하는 검찰청 검사에게 송치(「소년법」 제38조제1항제1호)

2. 법원이 송치한 사건인 경우: 송치한 법원에 이송(「소년법」제38조제1항제2호)

② 가해자에 대한 보호처분이 계속 중일 때에 사건 본인이 행위 당시 10세 미만으로 밝혀진 경우 또는 처분 당시 10세 미만으로 밝혀진 경우에 소년부 판사는 결정으로써 그 보호처분을 취소해야 합니다(「소년법」 제38조제2항).

2-6-4. 소년원에서의 생활

① 소년원은 교도소와는 다르며, 오히려 학교와 비슷한 점이 많습니다. 예를 들어, 「초·중등교육법」에 따른 자격을 갖춘 교사가 수업을 진행하며 해당 교육과정을 마치면 졸업장을 받게 됩니다(「보호소년 등의 처우에 관한 법률」 제30조 및 제31조).

② 소년원에서는 학교교과과정뿐 아니라 사회복귀를 위해 직업능력개발훈련을 받을 수 있으며, 의료재활 등을 받을 수도 있습니다(「보호소년 등의 처우에 관한 법률」 제4조 및 제35조).

③ 보호소년이 22세가 되면 소년원에서 퇴원합니다. 이 밖에도 수용상한기간이 되거나 교정성적이 양호하며 교정의 목적을 이루었다고 인정되는 경우에도 퇴원이 가능합니다(「보호소년 등의 처우에 관한 법률」 제43조).

④ 소년원장은 출원하는 보호소년 등의 성공적인 사회정착을 위하여 장학·원호·취업알선 등 필요한 지원을 할 수 있습니다. 사회정착지원의 기간은 6개월 이내로 하되, 6개월 이내의 범위에서 한 번에 한해 그 기간을 연장할 수 있습니다(「보호소년 등의 처우에 관한 법률」 제45조의2제1항 및 제2항).

◆ **소년부 심리 중 해당 소년에 대하여 보도가 이루어졌을 경우 어떻게 대응해야 하나요?**

Q. 乙의 아들 甲은 체육특기생으로 고등학교 재학 중 학교폭력으로 소년부에서 심리를 받게 되었습니다. 그런데 심리가 이루어지고 있던 중 지역 언론사 일간지에 '모 고등학교 체육특기생의 횡포' 라는 제목으로 甲의 학교폭력에 대한 기사가 실렸고, 위 고등학교에 체육특기생은 甲 뿐이었기 때문에 위 기사만 보더라도 甲이 사건의 당사자임을 짐작할 수 있게 되었습니다. 乙은 위 지역 언론사에 어떤 조치를 취할 수 있나요?

A. 「소년법」 제68조 제1항은 "이 법에 따라 조사 또는 심리 중에 있는 보호사건이나 형사사건에 대하여는 성명·연령·직업·용모 등으로 비추어 볼 때 그 자가 당해 사건의 당사자라고 미루어 짐작할 수 있는 정도의 사실이나 사진을 신문이나 그 밖의 출판물에 싣거나 방송할 수 없다." 라고 규정하고 있고, 제2항은

"제1항을 위반한 자에게 1년 이하의 징역 또는 1천만원 이하의 벌금에 처한다." 라고 규정하고 있습니다.

따라서 甲의 아버지인 乙은 해당언론사의 편집인 및 발행인이 소년법 제68조를 위반하였음을 이유로 처벌을 구할 수 있습니다.

◆ 초등학생인 경우에도 형사처벌을 받게 할 수 있나요?

Q. 초등학교 5학년인 제 아이가 같은 반 친구에게 일방적으로 맞아 다리가 부러지는 등 크게 다쳤습니다. 가해학생을 형사고소하려고 하는데, 초등학생인 경우에도 형사처벌을 받게 할 수 있나요?

A. 학교폭력 가해자가 14세 미만의 초등학생이라면 형사미성년자로 「형법」에 따른 형사처벌을 받지 않습니다. 다만, 14세 미만이더라도 「소년법」에 따라 보호처분을 받을 수는 있습니다.

◇ 형사미성년자의 처벌

학교폭력의 가해자는 나이와 죄질에 따라 「소년법」상의 보호처분을 받을 수도 있고 「형법」상의 형사처벌을 받게 될 수도 있습니다. 즉, 학교폭력 가해자가 10세 이상 14세 미만이면 「소년법」의 적용을 받게 되지만, 14세 이상이라면 「형법」의 적용도 함께 받게 됩니다. 「형법」이 적용될 경우에는 성인과 마찬가지로 일반 형사재판절차를 거쳐 형벌이 확정됩니다.

「소년법」이 적용될 경우에는 가정법원 소년부 또는 지방법원 소년부에서 사건을 심리하여 보호사건으로 처리하게 됩니다. 사건에 따라 임시조치가 취해질 수도 있고, 감호위탁 또는 보호관찰 등의 보호처분을 받을 수도 있습니다.

법률상 감경을 규정한 소년법 제60조 제2항에서 "소년"이라 함은 특별한 정함이 없는 한 소년법 제2조에서 말하는 "소년"인 20세 미만자를 의미하고, 소년법 제38조 제1항의 규정에 비추어 보면 20세 미만자라는 것이 심판의 조건이므로 범행시 뿐만 아니라 심판시까지 계속되어야 한다고 보아야 하므로 소년법 제60조 제2항의 "소년"인지 여부의 판단은 원칙으로 심판시 즉 사실심 판결선고시를 기준으로 한다고 보아야 한다(대법원 1991.12.10, 선고 91도2393 판결).

상고심은 원심판결의 당부를 심사하는 것이므로 원심판결 당시 미성년으로 부정기형을 선고받은 자가 그 후 상고심 계속중에 성년으로 되었다 하더라도 원심의 부정기형 선고가 위법이라 하여 파기될 수는 없다(대법원 1986. 6. 10, 선고 86도700 판결).

소년법 제53조 소정의 "형 또는 무기형으로 처할 것인 때에는 15년의 유기징역으로 한다"라는 규정은 소년에 대한 처단형이 사형 또는 무기형일 때에 15년의 유기징역으로 한다는 것이지 법정형이 사형 또는 무기형인 경우를 의미하는 것은 아니다(대법원 1986. 12. 23, 선고 86도2314 판결).

◆ 보호관찰처분 중 제대로 처분에 따르지 않고 또 비행을 저지르게 되면 어떻게 되나요?

Q. 보호관찰처분 중 제대로 처분에 따르지 않고 또 비행을 저지르게 되면 어떻게 되나요?

A. 보호관찰이란 비행을 저지른 청소년을 소년원과 같은 시설에 수용하여 교육을 받게 하는 대신 일정한 기간 의무를 조건으로 자유로운 생활을 허용하면서 보호관찰관이나 범죄예 방위원의 지도와 감독을 받게 하는 것을 말합니다. 보호관찰기간에 이러한 약속을 지키지 않으면 보호관찰 위반이기 때문에 보호처분이 변경되어 소년원으로 보내질 수 있습니다.

3. 형사합의 및 형사 조정

① 폭행·상해와 같은 형사사건에서 검사나 판사는 피의자(피고인)에게 합의를 권유하는 경우가 대부분입니다.
② 합의의 방법에 대해 따로 정해진 것은 없으나 보통 피해의 정도, 사건 발생 상황, 사회적 형평성 등을 고려하여 피의자(피고인)와 피해자가 직접 보상기준을 정하여 이를 실행하고, 합의서를 작성하여 양 당사자 간에 서명날인을 하는 방법이 보통입니다.
③ 피해자는 형사조정제도를 이용해서 신속하고 간편하게 민사상의 피해를 구제받을 수 있습니다.

3-1. 형사합의

① 폭행·상해와 같은 형사사건에서 다른 사람에게 피해를 입힌 경우에는 그 피해를 당연히 보상해야 합니다. 따라서 형사사건 처리과정에서 검사나 판사는 피의자(피고인)에게 합의를 권유하는 경우가 대부분입니다.

② 합의의 방법에 대해 따로 정해진 것은 없으나 보통 피해의 정도, 사건 발생 상황, 사회적 형평성 등을 고려하여 피의자(피고인)와 피해자가 직접 보상기준을 정하여 이를 실행하고, 합의서를 작성하여 양 당사자 간에 서명날인을 하는 방법이 보통입니다.

③ 단순폭행이나 존속폭행사건의 경우 피해자의 의사에 반하여 처벌할 수 없기 때문에(반의사불벌죄) 합의서에 처벌하지 않겠다는 의사를 작성한 경우에는 더 이상 형사절차가 진행되지 않습니다. 그러나 반의사불벌죄가 아닌 폭행치상이나 상해사건의 경우에는 피해자가 처벌의사와는 관계없이 형사절차가 진행됩니다. 다만, 합의를 한 경우 형사사건 처리과정에서 검사나 판사는 이를 참작하여 가벼운 처분이나 판결을 하는 것이 관례입니다.

◆ **피해학생의 부모와 친인척들이 담임교사에게 욕설과 협박을 한 경우 담임교사는 어떻게 해야 할까요?**

Q. 학생 A가 학생 B의 성기를 만지는 등의 성추행이 여러 차례 있었는데, 학교 측에서는 모르고 있었던 상황에서 B의 부모와 친인척들이 학교로 찾아와 B의 담임에게 욕설과 협박을 하는 상황이 매일 반복되어 담임교사가 정신적으로 매우 힘들어 하고 있습니다. B의 담임교사는 어떻게 하여야 할까요?

A. 학교폭력 피해학생 보호자라고 하더라도 교사에 대한 협박, 모욕, 명예훼손 등 형법상의 범죄 행위가 성립할 수 있습니다. 또한 매일 학교에 찾아와 B의 담임교사의 정상적인 업무를 방해하는 경우 학교에 대한 업무방해도 인정될 수 있습니다.

〈 해 설 〉

□ **피해학생의 보호자들이 담임교사에게 욕설과 협박을 하는 사안**
  ① 피해학생 B의 부모와 친인척들이 학교로 찾아와 구체적인 이유나 동기를 불문하고 공공장소인 학교에서 담임교사에게 욕설을 하는 등의 모욕감을 주는 언동을 하였다면 이는 형법상의 모욕죄(형법 제311조)에 해당합니다.
  ② 또한 담임교사에게 해악을 고지하여 겁을 주는 언동을 하였다면 이는 형법상의 협박죄(형법 제283조)에 해당합니다. 또한 교실 등 학교 내에서 고함을 지르거나 난동을 부렸다면 업무방해죄(형법 제314조)에도 해당합니다.
  ③ 이 경우 담임교사는 욕설과 협박 행위를 자제할 것을 경고하고 이에 응하지 않을 경우 형사 고소뿐만 아니라 해당 담임교사가 피해학생 보호자들의 위와 같은 행위로 인하여 정신적인 충격에 따른 피해를 당하고 있다면 민사상의 불법행위에 의한 손해배상을 청구할 수도 있습니다(민법 제750조, 제751조, 제760조 참조).

□ **학생 A가 B를 성추행한 사안**
  ① 학생 A가 학생 B를 성추행한 행위는 학폭법 상 성폭력 행위로 학교폭력 사안으로 볼 수 있습니다.
  ② 학교에서는 전담기구에서 구체적인 사안 조사를 거쳐 자치위원회를 개최하여 가해학생과 피해학생에 대해 적절한 조치를 해야 합니다.

□ 학교폭력 사안 인지를 위한 교사의 노력

교사는 학교에서 많은 시간을 학생들과 같이 보내기에, 주의를 기울이면 학교폭력 발생 전에 증거를 확보할 수 있는 가능성이 많습니다. 교사는 학교폭력 상황을 감지 및 인지했을 때, 신속하고 적극적으로 개입해야 합니다.

<성폭력 피해학생의 신체적·행동적 징후>

신체적 징후	행동적 징후
▸ 앉거나 걸어 다니는 것에 어려움을 보임. ▸ 성병에 감염되었거나 임신 징후가 나타남. ▸ 질이 긁혀 있거나 상처가 나 있음 ▸ 처녀막이 손상됨. ▸ 정액이 남아 있음 ▸ 항문 주변의 멍이나 찰과상 등이 관찰됨. ▸ 항문 내장이 짧아지고 뒤집힘. ▸ 항문이 좁아지거나 괄약근이 손상됨.	▸ 수면장애나 퇴행행동을 보임 ▸ 위험을 무릅쓴 행동을 함(자살행동 등) ▸ 충동성, 산만함, 주의집중 장애 ▸ 혼자 있기 싫어함. ▸ 특정한 사람이나 성에 대한 두려움을 보임. ▸ 방화를 저지르거나 동물에게 잔혹한 행동을 함. ▸ 섭식장애가 있거나 비행, 가출, 범죄행위에 가담. ▸ 우울증을 앓거나 사회와 단절됨.

□ 학생 보호자의 불법행위에 대한 적절한 대처 필요

① 학교에서는 피해학생의 보호자들에게 적법한 절차에 의한 처리 될 때까지 기다려줄 것을 요청하고, 가해학생에 대한 선도가 급하다고 인정할 경우 서면사과, 접촉금지, 교내봉사, 특별교육 또는 심리치료, 출석정리를 즉시 조치할 수 있습니다.

3-2. 형사조정

3-2-1. 형사조정을 통해 신속한 피해구제 가능

피해자는 형사조정제도를 이용해서 신속하고 간편하게 민사상의 피해를 구제받을 수 있습니다. 즉, 형사조정위원회를 통해서 당사자들 사이에 합의가 이루어지면 민사소송을 별도로 제기하지 않고 배상금 등을 받을 수 있습니다.

3-2-2. 형사조정 회부

① 형사조정의 회부권자

검사는 피의자와 범죄피해자(이하 "당사자"라 함) 사이에 형사분쟁을 공정하고 원만하게 해결해서 범죄피해자가 입은 피해를 실질적으로 회복하는 데 필요하다고 인정하면 당사자의 신청 또는 직권으로 수사 중인 형사사건을 형사조정위원회의 형사조정에 회부할 수 있습니다(「범죄피해자 보호법」 제41조제1항).

② 형사조정 대상 사건

형사조정에 회부할 수 있는 형사사건은 다음과 같습니다(「범죄피해자 보호법 시행령」 제46조).

1. 차용금, 공사대금, 투자금 등 개인 간 금전거래로 인해서 발생한 분쟁으로서 사기, 횡령, 배임 등으로 고소된 재산범죄 사건

2. 개인 간의 명예훼손·모욕, 경계 침범, 지식재산권 침해, 임금체불 등 사적 분쟁에 대한 고소사건

3. 위 제1호 및 제2호에서 규정한 사항 외에 형사조정에 회부하
   는 것이 분쟁해결에 적합하다고 판단되는 고소사건
4. 고소사건 외에 일반 형사사건 중 위 제1호부터 제3호까지에
   준하는 사건

③ 그러나 위의 형사사건에 해당하더라도 다음 어느 하나에 해당하
는 사유가 있으면 형사조정에 회부되지 않습니다(「범죄피해자 보호
법」 제41조제2항).

1. 피의자가 도주하거나 증거를 인멸할 염려가 있는 경우
2. 공소시효의 완성이 임박한 경우
3. 불기소처분의 사유에 해당함이 명백한 경우(단, 기소유예처분의
   사유에 해당하는 경우는 제외)

3-2-3. 형사조정절차

① 형사조정위원의 제척·기피·회피

형사조정사건이 형사조정위원회에 회부되면 해당 형사조정을 위해서
3명 이내의 형사조정위원으로 개별 조정위원회가 구성됩니다. 이 때
형사조정위원에게 제척, 기피, 회피사유가 있으면 그 형사조정위원은
해당 형사조정사건에서 배제됩니다.

② 제척

형사조정의 공정성을 확보하기 위해서 형사조정위원이 다음 어느 하
나에 해당되면 해당 형사조정 업무에서 배제됩니다(「범죄피해자 보호
법 시행령」 제50조제1항).

1. 형사조정위원 또는 그 배우자나 배우자이었던 사람이 당사자인 때
2. 형사조정위원이 당사자와 친족의 관계에 있거나 있었을 때
3. 형사조정위원이 당사자의 대리인으로 되거나 대리인이었을때

4. 형사조정위원이 해당 사건에 관해서 참고인진술·증언 또는 감정
   을 했을 때

③ 기피

당사자는 형사조정위원이 제적사유에 해당하거나 공정하지 않은 형
사조정을 할 염려가 있을 때에는 관할 지방검찰청 또는 지청의 장에
게 형사조정위원의 기피를 신청할 수 있습니다(「범죄피해자 보호법
시행령」 제50조제2항).

④ 회피

형사조정위원은 기피사유가 있는 경우에 관할 지방검찰청 또는 지청
의 장의 허가를 받아 해당 조정사건을 회피할 수 있습니다(「범죄피
해자 보호법 시행령」 제50조제5항).

3-2-4. 형사조정절차의 개시

① 형사조정위원회는 형사조정이 회부되면 지체 없이 형사조정절차를
진행해야 합니다(「범죄피해자보호법」 제43조제2항).

② 형사조정절차를 개시하기 위해서는 당사자의 동의가 있어야 합니
다. 따라서 당사자가 제1회 형사조정절차 개시 이전까지 형사조정절
차에 동의하지 않을 뜻을 명확히 하면 형사조정이 더 이상 진행되지
않고, 해당 사건은 담당 검사에게 회송됩니다(「범죄피해자 보호법 시
행령」 제52조).

3-2-5. 관련 자료의 조사

① 형사조정을 위해서 형사조정위원회는 형사조정을 회부한 검사에
게 해당 형사사건에 관해 당사자가 제출한 서류, 수사서류 및 증거
물 등 관련 자료의 사본을 보내 줄 것을 요청할 수 있습니다(「범죄
피해자 보호법」 제44조제1항).

② 당사자는 해당 형사사건에 관한 사실의 주장과 관련된 자료를 형사조정위원회에 제출할 수 있습니다(「범죄피해자 보호법」 제44조제3항).

3-2-6. 형사조정절차의 종료

① 조정의 중단 조정과정에서 증거위조나 거짓 진술 등의 사유로 명백히 협의가 없는 것으로 인정하는 경우에는 조정이 중단되고, 해당 형사사건은 담당 검사에게 회송됩니다(「범죄피해자 보호법」 제45조제2항).

② 조정의 성립 형사조정 절차가 끝나면 형사조정 과정과 형사조정 결과를 기록한 서면을 붙여서 해당 형사사건을 형사조정에 회부한 검사에게 보냅니다(「범죄피해자 보호법」 제45조제3항).

③ 조정의 불성립 해당 형사조정사건이 다음 어느 하나에 해당하는 경우에는 조정불성립 결정을 하고 담당 검사에게 사건을 회송해야 합니다(「범죄피해자 보호법 시행령」 제54조).

 1. 당사자 사이에 합의가 성립되지 않은 경우
 2. 성립된 합의 내용이 위법하거나 선량한 풍속, 그 밖의 사회질서에 위반된다고 인정되는 경우

3-2-7. 효력

① 검사는 형사사건을 수사하고 처리할 때 형사조정 결과를 고려할 수 있습니다(「범죄피해자 보호법」 제45조제4항 본문). 즉, 조정이 성립되면 이 사실이 참작되어 해당 사건에 불기소처분을 내릴 수 있으며, 기소된 경우에도 형사조정사실이 고려되어 보다 가벼운 처벌을 받게 될 수 있습니다.

② 형사조정이 성립되지 않았다 하더라도 검사는 이 사정을 피의자에게 불리하게 고려해서는 안 됩니다(「범죄피해자 보호법」 제45조제4항 단서).

4. 형사절차에서의 손해배상

4-1. 배상명령

① 배상명령이란 제1심 또는 제2심의 형사공판 절차에서 유죄판결을 선고할 경우에 법원은 직권으로 또는 피해자나 그 상속인의 신청에 의해 피고사건의 범죄행위로 인해 발생한 직접적인 물적 피해, 치료비 손해 및 위자료의 배상을 명할 수 있는데 이를 배상명령이라고 합니다(「소송촉진 등에 관한 특례법」 제25조제1항).

② 그러나 다음 어느 하나에 해당하는 경우에는 배상명령을 이용할 수 없습니다(「소송촉진등에관한특례법」 제25조제3항).

1. 피해자의 성명·주소가 분명하지 않은 경우
2. 피해금액이 특정되지 않은 경우
3. 피고인의 배상책임의 유무 또는 그 범위가 명백하지 않은 경우
4. 배상명령으로 인해서 공판절차가 현저히 지연될 우려가 있거나 형사소송 절차에서 배상명령을 하는 것이 타당하지 않다고 인정되는 경우

4-2. 배상명령 절차

① 피해자는 제1심 또는 제2심 공판의 변론이 종결될 때까지 사건이 계속된 법원에 피해배상을 신청할 수 있습니다. 신청은 신청서를

제출하는 방법을 이용할 수 있으며, 증인으로 법정에 출석한 경우에
는 말로 신청할 수 있습니다(「소송촉진 등에 관한 특례법」 제25조제
1항 및 제26조제1항·제5항).

② 신청인은 배상명령이 확정되기 전까지는 언제든지 배상신청을 취
하할 수 있습니다(「소송촉진 등에 관한 특례법」 제26조제6항).

③ 배상명령은 유죄판결의 선고와 동시에 이루어지며, 가집행할 수
있음을 선고할 수 있습니다(「소송촉진 등에 관한 특례법」 제31조제1
항 및 제3항).

4-3. 배상명령 효과

① 배상명령이 확정되면 민사소송이 확정된 것과 같습니다. 즉, 확정된
배상명령 또는 가집행선고 있는 배상명령이 기재된 유죄판결서의 정본은
「민사집행법」에 따른 강제집행에 관해서 집행력 있는 민사판결 정본과
동일한 효력이 있습니다(「소송촉진 등에 관한 특례법」 제34조제1항).

② 따라서 가해자가 배상명령을 이행하지 않으면 경매 등 강제집행
을 해서 그 손해를 보전할 수 있습니다.

5. 민사상 다툼에 관한 형사소송절차에서의 화해

민사상 다툼에 관한 형사소송절차에서의 화해란 형사피고사건의 피
고인과 피해자가 해당 피고사건과 관련된 피해에 관한 민사상 다툼
과 관련해서 합의한 경우, 피고사건이 계속된 제1심 법원 또는 제2
심 법원에 공동으로 합의 사실을 공판조서에 기재해 줄 것을 신청할
수 있는데, 이를 민사상 다툼에 관한 형사소송절차에서의 화해라고

합니다(「소송촉진 등에 관한 특례법」 제36조제1항).

5-1. 형사소송절차에서의 화해의 효과

① 민사상 다툼에 관해 합의한 경우에 그 합의사실을 공판조서에 기재해 줄 것은 ㉮ 형사피고사건의 피고인과 피해자가 공동으로 신청할 수 있으며, ㉯ 이 합의가 피고인의 피해자에 대한 금전 지불을 내용으로 하는 경우에 피고인 외의 자가 피해자에 대해서 그 지불을 보증하거나 연대해서 의무를 부담하기로 합의한 경우에는 ㉮의 신청과 동시에 그 피고인 외의 자가 피고인 및 피해자와 공동으로 신청할 수 있습니다(「소송촉진 등에 관한 특례법」 제36조제1항 및 제2항).
② 이 신청은 변론이 종결되기 전까지 공판기일에 출석해서 서면으로 해야 합니다.

5-2. 형사소송절차에서의 화해의 효력

피고인과 피해자의 합의가 기재된 공판조서는 재판상 화해와 동일한 효력이 생기기 때문에, 합의내용이 이행되지 않으면 법원에 강제집행을 신청할 수 있습니다(「소송촉진 등에 관한 특례법」 제36조제5항).

5-3. 배상명령과 민사상 다툼에 관한 형사소송절차에서의 화해

'배상명령'은 형사재판에서 죄에 관한 유죄판결을 선고할 때 그 사건의 범죄행위로 인해 발생한 신체적·물질적·정신적 피해에 대한 배상을 명하는 것인 반면, '민사상 다툼에 관한 형사소송절차에서의 화해'는 양 당사자가 형사 유죄판결 선고 이전에 민사상 배상에 관한 합의를 하고 이 내용을 당사자의 신청으로 공판조서에 기재함으로서 확정판결과 같은 효력을 발생시키는 것이다.

제5절 법원에서의 해결 : 민사사건

1. 민사책임의 대상

① 학교폭력으로 다친 경우에 그 치료비 등 손해배상에 관한 부분은 학교폭력 피해학생 측과 가해자 측이 합의하거나, 학교폭력대책자치위원회의 분쟁조정절차에 따라 합의에 이를 수 있습니다.

② 그러나 이러한 합의가 이루어지지 않는다면 학교폭력 피해학생은 법원에 민사소송 등을 제기해서 가해자 측으로부터 치료비 등 금전적 피해에 대한 손해와 정신적 피해에 대한 위자료를 받을 수 있습니다.

③ 학생만이 학교폭력의 가해자가 되는 것은 아닙니다. 현행법은 자퇴하거나 그 밖의 사유로 학교를 다니지 않는 사람이 학생을 대상으로 폭력을 행사하는 경우도 학교폭력으로 보고 있습니다(학폭법 제2조제1항).

④ 학교폭력을 행사한 사람은 학교 내부에서 출석정지 등 선도처분을 받을 수 있으며, 학교의 조치와는 별개로 민사상 또는 형사상 책임을 부담할 수 있습니다. 학교의 장 또는 교육감이 학폭법에 따라 선도처분하거나 분쟁조정을 할 수 있는 대상은 학생에 한정되지만, 민사상 또는 형사상 책임은 학생이 아닌 경우에도 질 수 있습니다.

2. 가해자와 그 보호자의 책임

2-1. 가해자의 책임
① 「민법」 제750조는 고의 또는 과실로 인한 위법행위로 타인에게

손해를 가한 경우에 그 손해를 배상하도록 하고 있습니다(「민법」 제
750조). 이에 근거해서 학교폭력 피해학생은 학교폭력 가해자에게
치료비 등 재산상의 손해에 대한 배상책임을 물을 수 있습니다.
② 또한, 「민법」 제751조는 다른 사람의 신체, 자유 또는 명예를 해
하거나 그 밖에 정신상 고통을 가한 경우에 재산 이외의 손해에 대
해서도 배상할 것을 정하고 있습니다(「민법」 제751조제1항). 따라서
피해학생은 가해자에게 정신적 고통에 대한 손해배상인 위자료 역시
청구할 수 있습니다.
③ 이 외에도 피해학생의 보호자 등은 가해자를 상대로 생명침해에
따른 가족의 위자료(「민법」 제752조)와 명예훼손에 따른 손해배상
(「민법」 제764조) 등을 청구할 수 있습니다.

2-2. 책임능력이 없는 가해자와 그 보호자의 책임

① 그러나 미성년자인 가해자가 학교폭력으로 손해를 끼쳤다고 하더
라도 그 행위의 책임을 변식(辨識)할 지능 즉, 책임능력이 없다면 손
해배상책임을 물을 수 없습니다(「민법」 제753조).
② 이 경우 피해학생이 자신의 손해를 전혀 보전할 수 없다면 불리
한 상황에 놓일 수 있습니다. 따라서 이러한 경우에는 「민법」 제755
조제1항에 따라 가해자를 감독할 법정의무가 있는 자(부모 등 친권
자, 이하 "감독의무자"라 함)를 상대로 감독의무 위반에 따른 손해
배상을 청구할 수 있습니다(「민법」 제755조).
③ 판례는 대체로 15세부터 책임능력이 있는 것으로 보고 있습니다.
④ 감독의무자가 가해자에 대한 감독의무를 게을리 하지 않았음을
입증하면 피해학생에 대한 손해배상책임이 면책됩니다(「민법」 제755
조제1항 단서).

⑤ 미성년자의 불법행위에 대한 감독의무자의 손해배상책임 요건으로서는 「민법」 제755조에 따라 책임능력 없는 미성년자를 감독할 법정의 의무 있는 자 또는 그에 갈음하여 무능력자를 감독하는 자가 지는 손해배상책임은 그 미성년자에게 책임이 없음을 전제로 하여 이를 보충하는 책임이고, 그 경우에 감독의무자 자신이 감독의무를 해태하지 않았음을 입증하지 아니하는 한 책임을 면할 수 없는 것이나, 반면에 미성년자가 책임능력이 있어 그 스스로 불법행위책임을 지는 경우에도 그 손해가 해당 미성년자의 감독의무자의 의무위반과 상당인과관계가 있으면 감독의무자는 일반불법행위자로서 손해배상책임이 있습니다(대법원 1994. 8. 23. 선고 93다60588 판결).

2-3. 책임능력이 있는 가해자와 그 보호자의 책임

① 미성년자인 가해자가 학교폭력으로 손해를 가한 경우에 그 행위의 책임을 변식할 지능이 있다면 불법행위에 대한 배상책임을 집니다(「민법」 제753조).

② 그러나 책임능력이 있다고 하더라도 현실적으로 가해자는 자력으로 손해배상을 할 수 없는 경우가 대부분입니다. 이 경우 피해학생은 자신이 입은 손해가 감독의무자의 가해자 감독의무위반과 상당한 인과관계가 있음을 이유로 그에게 손해배상을 청구할 수 있습니다(「민법」 제750조).

③ 이 때 감독의무위반사실과 손해발생 사이에 상당하다고 인정할 만한 인과관계가 존재함은 피해학생이 입증해야 합니다(대법원 1994. 2. 8. 선고 93다13605 판결).

2-3-1. 책임능력 있는 가해자의 감독의무자의 손해배상책임 요건

책임능력 있는 미성년자의 불법행위에 대하여 감독의무자가 손해배상책임을 지게 되는 요건과 그 입증책임은 미성년자가 책임능력이 있어 그 스스로 불법행위책임을 지는 경우에도 그 손해가 당해 미성년자의 감독의무자의 의무위반과 상당인과관계가 있으면 감독의무자는 일반불법행위자로서 손해배상책임이 있다 할 것이지만, 이 경우에 그러한 감독의무위반사실 및 손해발생과의 상당인과관계의 존재는 이를 주장하는 자가 입증하여야 합니다(대법원 2003.3.28. 선고 2003다5061 판결).

2-3-2. 책임능력 있는 가해자의 감독의무자의 손해배상책임

① 공립중학교에서 중학생들이 같은 반 급우를 집단폭행한 경우 가해자들의 학부모의 책임은 책임능력이 있는 미성년자의 불법행위로 인하여 손해가 발생한 경우에도 그 발생된 손해가 미성년자의 감독의무자의 부주의와 상당인과관계가 있으면 해당 감독의무자는 「민법」 제750조에 따라 손해배상책임을 부담합니다.

② 그런데 가해자들은 모두 위 집단폭행 당시 13세 전후한 학생들로서 경제적인 면에서 전적으로 각자의 부모들에게 의존하면서 그 부모들의 보호·감독을 받고 있으므로 가해자들의 부모들로서는 나이가 어려서 변별력이 부족한 가해자들이 다른 학생을 폭행하거나 집단적으로 괴롭히는 등의 행위를 하지 않도록 교육하고 보호·감독해야 할 주의의무가 있음에도 이를 게을리 한 과실로 가해자들이 원고 박00에게 이 사건 집단폭행을 가하는 것을 방치했다고 할 것이므로, 가해자들의 부모들은 「민법」 제750조에 따라 이 사건 집단폭행으로 인하여 원고들이 입은 손해를 배상할 의무가 있다(울산지방

법원 2006.12. 21. 선고 2005가단35270 판결)는 법원의 판결이 있습니다.

◆ **지방자치단체가 설립한 중학교에 다니는 학생이 상해 피해를 입은 경우 지방자치단체에 대해서도 손해배상을 청구할 수 있는지요?**

Q. 甲은 A시가 설립한 B중학교에 재학 중인 학생인바, 휴식 시간에 학교 운동장에서 다른 반의 학생인 乙과 사이에 시비가 붙어 乙로부터 얼굴을 맞아 코뼈 골절상을 입게 되었습니다. 이에 甲의 부모는 학교폭력을 이유로 乙이나 乙의 부모를 상대로 손해배상을 청구하는 이외에 乙을 감독해야할 책임이 있는 B중학교의 교장과 담임교사의 책임을 물어 A시에 대하여도 연대책임을 구하고자 하는데, 이 경우 A시에 대해서도 손해배상책임이 인정되는지요.

A. 판례는 "지방자치단체가 설치·경영하는 학교의 교장이나 교사는 학생을 보호·감독할 의무를 지는 것이지만, 이러한 보호·감독의무는 교육법에 따라 학생들을 친권자 등 법정감독 의무자에 대신하여 감독을 하여야 하는 의무로서 학교 내에서의 학생의 전 생활관계에 미치는 것은 아니고, 학교에서의 교육활동 및 이와 밀접 불가분의 관계에 있는 생활관계에 한하며, 그 의무범위 내의 생활관계라고 하더라도 교육활동의 때, 장소,가해자의 분별능력, 가해자의 성행, 가해자와 피해자의 관계, 기타 여러 사정을 고려하여 사고가 학교생활에서 통상 발생할 수 있다고 하는 것이 예측되거나 또는 예측가능성(사고발생의 구체적 위험성)이

있는 경우에 한하여 교장이나 교사는 보호·감독의무 위반에 대한 책임을 진다(대법원1997.6.13.선고96다44433판결, 대법원 2000.

4.11.선고 99다44205판결 등 참조)"고 판시하고 있습니다.

이 사례의 경우, 甲과 乙이 학반이 서로 달랐으며, 乙의 폭력행위가 교육시간이 아닌 잠깐 휴식시간에 교실이 아닌 학교 운동장에서 발생한 점 등에 비추어, 乙이 평소 다른 학생들을 괴롭혀 왔다는 뚜렷한 증거가 있거나, 乙이 甲에 대해서도 평소 괴롭힘을 계속해 왔다는 명백한 사정이 없는 이상, 위 사고가 학교생활에서 통상 발생할 수 있다고 하는 것이 예측되거나 또는 예측가능성(사고발생의 구체적 위험성)이 있는 경우에 해당하여 B중학교의 교장이나 乙의 담임교사가 상해 발생을 예측하였거나 예측할 수 있었다고 보기 힘들다고 할 것입니다. 따라서, 乙에 대한 B중학교의 교장이나 담임교사의 보호?감독의무 위반을 전제로 한 A시의 손해배상책임은 인정하기 어려울 것입니다.

2-3-3. 학교폭력 피해보상보험

① 일부 보험상품은 피보험자가 학교폭력을 당했을 때 이에 대한 피해를 보상해 주고, 의료비까지 보상해 주고 있습니다.

② 한편, 학교폭력으로 피해학생에게 손해를 입힌 경우에는 치료비를 비롯한 그 손해를 배상해 주어야 하는데, 일상생활 중의 배상책임 범위 내라면 이에 대한 보험금 역시 지급받을 수 있습니다.

③ 이런 보장내용은 대부분 기존의 자녀보험에 특약의 형태로 추가되는 사항입니다. 보험명칭, 보장 내용, 지급 요건, 지급 범위 등은

보험상품마다 차이가 있으므로 자세한 내용은 각 보험상품을 취급하는 곳에 문의하시기 바랍니다.

2-4. 교사와 학교의 책임

2-4-1. 교사와 학교의 책임

① 가해학생을 지도·담당하는 교사는 「민법」 제755조제2항에 따라 부모 등 감독의무자를 대신해서 가해학생에 대한 대리감독책임을 집니다(「민법」 제755조제2항). 법원 역시 교사가 부모 등 법정감독의무자를 대신해서 가해학생에 대한 보호감독의무 부담한다고 보고 있습니다(대법원 2007. 4. 26, 선고 2005다24318 판결).

② 따라서 자신의 지도·감독을 받는 학생이 학교폭력 가해행위를 했다면 교사는 그 가해학생에 대한 대리감독의무를 게을리 하지 않았음을 입증하지 못하는 한 피해학생에 대한 손해배상책임을 부담하게 됩니다(「민법」 제755조제2항).

③ 반면, 가해학생이 책임능력이 있다면 교사는 대리감독책임(「민법」 제755조제2항)을 지지는 않지만, 피해학생이 입은 손해가 교사의 가해학생 감독의무위반과 상당한 인과관계가 있는 경우에는 손해배상책임을 질 수 있습니다(「민법」 제750조). 이 때 감독의무위반사실과 손해발생 사이에 상당하다고 인정할만한 인과관계가 존재함은 피해학생이 입증해야 합니다(대법원 1994. 8. 23. 선고 93다60588 판결).

2-4-2. 책임의 범위

① 학교폭력에 대한 예견이나 예방을 하는 것이 가능했다면 교사와 학교는 부모와 연대해서 공동책임을 지기도 하지만, 일반적으로 가해학생에 대한 교사나 학교의 책임은 부모 등 친권자에 비해 좁은

범위로 한정됩니다.

② 법원은 고적답사를 겸한 졸업여행 중 숙소에서 휴식시간에 학생들 사이에 일어난 폭력사고로 피해학생이 한쪽 눈을 실명한 사안에서 학교 측의 안전교육이나 사전지시에 따르지 않고 돌발적으로 벌어진 사고로서 예측가능성이 없었다는 이유로 교사에게 보호·감독의무 위반의 책임을 물을 수 없다고 판단했습니다(대법원 1999. 9. 17, 선고, 99다23895 판결).

③ 교사와 학교의 책임은 학교 내에서의 학생의 모든 생활관계에 미치는 것이 아니고 학교에서의 교육활동 및 이와 밀접불가분의 관계에 있는 생활관계에 한하며, 그 의무범위 내의 생활관계라 하더라도 교육활동의 때, 장소, 가해자의 분별능력, 가해자의 성행, 가해자와 피해자의 관계, 그 밖의 여러 사정을 고려해서 사고가 학교생활에서 통상 발생할 수 있다고 하는 것이 예측되거나 예측가능성이 있는 경우에 한해서 보호감독의무 위반에 대한 책임을 집니다(대법원 1999. 9. 17, 선고, 99다23895 판결).

2-4-3. 학교설치자(경영자)의 책임

① 사립학교의 이사장 등 학교의 설치자 또는 경영자는 「민법」 제756조에 따라 사용자책임을 부담합니다. 따라서 교사의 보호감독의무 위반으로 피해학생이 손해를 입었다면 그 손해를 배상할 책임이 있습니다(「민법」 제756조제2항).

② 국·공립학교의 경우 학교설치자는 국가 또는 지방자치단체가 되므로 사립학교와 달리 학교폭력으로 인한 손해배상책임은 국가 또는는 지방자치단체가 부담합니다(「국가배상법」 제2조).

2-4-5. 부모의 감독의무와 교사의 대리감독의무

① 책임능력 없는 미성년자의 법정감독의무자와 이에 대신하여 보호·감독의무를 부담하는 교사 등이 각각 부담하는 보호·감독책임의 범위 및 양자의 관계는,

② 민법 제755조에 의하여 책임능력 없는 미성년자를 감독할 친권자 등 법정감독의무자의 보호·감독책임은 미성년자의 생활 전반에 미치는 것이고, 법정감독의무자에 대신하여 보호·감독의무를 부담하는 교사 등의 보호·감독책임은 학교 내에서의 학생의 모든 생활관계에 미치는 것이 아니라 학교에서의 교육활동 및 이와 밀접 불가분의 관계에 있는 생활관계에 한하며, 이와 같은 대리감독자가 있다는 사실만 가지고 곧 친권자의 법정감독책임이 면탈된다고는 볼 수 없습니다(대법원 2007. 4. 26, 선고 2005다24318 판결).

2-4-6. 교장 또는 교사의 보호감독의무의 범위

학교의 교장이나 교사의 학생에 대한 보호·감독의무의 범위 및 손해배상책임의 인정 기준은 지방자치단체가 설치·경영하는 학교의 교장이나 교사는 학생을 보호·감독할 의무를 지는 것이지만, 이러한 보호·감독의무는 교육법에 따라 학생들을 친권자 등 법정감독의무자에 대신하여 감독을 하여야 하는 의무로서 학교 내에서의 학생의 전 생활관계에 미치는 것은 아니고, 학교에서의 교육활동 및 이와 밀접 불가분의 관계에 있는 생활관계에 한하며, 그 의무범위 내의 생활관계라고 하더라도 교육활동의 때, 장소, 가해자의 분별능력, 가해자의 성행, 가해자와 피해자의 관계, 기타 여러 사정을 고려하여 사고가 학교생활에서 통상 발생할 수 있다고 하는 것이 예측되거나 또는 예측가능성(사고발생의 구체적 위험성)이 있는 경우에 한하여 교

장이나 교사는 보호·감독의무 위반에 대한 책임을 집니다(대법원 2007. 4. 26, 선고 2005다24318 판결, 대법원 1997. 6. 13, 선고 96다44433 판결).

2-4-7. 교장 또는 교사의 책임의 범위

① 집단따돌림으로 인하여 피해 학생이 자살한 경우, 자살의 결과에 대하여 교장이나 교사에게 보호감독의무 위반 책임을 묻기 위한 요건 및 그 판단 기준은,

② 집단따돌림으로 인하여 피해 학생이 자살한 경우, 자살의 결과에 대하여 학교의 교장이나 교사의 보호감독의무 위반의 책임을 묻기 위하여는 피해 학생이 자살에 이른 상황을 객관적으로 보아 교사 등이 예견하였거나 예견할 수 있었음이 인정되어야 한다. 다만, 사회통념상 허용될 수 없는 악질, 중대한 집단따돌림이 계속되고 그 결과 피해 학생이 육체적 또는 정신적으로 궁지에 몰린 상황에 있었음을 예견하였거나 예견할 수 있었던 경우에는 피해 학생이 자살에 이른 상황에 대한 예견가능성도 있는 것으로 볼 수 있을 것이나, 집단따돌림의 내용이 이와 같은 정도에까지 이르지 않은 경우에는 교사 등이 집단따돌림을 예견하였거나 예견할 수 있었다고 하더라도 이것만으로 피해 학생의 자살에 대한 예견이 가능하였던 것으로 볼 수는 없으므로, 교사 등이 집단따돌림 자체에 대한 보호감독의무 위반의 책임을 부담하는 것은 별론으로 하고 자살의 결과에 대한 보호감독의무 위반의 책임을 부담한다고 할 수는 없습니다.

③ 중학교 3학년 여학생이 급우들 사이의 집단따돌림으로 인하여 자살한 사안에서, 따돌림의 정도와 행위의 태양, 피해 학생의 평소 행동 등에 비추어 담임교사에게 피해 학생의 자살에 대한 예견가능

성이 있었다고 인정하지 아니하여 자살의 결과에 대한 손해배상책임을 부정한 사례도 있습니다.

④ 중학교 3학년 여학생이 급우들 사이의 집단따돌림으로 인하여 자살한 사안에서, 따돌림의 정도와 행위의 태양, 피해 학생의 평소 행동 등에 비추어 담임교사에게 피해 학생의 자살에 대한 예견가능성이 있었다고 인정하지 아니하여 자살의 결과에 대한 손해배상책임은 부정하면서, 다만 학생들 사이의 갈등에 대한 대처를 소홀히 한 과실을 인정하여 교사의 직무상 불법행위로 발생한 집단따돌림의 피해에 대하여 지방자치단체의 손해배상책임을 긍정한 사례도 있습니다(대법원 2007. 11. 15, 선고 2005다16034 판결).

◆ **다수의 학생이 특정 학생을 대상으로 사이버상에서 따돌림을 한 경우 함께 모의한 친구들도 가해자가 되는지요?**

Q. 학생 A와 B는 친한 친구였으나 사이가 나빠지자, A가 자신의 블로그에 B를 험담하는 글을 올렸고 다음 날 이를 알게된 B가 항의하자 A는 B를 혼내주자며 채팅방을 개설하여 20여명의 친구들과 B를 '찐따'라고 험담하고 심지어 학생 B의 사진을 탑재하여 다른 친구들과 함께 사이버 따돌림을 하였습니다. 학생 B의 신고로 자치위원회를 개최하려 하자 20여명은 자신들은 채팅방에 들어가서 대화만 나누었을 뿐이라며 항의하였습니다. 이럴 때 과연 채팅방에 들어와 함께 모의한 친구들도 가해자가 되는지요?

A. 학교폭력 유형 중 사이버따돌림에 해당합니다. 사이버따돌림에 가담한 학생들은 모두 자치위원회의 대상이 됩니다.

□ 새로운 학교폭력의 유형인 사이버따돌림

① 학생 A가 자신의 블로그에 학생 B를 험담하는 내용을 올린 행위, 채팅방에서 다른 친구들과 학생 B를 험담하고 B의 사진을 올린 행위, 학생 A의 다른 친구들이 A가 개설한 채팅방에서 A와 함께 B를 험담한 행위는 모두 사이버따돌림으로 학교폭력에 해당합니다.

② 학생 A와 그 친구들이 인터넷 게시판이 아닌 자신의 블로그에 글을 올렸고, 자신들만의 폐쇄적인 채팅방에서 험담을 하거나 B의 사진을 올린 것일 뿐, 직접적으로 B의 미니홈피를 방문하거나 B가 속해 있는 인터넷 공간에서 욕설을 하거나 험담을 하여 B를 공격한 것이 아니므로 학교폭력이 아니라고 주장하여도 어떤 경로를 통해서든 피해학생이 사이버 상에서 이루어진 따돌림을 알게 되어 고통을 느끼게 되면 학교폭력에 해당합니다.

③ 참고로, 개인정보 또는 허위사실을 유포하여 피해학생이 고통을 느끼게 되었거나, 또 이미 알려진 사실이거나 듣는 사람이 이미 알고 있는 사실이어서 새로울 것이 없다고 하더라도 사이버 따돌림이 됩니다.

(생활지도 Tip)

□ 학교폭력자치위원회를 열어 적법하게 처리

해당 학생들이 자신들의 블로그에서 단지 채팅만을 했을 뿐이라며 학교폭력 대상이 아니라고 하지만, 사이버상에서 한 학생을 험담하였기 때문에 대화에 가담한 모든 학생들은 자치위원회를 개최하여 조치해야 합니다.

□ **사이버따돌림 등을 예방하기 위한 생활지도 강화**

① 카톡, 블로그 등 악플 및 언어폭력을 통한 사이버따돌림, 피해학생을 괴롭히기 위한 동영상을 블로그에 올려 유포하는 것은 피해학생으로 하여금 마음의 상처를 받게 하기 때문에, 단순 가담일지라도 학교폭력의 대상이 된다는 사실을 학생들에게 인지시켜야 합니다.

② 또한 사이버 따돌림은 친한 학생들 간에 이루어지므로 발견하기가 어려워 학교자체로 학생들을 중심으로 한 사이버 수사대 등을 조직하여 사이버상에서 발생하는 학교폭력을 인지하는 것도 필요합니다.

【사이버따돌림 생활지도 방법】

- **평소 사이버따돌림 예방교육**
① 핸드폰 문자로 욕설이나 협박성 문자가 오면 어떠한 응답도 하지 않는다.
② 인터넷의 게시판이나 안티카페 등에서 공개적인 비방 및 욕설의 내용은 그 자체로 저장한다.
③ 모든 자료는 증거 확보를 위해 저장한다.

- **피해학생 조치**
  불특정 다수에게 공개되는 사이버 폭력으로 인해 피해학생은 명예훼손, 모함, 비방 등을 당하여 심각한 정신적 피해를 입을 수 있다. 그러므로 피해학생을 상담교사나 상담센터와 연계하여 반드시 상담을 받는다.

- **가해학생 조치**
① 교사가 증거를 철저하게 확보한 후, 사이버폭력을 지속하지 않도록 지도한다.
② 피해학생에게 사이버 상에서 공개 사과한다.

(관련판례 1)

[1] 중학생들이 같은 반의 학생을 집단적으로 괴롭혀 상처를 입히고 우울증 등의 증상을 겪게 한 경우, 가해학생들이 모두 집단따돌림 당시 12세 5개월부터 13세 2개월 남짓된 중학교 1학년생들로서 경제적인 면에서 전적으로 부모들에게 의존하면서 부모들의 보호·감독을 받고 있었고, 우리 사회에서 학교 내 폭력과 집단따돌림 등이 이미 사회문제화되어 있었으므로 가해학생의 부모들로서는 나이가 어려서 변별력이 부족한 가해학생들이 다른 학생을 폭행하거나 집단적으로 괴롭히는 등의 행위를 하지 않도록 교육하고 보호·감독하여야 할 주의의무가 있음에도 이를 게을리한 과실로 가해학생들이 피해학생에게 집단따돌림을 가하는 것을 방치하였으므로, 가해학생들의 부모들은 민법 제750조에 따라 집단폭행으로 인하여 피해학생 및 그 부모가 입은 손해를 배상할 책임이 있다(울산지법 2006. 12. 21, 선고 2005가단35270 판결).

[2] 공립중학교의 학생들이 같은 반의 학생을 집단적으로 괴롭혀 상처를 입히고 우울증 등의 증상을 겪게 한 경우, 담임교사로서는 당시의 사회분위기나 자신이 맡고 있는 학급 내 상황에 비추어 피해학생이 가해학생들로부터 집단괴롭힘이나 집단폭행을 당할 수도 있다는 것을 어느 정도 예상할 수 있었으므로, 수업시간 전후로 수시로 돌아보고, 학급의 반장을 통하여 학급 내에서의 집단괴롭힘이나 폭행사건이 발생할 경우 즉각적으로 보고를 하도록 하며, 학급 내에서 종종 동료 학생들을 괴롭히는 가해학생들에 대하여는 보다 적극적인 자세로 훈육을 하고 위와 같은 집단괴롭힘 등이 발생하지 않도록 필요한 예방조치를 취해야 할 주의의무가 있음에도 불구하고 이를 소홀히 함으로써 결과적으로 피해학생으로 하여금 위와 같이 집단따돌림을 당하도록 하는 상황에 이르게 하였으므로, 위 중학교의 설치·경영자인 지방자치단체는 국가배상법 제2조에 따

라 소속 공무원인 담임교사의 위와 같은 위법한 공무수행으로 인하여 피해학생 및 그 부모가 입은 손해를 배상할 책임이 있다(울산지법 2006. 12. 21, 선고 2005가단35270 판결).

(관련판례 2)

수업중인 교실에 가해학생이 칼을 들고 들어와 피해학생을 찔러 사망에 이르게 한 사안에서, 소속교사의 보호감독의무 위반을 이유로 지방자치단체의 손해배상책임을 인정한 사례(대법원 2007.6.15, 선고, 2004다48775, 판결).

(관련판례 3)

지방자치단체가 설치·경영하는 학교의 교장이나 교사는 학생을 보호·감독할 의무를 지는데, 이러한 보호·감독의무는 교육법에 따라 학생들을 친권자 등 법정감독의무자에 대신하여 감독을 하여야 하는 의무로서 학교 내에서의 학생의 모든 생활관계에 미치는 것은 아니지만, 학교에서의 교육활동 및 이와 밀접 불가분의 관계에 있는 생활관계에 속하고, 교육활동의 때와 장소, 가해자의 분별능력, 가해자의 성행, 가해자와 피해자의 관계, 기타 여러 사정을 고려하여 사고가 학교생활에서 통상 발생할 수 있다고 하는 것이 예측되거나 또는 예측가능성(사고발생의 구체적 위험성)이 있는 경우에는 교장이나 교사는 보호·감독의무 위반에 대한 책임을 진다(대법원 2007. 4. 26, 선고 2005다24318 판결).

(관련판례 4)

① 집단따돌림으로 인하여 피해 학생이 자살한 경우, 자살의 결과에 대하여 학교의 교장이나 교사의 보호감독의무 위반의 책임

을 묻기 위하여는 피해 학생이 자살에 이른 상황을 객관적으로 보아 교사 등이 예견하였거나 예견할 수 있었음이 인정되어야 한다. 다만, 사회통념상 허용될 수 없는 악질, 중대한 집단따돌림이 계속되고 그 결과 피해 학생이 육체적 또는 정신적으로 궁지에 몰린 상황에 있었음을 예견하였거나 예견할 수 있었던 경우에는 피해 학생이 자살에 이른 상황에 대한 예견가능성도 있는 것으로 볼 수 있을 것이나, 집단따돌림의 내용이 이와 같은 정도에까지 이르지 않은 경우에는 교사 등이 집단따돌림을 예견하였거나 예견할 수 있었다고 하더라도 이것만으로 피해 학생의 자살에 대한 예견이 가능하였던 것으로 볼 수는 없으므로, 교사 등이 집단따돌림 자체에 대한 보호감독의무 위반의 책임을 부담하는 것은 별론으로 하고 자살의 결과에 대한 보호감독의무 위반의 책임을 부담한다고 할 수는 없다(대법원 2007. 11. 15, 선고 2005다16034 판결).

② 중학교 3학년 여학생이 급우들 사이의 집단따돌림으로 인하여 자살한 사안에서, 따돌림의 정도와 행위의 태양, 피해 학생의 평소 행동 등에 비추어 담임교사에게 피해 학생의 자살에 대한 예견가능성이 있었다고 인정하지 아니하여 자살의 결과에 대한 손해배상책임은 부정하면서, 다만 학생들 사이의 갈등에 대한 대처를 소홀히 한 과실을 인정하여 교사의 직무상 불법행위로 발생한 집단따돌림의 피해에 대하여 지방자치단체의 손해배상책임을 긍정한 사례(대법원 2007. 11. 15, 선고 2005다 16034 판결).

(관련판례 5)

미성년자가 책임능력이 있어 그 스스로 불법행위책임을 지는 경우에도 그 손해가 당해 미성년자의 감독의무자의 의무위반과 상당인과관계가 있으면 감독의무자는 일반불법행위자로서 손해배상책임이 있다 할 것이지만, 이 경우에 그러한 감독의무위반사실 및 손해발생과의 상당인과관계의 존재는 이를 주장하는 자가 입증하여야 한다(대법원 2003. 3. 28, 선고 2003다 5061 판결).

(관련판례 6)

[1] 지방자치단체가 설치·경영하는 학교의 교사는 학생들을 보호·감독할 의무를 지는 것이지만 이러한 학생에 대한 보호·감독의무는 학교 내에서의 학생의 모든 생활관계에 미치는 것이 아니고 학교에서의 교육활동 및 이와 밀접불가분의 관계에 있는 생활관계에 한하며, 그 의무범위 내의 생활관계라 하더라도 교육활동의 때, 장소, 가해자의 분별능력, 가해자의 성행, 가해자와 피해자의 관계 기타 여러 사정을 고려하여 사고가 학교생활에서 통상 발생할 수 있다고 하는 것이 예측되거나 예측가능성이 있는 경우에 한하여 교사가 보호·감독의무 위반에 대한 책임을 진다(대법원 1999. 9. 17, 선고 99다23895 판결).

[2] 고적답사를 겸한 졸업여행 중 숙소 내에서 휴식시간에 학생들 사이의 폭력사고로 말미암아 한쪽 눈을 실명한 사안에서, 학교 측의 안전교육이나 사전지시에 따르지 않고 돌발적으로 벌어진 사고로서 예측가능성이 없었다는 이유로 교사에게 보호·감독의무 위반의 책임을 물을 수 없다(대법원 1999. 9. 17, 선고 99다23895 판결).

(관련판례 7)

[1] 지방자치단체가 설치·경영하는 학교의 교장이나 교사는 학생을 보호·감독할 의무를 지는 것이지만, 이러한 보호·감독의무는 교육법에 따라 학생들을 친권자 등 법정감독의무자에 대신하여 감독을 하여야 하는 의무로서 학교 내에서의 학생의 전 생활관계에 미치는 것은 아니고, 학교에서의 교육활동 및 이와 밀접 불

가분의 관계에 있는 생활관계에 한하며, 그 의무범위 내의 생활
관계라고 하더라도 교육활동의 때, 장소, 가해자의 분별능력, 가
해자의 성행, 가해자와 피해자의 관계, 기타 여러 사정을 고려
하여 사고가 학교생활에서 통상 발생할 수 있다고 하는 것이
예측되거나 또는 예측가능성(사고발생의 구체적 위험성)이 있는
경우에 한하여 교장이나 교사는 보호·감독의무 위반에 대한 책
임을 진다(대법원 1997. 6. 13, 선고 96다44433 판결).

[2] 중학교 1학년생이 휴식시간에 먹고 있던 도시락에 급우가 오
    물을 떨어지게 했다는 이유로 그 급우를 구타하여 상해를 입
    힌 사안에서, 사고가 일어난 3교시 수업 직후의 휴식시간은
    다음 수업을 위하여 잠시 쉬거나 수업의 정리, 준비 등을 하
    는 시간으로서 교육활동과 질적, 시간적으로 밀접 불가분의
    관계에 있어, 그 시간 중의 교실 내에서의 학생의 행위에 대
    하여는 교사의 일반적 보호·감독의무가 미친다고 할 수 있으
    나, 가해자가 성격이 거칠어서 평소 자기보다 약한 급우를 괴
    롭히다가 담임교사로부터 꾸중을 듣기도 하였다고 하더라도
    가해자는 중학교 1학년 학급의 반장으로서 학업성적이 우수하
    고 매사에 적극적이었으며 피해자와는 같은 반 친구로서 지내
    던 사이였으므로, 이러한 가해자의 성행, 피해자와의 관계, 사
    고발생의 때와 장소 등을 고려할 때 사고가 담임교사가 이를
    예측하였거나 예측할 수 있었다고 보기 어려운 돌발적이거나
    우연한 사고로서 담임교사에게 보호·감독의무 위반의 책임을
    물을 수 없다(대법원 1997. 6. 13, 선고 96다44433 판결).

(관련판례 8)

사고 당시 18세 남짓한 미성년자가 운전면허가 없음에도 가끔
숙부 소유의 화물차를 운전한 경우, 부모로서는 미성년의 아들
이 무면허운전을 하지 못하도록 보호감독하여야 할 주의의무가
있음에도 이를 게을리하여 화물차를 운전하도록 방치한 과실이

있고, 부모의 보호감독상의 과실이 사고 발생의 원인이 되었으므로, 부모들이 피해자가 입은 손해를 배상할 책임이 있다고 판단한 원심판결을 수긍한 사례(대법원 1997. 3. 28, 선고 96다15374 판결).

(관련판례 9)

학교의 교장이나 교사가 학생을 보호·감독할 의무는 교육법에 따라 학생들을 친권자 등 법정감독의무자에 대신하여 감독을 하여야 하는 의무로서 학교 내에서의 학생의 전생활관계에 미치는 것은 아니고 학교에서의 교육활동 및 이에 밀접 불가분의 관계에 있는 생활관계에 한하고, 그 의무의 범위 내의 생활관계라고 하더라도 교육활동의 때, 장소 / 가해자의 분별능력 / 가해자의 성행 / 가해자와 피해자의 관계, 기타 여러 사정을 고려하여 사고가 학교생활에서 통상 발생할 수 있다고 하는 것이 예측되거나 또는 예측가능성이 있는 경우에만 교장이나 교사는 보호감독의무위반에 대한 책임을 지고, 위의 예측가능성에 대하여서는 교육활동의 때, 장소 / 가해자의 분별능력 / 가해자의 성행 / 가해자와 피해자와의 관계, 기타 여러 사정을 고려하여 판단할 필요가 있다(대법원 1994. 8. 23, 선고 93다60588 판결).

(관련판례 10)

미성년자가 책임능력이 있어 그 스스로 불법행위책임을 지는 경우에도 그 손해가 당해 미성년자의 감독의무자의 의무위반과 상당인과관계가 있으면 감독의무자는 일반불법행위자로서 손해배상책임이 있고 이 경우에 그러한 감독의무위반사실 및 손해발생과의 상당인과관계의 존재는 이를 주장하는 자가 입증하여야 한다(대법원1994. 2. 8. 선고 93다13605판결).

◆ 학교에서 친구에게 폭행을 당했는데, 가해자의 부모가 경제적 능
력이 없어 피해보상에 대해 합의를 못한 경우에 치료비는 어떻게
해야 하나요?

Q. 저희 아들이 학교에서 친구에게 폭행을 당했습니다. 물론 고
소를 했습니다만, 가해자의 부모가 경제적 능력이 없어 피해
보상에 대해 합의를 못하고 있습니다. 치료비는 어떻게 해야
하나요?

A. 귀하의 말씀처럼, 학교폭력은 분명히 고소대상이 되며, 치료비
부분은 민사상의 문제으로 당사자끼리 해결해야 할 사항입니다.
만약 합의가 되지 않거나 합의내용을 이행치 않을 경우, 민사소
송, 소액심판 등 민사적 해결수단을 이용해야 합니다. 그러나,
실제로 가해자가 경제적 능력이 없다면 승소판결을 받았더라도
무용지물인 경우도 있습니다. 하지만, 해결수단이 아예 없는 것
도 아닙니다.

학교안전사고 예방 및 보상에 관한 법률에 의하면, 학교장은 학교안전공제회에 의무적으로 가입하게 되어 있으며, 학교폭력사고,등하교길 중 발생한 사고, 급식관련사고, 천지지변에 의한 사고 등에 대해 학교안전공제회에 대해 보상청구시 자체조사 후 타당성 결정하여 공제급여를 지급하도록 되어 있습니다.

학교폭력의 경우,

1. 가해자 누구인지 명백하게 가릴 수 없는 경우

2. 가해자는 명백하지만 가해자가 경제적 능력이 없어 피해 보상을 하지 못하는 경우

3. 피해자와 가해자간 보상문제가 신속히 해결되지 않는 경우 등의 경우 공제 급여의 지급대상이 됩니다.

따라서, 귀하의 경우 해당 학교에 학교안전공제회 보상청구를 하여 공제급여를 지급받을 수 있습니다.

(관련판례)

[1] 책임능력 있는 미성년자의 불법행위로 인하여 손해가 발생한 경우 그 손해와 미성년자에 대한 감독의무자의 의무위반과 사이에 상당인과관계가 있으면 감독의무자에게 민법 제750조에 의한 손해배상책임이 있다(대법원 1998. 6. 9, 선고 97다49404 판결).

[2] 경제적인 면에서 전적으로 부모에게 의존하며 부모의 보호·감독을 받고 있었고 이미 두 차례에 걸친 범죄로 집행유예기간 중에 있던 만 19세 10개월 된 전문대학 1학년 재학중의 아들이 폭력행위로 타인에게 손해를 가한 경우, 부모로서는 아들이 다시 범죄를 저지르지 않고 정상적으로 사회에 적응할 수 있도록 일상적인 지도 및 조언을 계속하여야 할 보호·감독의무가 있음에도 불구하고 이를 게을리한 과실이 있다는 이유

로, 부모의 손해배상책임을 인정한 사례(대법원 1998. 6. 9,
선고 97다49404 판결).

3. 민사 절차

① 민사절차를 진행하기로 결정했다면 민사조정, 소액사건재판 또는
민사소송 등의 방법을 생각해 볼 수 있습니다.
② 소송절차를 진행하기 전에 '대체적 분쟁해결제도(ADR)'를 고려해
볼 수도 있습니다. ADR은 국가의 강제력에 따라 사건을 해결하는
소송제도와 달리 분쟁 당사자의 자율적인 의사에 따라 사건을 해결
한다는 점에서 보다 신속하고 합리적인 해결을 기대할 수 있습니다.
③ 가해자 측에 대해 청구하려는 손해배상액이 3,000만원 이하인
경우에 소액사건재판을 이용하면 일반 민사소송보다 저렴한 비용으
로 신속하게 사건을 해결할 수 있습니다.
④ 당사자 간의 합의나 조정, 소액사건심판 등의 방법으로 피해를
보상받지 못하면 최종적으로 소송을 제기할 수 있습니다.

3-1. 분쟁해결제도(ADR)

① 민사분쟁을 해결하기 위해서 민사소송을 제기할 수 있지만, 민사
소송 이외에도 화해·조정·중재의 방법을 고려해 볼 수 있습니다.
② 화해·조정·중재는 법관이 사건을 판단해서 처분을 내리는 소송과
달리 분쟁 당사자 사이의 자율적인 의사에 따라서 사건을 해결하는
것으로 대체적 분쟁해결제도(ADR)라고 할 수 있습니다.

3-2. 제소전 화해절차

3-2-1. 개요

① 민사소송으로 분쟁을 해결하기 전에 분쟁 당사자는 지방법원단독판사 또는 시·군법원에서 화해신청을 하는 방식으로 다툼을 해결할 수 있습니다(「민사소송법」 제385조제1항).

② 분쟁 당사자는 제소전 화해를 위해서 대리인을 선임하는 권리를 상대방에게 위임할 수 없고, 법원은 필요한 경우 대리권의 유무를 조사하기 위해서 당사자본인 또는 법정대리인의 출석을 명할 수 있습니다(「민사소송법」제385조제2항, 제3항).

3-2-2. 절차

제소전 화해는 일반적으로 '제소전 화해의 신청 → 화해기일의 통지 → 화해기일 → 화해의 성립'의 순으로 진행됩니다(「민사소송법」 제258조제1항, 제385조부터 제387조까지).

3-2-3. 효력

① 화해가 성립해서 조서가 작성되면 민사소송의 확정판결과 같은 효력이 발생합니다(「민사소송법」 제220조 및 제386조). 따라서 손해배상의무자가 이에 따르지 않으면 강제집행절차를 이용할 수 있습니다.

② 화해가 성립한 경우 화해비용은 특별한 합의가 없으면 당사자들이 각자 부담합니다(「민사소송법」제389조). 화해가 불성립한 경우 화해비용은 신청인이 부담하는데, 소제기신청이 있는 경우에는 화해비용을 소송비용의 일부로 합니다(「민사소송법」제389조).

③ 제소전 화해가 성립하지 않으면 당사자는 민사소송을 제기할 수 있습니다.

3-3. 민사조정

3-3-1. 개요

① 민사조정은 법관이나 법원에 설치된 조정위원회가 분쟁 당사자의 주장을 듣고 관련 자료 등 여러 사항을 검토해서 당사자들의 합의를 주선함으로써 조정을 하는 제도로 분쟁을 간편하고 신속하게 해결할 수 있습니다(「민사조정법」 제1조).

② 민사조정은 조정신청을 하면 즉시 조정기일이 정해져서, 한 번의 조정기일에 조정이 끝나는 것이 대부분이며, 소송비용이 정식재판에 의한 소송절차에 비해 적게 듭니다.

③ 민사조정 신청 시 법원에 납부하는 수수료는 기본적으로 소송 제기 시 첨부할 인지액의 1/5정도이며, 예납할 송달료도 당사자 1인당 5회분으로 소송절차 중 액수가 가장 적은 소액사건(당사자 1인당 10회분)보다 적습니다.

3-3-2. 절차

민사조정은 일반적으로 '민사조정의 신청(회부) → 민사조정기일의 통지 → 민사조정기일 → 민사조정의 성립'의 순으로 진행됩니다(「민사조정법」 제2조, 제6조, 제15조 및 제28조).

3-3-3. 효력

① 당사자 사이에 성립된 민사조정은 재판상 화해와 동일한 효력이 생기기 때문에(「민사조정법」 제29조) 다시 소송을 제기할 수 없고, 결정 내용이 이행되지 않으면 법원에 강제집행을 신청할 수 있습니다.

② 한편, ㉮ 조정을 하지 않기로 한 결정이 있거나(「민사조정법」 제

26조), ㉯ 조정이 성립되지 않은 것으로 종결되거나(「민사조정법」 제27조), ㉰ 조정에 갈음하는 결정에 대해 2주 이내에 이의신청을 한 경우(「민사조정법」 제34조)에는 소송이 제기된 것으로 보며, 이 경우 새롭게 소송절차가 진행됩니다(「민사조정법」 제36조).

3-4. 화해권고결정

3-4-1. 개요

수소법원·수명법관 또는 수탁판사는 소송이 계속 중인 사건에 대해 직권으로 당사자의 이익, 그 밖의 모든 사정을 참작해서 청구의 취지에 어긋나지 않는 범위 안에서 사건의 공평한 해결을 위한 화해권고결정(和解勸告決定)을 할 수 있습니다(「민사소송법」 제225조제1항).

3-4-2. 절차

① 화해권고결정은 소송계속 중이면 가능하므로 심급에 관계없이 할 수 있고, 변론절차나 변론준비절차에서도 가능합니다(「민사소송법」 제225조 및 제286조). 화해권고결정은 결정서를 작성하는 방식으로 하거나, 기일에 구두로 결정을 하여 그 결정 내용을 조서에 기재하는 방식으로 합니다(「민사소송법」 제225조 제2항).
② 당사자는 화해권고결정의 조서 또는 그 결정서의 정본을 송달받은 날로부터 2주 이내에 이의를 신청할 수 있습니다(「민사소송법」 제226조제1항). 이의신청이 적법하면 소송은 화해권고결정 이전의 상태로 되돌아가고, 그 이전에 행한 소송행위는 그대로 효력을 가집니다(「민사소송법」 제232조제1항).

3-4-3. 효력

당사자가 화해권고결정의 내용이 기재된 조서 또는 그 결정서의 정
본을 송달받고 2주 이내에 이의신청을 하지 아니하거나, 이의신청에
대한 각하결정이 확정되거나, 당사자가 이의신청을 취하 혹은 이의신
청권을 포기한 경우에 확정판결과 동일한 효력을 가집니다(「민사소송
법」 제220조 및 제231조).

3-5.서면에 의한 화해

① 서면에 의한 화해는 당사자가 진술한 것으로 보는 답변서, 그
밖의 준비서면에 화해의 의사표시가 적혀 있고, 이를 공증사무소의
인증을 받아 제출한 경우에, 상대방 당사자가 변론기일에 출석하여
그 화해의 의사표시를 받아들이면 화해가 성립합니다(「민사소송법」제
148조 제3항).

② 서면에 의한 화해도 조서에 기재되면 확정판결과 같은 효력을 가
집니다(「민사소송법」제220조 및 제231조).

3-6. 소액사건재판

3-6-1. 개요

① 소액사건재판은 분쟁금액이 소액인 민사사건을 신속하게 처리하
기 위해 재판절차를 모두 밟지 않는 간이절차 방식의 소송입니다
(「소액사건심판법」 제1조).

② 소액사건재판은 분쟁금액이 총 3,000만원 이하인 금전이나 그
밖에 동일한 종류의 것으로 대체될 수 있는 대체물이나 유가증권의
지급을 목적으로 하는 제1심의 민사사건을 대상으로 합니다. 따라서
총 분쟁금액이 3,000만원을 넘어서는 경우에는 이를 분할해서 소액

사건재판을 청구할 수 없습니다(「소액사건심판법」 제5조의2 및 「소액사건심판규칙」 제1조의2).

③ 예를 들어, 분쟁금액이 3,000만원인 경우 분쟁금액을 2,000만원과 1,000만원으로 나누어 두 번에 걸쳐 소액사건재판을 청구하는 것은 불가능합니다.

3-6-2. 절차

소액사건재판은 대개 '소액사건재판의 제기 → 피고(여기서는 가해자)에 대한 이행권고 → 확정판결 또는 피고의 이의신청 시 변론기일의 지정 → 변론기일(1회) → 판결의 선고' 순으로 진행됩니다(「소액사건심판법」 제5조의3, 제5조의4, 제7조, 제8조, 제10조 및 제11조의2).

3-6-3. 효력

판결이 확정되면 가해자 측에 그 이행을 청구할 수 있습니다.

◆ 소액사건의 소제기는 어떻게 하나요?

Q. 소액사건의 소제기는 어떻게 하나요?

A. 소를 제기한 때의 소송목적의 값이 3,000만원을 초과하지 않는 금전 기타 대체물, 유가증권의 지급을 청구하는 경우에는 일반민사절차에 비해 신속하고 간편한 소액재판절차를 이용할 수 있습니다.
   소액사건의 소제기는 말로 하거나(「소액사건심판법」 제4조) 당사자가 직접 소장을 작성하는 방식으로 할 수 있습니다. 말로 소제기를 하고자 할 경우에는 소송에 필요한 증거서류와 도장, 인지대, 송달료 등을 준비하고 상대방의 주소, 성명을 정확히 알아서 법원 소장접수 담당사무관 등에게 제출하고 면전에서 진술하면 법원사무관 등이 제소조서를 작성하게 됩니다(「소액사건심판규칙」 제3조). 그리고 직접 소장을 작성해서 제출하고자 할 경우에는 관할지방법원, 지원 또는 시·군 법원 민원실에서 양식을 교부받아 소장작성요령에 따라 작성해서 제출하면 됩니다.

3-7. 민사소송

3-7-1. 개요

소액사건재판, 합의나 조정 등의 방법으로도 피해를 구제받지 못했다면 피해학생은 민사소송을 제기해서 손해배상을 받을 수 있습니다.

3-7-2. 절차

민사소송은 일반적으로 '소장의 제출 → 소장부본의 송달과 답변서의 제출 → 변론준비절차 → 변론준비기일 → 변론기일 → 판결'의 순서로 진행됩니다(「민사소송법」 제248조, 제255조, 제256조, 제280조부터 제284조까지 및 제287조).

3-7-3. 효력

① 판결에 패소한 당사자가 이의를 제기하지 않으면 판결이 확정됩니다. 판결이 확정되면 피해학생 측과 가해자 측은 판결 내용에 따른 조치를 이행해야 합니다.

② 판결에 이의가 있는 경우에는 판결일부터 2주 이내에 법원에 항소장을 제출할 수 있습니다(「민사소송법」 제396조 및 제408조).

3-8. 소송의 지원

3-8-1. 학교폭력 관련 전문기관

학교폭력과 관련해서 소송을 진행할 때 어려움을 느낀다면 Wee센터 (http://wee.go.kr), 청소년전화1388(http://1388. kyci.or.kr/,☎ 1388),청소년폭력예방재단(http://www.(http://www.jikim.net, ☎ 02-585-0098)의 도움을 받을 수 있습니다.

3-8-2. 대한법률구조공단

① 대한법률구조공단(http://www.klac.or.kr)은 법을 몰라서 법의 보호를 받지 못하는 사람을 도와주기 위해 법률상담, 소송대리나 그 밖에 법률사무에 관한 모든 지원을 하고 있습니다(「법률구조법」 제1조 및 제2조).

② 학교폭력으로 피해를 입은 경우에는 대한법률구조공단의 도움을 받을 수 있습니다(「법률구조법」 제33조의3 및 「법률구조법 시행규칙」 제7조).

◆ 딸이 아이들에게 따돌림을 당해 조정신청을 했지만 결렬되었을 경우 기초생활수급자인 저는 법률적인 도움을 받을 수 있는 방법 이 없을까요?

Q. 저는 중학교 2학년 딸을 둔 학부모입니다.

　제 딸이 작년까지는 학교에서 잘 지냈는데 2학년을 올라가면 서 담임선생님이 학생들 모두가 있는 자리에서 제 딸이 기초 생활수급자라는 것을 폭로한 다음부터 반 아이들에게 따돌림 을 당하기 시작했습니다. 학기 초부터 딸이 갑자기 침울해하고, 학교에 나가기 싫다고 하여 걱정이 된 저는 무슨 일이냐고 물었지만 딸은 머뭇거리며 아무 말을 하지 않았습니다. 저도 단순히 사춘기가 하고 대수롭지 않게 지나갔는데, 2학년 1학기가 끝날 무렵 제 딸은 방에서 손목에 칼을 긋고 자살시도를 하였습니다. 저는 뒤늦게야 사태의 심각성을 깨닫고 딸에게 학교에서 무슨 일이 있었냐고 캐물었는데, 딸의 답은 정말 충격적이었습니다.

반의 절반에 가까운 학생들이 자신을 손찌검한 적이 있었고, 그 중 A, B, C라는 아이들은 제 딸을 청소함에 집어넣고 돌아가면서 발로 찼다고 합니다. 학급에는 남학생들도 있었는데, D, E, 반장 F는 제 딸의 가슴을 만지는 등 강제추행도 빈번히 일삼았다고 합니다. 저는 이러한 사실을 뒤늦게 알고 담임교사 G, 교감 H에게 이러한 사실을 알리고, 이 사건을 학교폭력위원회에 회부해 줄 것을 요청하였으나 학교에서는 사건을 덮는 데 급급하여 제대로 된 진상조사를 하지 않았으며 오히려 학교폭력위원회 위원은 저에게 "어린애들인데 그럴 수도 있지 않느냐. 몇 대 때리고 가슴도 만질 수 있지 뭐가 대수냐. 딸이 너무 예민하게 구는 것 같다."는 등 폭언을 일삼고, 가해 학생들에게 피해 학생에게 사과하라는 처분만을 내렸습니다. 저는 너무 어이가 없어서 A, B, C, D, E, F를 경찰에 고소하였는데, 부잣집 아들인 C와 반장 F는 도대체 뒤로 무슨 뇌물을 갖다 바쳤는지 증거가 없다며 입건조차 되지 않았고, A, B, D, E는 소년사건으로 송치되어 보호처분을 받았습니다. 제가 너무 화가 나 C와 F의 부모에게 따졌으나 오히려 C와 F의 부모는 "돈에 미친년, 돈을 그리 벌고 싶

없냐. 돈으론 안 되는게 없다. 이렇게 돈의 위력이다."며 되레 저를 조롱하였습니다.

저는 제 딸이 받은 정신적 고통을 위자하기 위하여 법률구조공단 홈페이지에서 서식을 찾아 A, B, C, D, E, F의 부모, 학교를 담당하는 지자체를 상대로 1,000만원의 지급을 구하는 조정신청을 하였는데, C와 F의 부모는 변호사까지 선임하면서 손해배상책임이 없다고 주장하였고, 조정이 불성립되어 소송절차로 이행하게 되었습니다. 불행중 다행으로 양심의 가책을 느낀 B와 E가 저에게 C와 F의 가담사실을 고백해 왔고 이번에는 증거를 확보해야겠다는 생각으로 저는 B와 E의 진술을 녹음해 두었으며, C와 F가 페이스북 메신저로 "미친년 때문에 존나 개고생이네 ㅋㅋㅋ"라는 등 대화를 나눈 캡쳐파일도 전송받았습니다.

저는 지금까지 법원에는 입구에도 가 본적이 없었는데 상대방은 변호사까지 선임해서 가해행위를 하지 않았다고 다투고 있고, 일단 조정신청은 했지만 조정이 경렬된 이상 이후에 어떻게 해야할지 모르겠고, 인지와 송달료도 정말 어렵게 납부했습니다. 저도 어떻게 법률적인 도움을 받을 수 있는 방법이 없을까요?

A. 법원은 소송비용을 지출할 자금능력이 부족한 사람의 신청에 따라 또는 직권으로 소송구조를 할 수 있습니다(민사소송법 제128조 제1항). 여기에서 소송비용을 지출할 자금능력이 부족한 사람이란 기초생활수급자나 이에 준하는 빈곤자 뿐만 아니라, 신청인의 자금능력과 예상되는 소송비용액과의 상관관계에 따라

판단을 하게 됩니다.

소송구조에 있어 신청인의 자금능력을 판단함에 있어서는 신청인이 얻고 있는 수입은 물론이거니와 보유하고 있는 자산도 자금능력을 판단하는 하나의 기준이 됩니다. 그러나 소매점포와 같은 생계수단인 자산이나, 가족이 함께 거주하고 있는 집의 임대차보증금과 같은 경우에는 그 처분을 강요하는 것은 생계유지에 큰 불이익이 있으므로 일반적으로 자산상황에서 고려는 하지 않는 것으로 보입니다.

또한 당해 소송을 제기하게 된 원인사실이 신청인의 생활에 미치고 있는 사정도 고려가 되는데, 만약 이 사건 소송에서 의뢰인이 차상위계층으로 자녀의 폐쇄병동 입원치료비로 상당한 금액을 지출하고 있다면 이러한 사정도 소송구조에 있어 하나의 판단 기준이 될 수 있습니다.

나아가 생계를 같이하는 가족의 자금능력도 참고를 하게 됩니다. 이러한 사항은 법원에 소송구조신청을 직접 하는 경우에는 법원 창구에 비치된 소송구조 재산관계진술서를 작성해 소명자료와 함께 제출하게 됩니다. 다만 국민기초생활보호법에 따른 수급자, 한부모가족지원법에 따른 지원대상자, 기초연금법에 따른 기초연금 수급자, 장애인연금법에 따른 수급자, 북한이탈주민의 보호 및 정착지원에 관한 법률에 따른 보호대상자의 경우 자금능력이 부족한 것으로 간주하고, 승소가능성만을 심사하여 소송구조 여부를 결정할 수 있는 특례가 마련되어 있습니다(소송구조제도의 운영에 관한 예규 제3조의2). 이 경우에는 위와 같은 대상자임을 소명하는 수급자증명서, 한부모가족증명서 등을 첨부해서 제출해야 할 것입니다.

한편 민사소송법은 위의 자금능력 요건과 별개로 패소할 것이 분명한 경우에는 소송구조를 하지 않도록 규정하고 있는데(제128조 제1항 단서), 이는 소송구조제도를 이용하여 남소가 이루어지는 것을 방지하기 위한 것입니다. 다만 여기에서 '패소할 것이 명백하지 않다'는 것은 소극적 요건이므로 신청인이 승소의 가능성을 적극적으로 진술하고 소명하여야 하는 것은 아니고, 법원이 당시까지의 재판절차에서 나온 자료를 기초로 패소할 것이 분명하다고 판단할 수 있는 경우가 아니라면 그 요건은 구비되었다고 봅니다(대법원 2001. 6. 9.자 2001마1044 결정).

하지만 주장 자체로 이유가 없거나 공서양속에 반하는 경우, 주장사실이 분명히 허위라고 인정되는 경우, 남소임이 분명한 경우에는 승소가능성 요건을 갖추지 못한 것으로 볼 수 있습니다. 가령 자녀가 아이들로부터 폭행을 당해 팔이 다쳤는데, 그로 인하여 아이큐가 20이나 떨어져 막심한 손해를 입었다면서 위자료로 5,000만원을 청구한다거나, 유사 사례에서 1,000만원 정도의 손해배상책임이 인정되었는데 10억원의 손해배상을 청구하는 경우에는 이 요건을 구비하지 못한 것으로 보아 소송구조신청을 기각할 수 있습니다.

소송구조결정은 재판비용의 납입유예, 변호사 및 집행관의 보수와 체당금의 지급유예, 소송비용의 담보면제의 형태로 이루어지는데, 재판비용의 납입유예란 재판에 소요되는 비용, 즉 인지, 송달료, 증거조사를 위해 예납하여야 할 각종의 비용을 의미하되, 소송기록 복사비용은 그 범위에서 제외됩니다.

◆ **가해자 학생 부친의 성명, 주소가 학교폭력 피해자의 권리 구제를 위하여 공개할 수 있는 정보로 볼 수 있는지요?**

Q. 정보공개 담당자입니다. 학교폭력으로 인하여 피해학생 부모가 민사소송 목적으로 학교폭력 가해자 학생 부친의 성명, 주소를 공개해 줄 것을 요구합니다. 현재 상황은 가해학생들은 경찰에 형사고발 되었다가 법원에서 학교폭력에 관한 교육 3시간을 받도록 판결이 나와 있는 상태입니다. 가해자학생 부친의 성명, 주소가 학교폭력 피해자의 권리구제를 위하여 공개할 수 있는 정보로 볼 수 있는지요?(정보공개법제9조 1항 6호 다 관련).

A. 우선 답변에 앞서 정보공개법 제9조 제1항 제6호의 단서 조항인 '다목'과 동법 제9조 제1항 제3호의 비공개 세부기준에 대하여 설명 드리면 다음과 같습니다.

정보공개법 제9조 제1항 제6호의 단서조항인 '다목'은 "공공기관이 작성하거나 취득한 정보로서 공개하는 것이 공익 또는 개인의 권리구제를 위하여 필요하다고 인정되는 정보"는 개인정보라도 예외적으로 공개가 가능하다는 단서조항으로서 공개하는 것이 '공익 또는 개인의 권리구제를 위하여 필요하다고 인정되는 정보'에 해당하는지 여부는 비공개에 의하여 보호되는 개인의 사생활 보호 등의 이익과 공개에 의하여 보호되는 공익 및 개인의 권리구제(사익) 이익을 비교·형량(교량) 하여 그 구체적 사안에 따라 개별적으로 판단하여야 한다는 의미입니다. 이것은 비교형량원칙이 적용되는 사안으로서 정보공개담당자에게 우월적 지위와 재량이 주어졌지만 정보공개법이 공개가 원칙이고, 그 우월적 지위와 재량의 발휘조건은 공개에 의하여 보호되는 공익과 개인의 권리구제 이익에 더 관점을 주어야 할 것입니다. 예외적인 공개사항 중 '다목'의 의미는 신체장애자 상담원 명부처럼 공개하는 것이 공익상 필요한 정보이거나 민사소송을 통한 확정판결 후 또는 가압류, 가등기 등 법원의 허가를 얻은 후 채권자가 채무자에 대한 채권확보를 위해 필요한 채무자의 재산상황에 관한 정보와 같이 개인의 권리구제를 위하여 필요한 정보는 예외적으로 공개가 가능하다는 의미입니다.

정보공개법 제9조 제1항 제3호는 "공개될 경우 국민의 생명·신체 및 재산의 보호에 현저한 지장을 초래할 우려가 있다고 인정되는 정보"의 비공개 세부기준으로서 이는 공공의 안전과 이익에 지장을 초래할 우려가 있는 정보를 보호하기 위함으로서 제4호, 제5호나 제6호의 내용과 중복되는 정보도 있으나, 각호가 보호하는 성격이 다르므로 별도로 규정하는 것입니다. 이에 대한 대표적인 비공개 유형으로서 범죄행위, 위법행위, 부정행위 등의 통보자, 참고인(또는 피의자) 명단을 들 수 있습니다. 범죄행위, 위법행위, 부정행위 등의 고발자 등의 경우에는 이를 공개하게 되면 그 고발자 및 고발자 가족 등이 생명·신체 등에 위협을 받을 가능성이 있기 때문에 비공개가 가능하다는 의미로서 금번 사례와 같이 가해자와 피해자의 관계에서도 가해자 및 그 가족에 관한 개인정보를 공개할 경우 피해자 및 그 피해자의 가족 등이 가해자 및 그 가족에게 생명·신체 등에 위협을 가할 개연성이 있다면 제3호를 들어 비공개가 가능할 것입니다.

청구자의 청구취지가 피해자의 보호자인 아버지로서 자신의 자식이 신체적인 폭행을 받은 손해부분에 대한 민사소송을 제기하기 위한 소송 입증자료로 가해자의 보호자에 대한 성명과 주소의 공개를 요청한 사항인 바, 그 사실관계인 '폭행을 당한 사실'이 가해학생들이 경찰에 형사고발 되었다가 관할법원으로부터 학교폭력에 관한 교육 3시간을 받도록 판결이 나와 있는 상태이기 때문에 개인의 권리구제는 입증이 된 것으로 판단할 수 있을 것이고, 비록 성명이 개인에 관한 사항으로서 사생활의 비밀 또는 자유를 침해할 우려가 있는 개인정보라고 할지라도 정보공개법 제9조 제1항 제6호의 단서조항인 '다목'에 의거 공개가 가능할 것이나, 주소의 경우는 이를 공개할 경우 가해자 및 그 가족들이 생명·신체 등에 위협을 받을 개연성이 있는지의 여부를 검토하시어 그 공개여부를 결정하셔야 할 것입니다.

주소를 공개하지 않을 경우 청구인은 가해자의 성명만을 근거로 민사법원에 민사소송 소장을 접수할 수 있을 것이며, 법원의 주소 보정명령 등에 의거 피고(가해자의 부모)의 주소를 알고자 한 경우로서 정보공개법을 통한 정보공개 청구로 해당 정보를 취득할 수 없다면 '민사소송법' 제294조의 규정에 의하여 "법원은 공공기관, 학교, 그 밖의 단체, 개인 또는 외국의 공공기관에게 그 업무에 속하는 사항에 관하여 필요한 조사 또는 보관 중인 문서의 등본·사본의 송부를 촉탁할 수 있다."고 규정되어 있으므로 소장에 피고를 특정할 수 있는 사항과 원고로서 증거자료를 확보할 수 없는 불가피성 등을 기재하여 소장을 제출하면 법원의 사실조회 등의 방법 등을 통하여 해당 정보를 취득할 수 있음을 알려줄 수 있을 거라 사료됩니다.

문제는 청구인이 가해자 부모의 성명 및 주소 등의 정보를 조속히 취득하여 민사소송을 제기할 움직임에도 불구하고 정보공개법에는 제3자(이해관계인)에 대한 절차를 이행하여야 하기 때문에 제3자(가해자의 부모)가 비공개 요청할 경우 정보공개 개시에 최소한 30일의 간격을 두어야 하기 때문에 청구자와 민원이 발생할 수 있습니다. 정보공개법상의 이해관계인인 '제3자'에 대한 개념을 설명 드리면 다음과 같습니다.

정보공개법 제11조 제3항에 명시되어 있는 '제3자'에 대한 정보공개청구 사실 통지 및 의견청취와 관련, 공공기관이 청구자에 대한 정보공개결정 여부에 대한 처분 전 '제3자'에 대한 의견청취는 '제3자'의 의견을 반영할 기회를 주어 공공기관이 이를 참작하고자 하는 것으로서 처분청은 그 제출의견에 기속되는 것이 아니며, 사전통지나 의견 제출의 기회를 주지 아니하고 한 처분은 위법하여 취소사유에 해당하고, 정보공개법이 아닌 다른 개별법의 규정에 의한 의견청취 절차를 시행하지 아니하고 한 침해적 처분도 위법하여 취소사유에 해당한다는 것이 대법원 판례의 입장입니다.

따라서 공공기관은 청구자로부터 정보공개청구 접수를 받았을 경우 청구된 정보가 비공개 대상일 경우를 제외하고 '제3자'가 있을 경우 반드시 정보공개 청구사실 통지를 하여야 하며, 시행규칙 별지 제5호 또는 제6호의 서식에 의거 '제3자'의 의견을 청취하여야 하고, '제3자'의 의사에 반하여 공개 또는 부분공개를 하는 경우도 "공개결정 이유와 공개 실시일"을 명시하여 '제3자'에게 문서로 통지한 후 '제3자'가 7일 이내에 이의신청과 문서통지일로부터 30일 이내에 행정심판 및 행정소송을 통한 집행정지를 신청하여 행정심판위원회나 행정법원 재판부로부터 집행정지 허가를 받아 이를 공개(부분공개)결정 한 공공기관에 제출할 수 있도록 공개결정일과 공개실시일 사이에 최소한 30일의 간격을 두도록 규정하고 있습니다.

30일 이내에 제3자가 집행정지허가서를 공개 및 부분공개 결정하기로 처분한 당해 공공기관에 제출하면 비록 30일이 경과하였다 하더라도 행정심판위원회 최종 재결 및 행정소송의 확정판결이 있기 전까지는 그 공개 및 부분공개 결정된 정보의 공개실시가 보류되는 것입니다. 문제는 제3자의 의견청취와 공개 결정 후 최소한 30일의 간격을 두기 때문에 청구자에게 공개 또는 부분공개 결정한 정보의 공개 개시가 그만큼 보류되는 사항이니만큼 청구자 입장에선 공공기관이 정보공개를 지연시킬 의도로서 오해할 수 있는 사안이니 만큼 법적 절차에 대하여 당해 공공기관의 정보공개 담당공무원은 청구자에게 충분히 이해시킬 필요가 있을 것입니다.

공공기관이 국민의 정보공개 청구에 대하여 비공개 결정을 하기 위해서는 ①정보공개법 제2조 및 제3조의 규정에 의한 정보(자료)의 부존재에 따른 비공개, ②정보공개법 제9조 제1항 각호에 의해서만 비공개가 가능하고, 제3자의 비공개 요청 의견에 따라 비공개 결정을 하는 것은 신중하지 못한 결정으로서 잘못된 행정처분인 것입니다. 2006년도 각 공공기관의 비공개 사례를 조사하여 본 결과 아직도 비공개의 근거 및 사유로 정보공개법 제11조 제3항 및 제21조 제1항의 규정에 의한 제3자의 의견청취 결과 비공개 요청한 사실만을 이유로 들고, 해당정보가 정보공개법 제9조 제1항 몇 호에 해당되는 지와 그 구체적 사유를 명시하지 않은 사례가 발견되고 있어 우리부에서는 지속적으로 당해 기관에 개선하도록 요구하고 있습니다. 따라서 어느 공공기관이 정보공개법 제11조 제3항 및 제21조 제1항의 규정에 의한 제3자의 의견청취 결과 비공개 요청한 사실만을 이유로 비공개 결정통지를 하였다면 이는 잘못된 처분이기에 청구자는 이의신청 및 불복심판 등의 제기로 그 비공개 결정처분이 위법·부당함을 주장할 수 있는 것입니다.

◆ 학부모가 민사소송 중에 증거자료로 정보공개 청구한 경우 재판 관련 정보로서 비공개가 가능한지요?

Q. 학교폭력의 피해자 학부모가 민사소송 중에 증거자료로 법원에 제출하고자 "사고경위서 및 징계관련서 일체"의 정보를 정보공개 청구한 경우 재판관련 정보로서 비공개가 가능한지요?

A. 정보공개법 제9조 제1항 제4호의 규정인 "진행 중인 재판에 관련된 정보와 범죄의 예방, 수사, 공소의 제기 및 유지, 형의 집행, 교정, 보안처분에 관한 사항으로서 공개될 경우 그 직무수행을 현저히 곤란하게 하거나 형사피고인의 공정한 재판을 받을 권리를 침해한다고 인정할 만한 상당한 이유가 있는 정보"의 조문에서 유의하실 사안이 두 가지입니다.

첫째, 여기서 재판은 행정소송, 헌법소원, 민사소송, 형사소송 등 모든 재판이 대상이 되는 바, "공개될 경우 그 직무수행을 현저히 곤란하게 할 상당한 이유가 있는 정보"에 대한 판례(서울행법 1999.2.25. 선고 98구3692 판결)의 해석은 "당해 정보가 공개될 경우 진행 중인 재판의 심리 또는 재판결과에 영향을 미칠 구체적인 위험성이 있는 경우로 한정하여 해석하여야 하고, 이를 진행 중인 재판의 내용과 관련된 모든 정보로 확대 해석 하여서는 안된다."고 판시하고 있는 바,

여기서 진행 중인 재판에 관련된 정보를 비공개 하는 이유는 ① 당사자의 인격적·재산적인 이익에 치명적인 손상을 주며, ②재판을 위한 증거서류가 제3자에게 공개되는 것을 꺼려 제출되지 아니하는 일이 없어야 하고, ③판결 전에 재판기록이 공개되어 제3자가 그 당부를 논할 경우 재판의 독립에 문제가 발생하기 때문이므로 현재 재판이 진행 중인 법원에서 보유한 정보를 소송당사자가 아닌 제3자가 정보공개 청구하는 사례이거나, 직무수행을 현저히 곤란하게 하려면 청구자로부터 정보공개를 청구받은 공공기관이 소송의 당사자이어야 할 것이므로 당해 공공기관이 아닌 사인 간에 진행 중인 재판이라던가 정보공개를 청구받은 공공기관이 현재 재판이 진행 중인 법원이 아니라면 법 제9조 제1항 제4호를 들어 비공개하는 것은 법리 해석상 맞는 않는다고 사료되며,

둘째, "형사피고인의 공정한 재판을 받을 권리를 인정할 만한 상당한 이유가 있는 정보"이므로 정보공개 청구자가 형사재판이 진행 중인 원고가 아닌 피고라면 공정한 재판을 받을 권리주체가 피고이므로 법 제9조 제1항 제4호를 들어 비공개하는 것은 법리 해석상 맞는 않는다고 사료됩니다.

다음으로 당해 공공기관이 진행 중인 민사재판에 고도의 영향을 미칠 개연성이 높아 비공개 할 경우 청구자에게 '서증의 증거조사 방법'을 안내할 필요성이 크다고 사료됩니다. 민사소송법의 규정

에는 소송의 당사자는 법원에 ①문서제출명령신청, ②문서송부촉탁신청, ③법원외서증조사신청, ④문서인증등본촉탁신청 등의 방법을 통해 소송의 상대방 또는 제3자, 공공기관 등이 보유하고 있는 문서에 대하여 서증(문서) 증거조사를 신청할 수 있습니다.

이 중 ①문서제출명령신청은 상대방 또는 제3자가 소지한 것으로서 제출의무 있는 문서에 대해 서증 신청함에 있어서는 그 제출명령을 구하는 신청을 말하며, 개정된 민사소송법 제344조의 규정은 '문서제출명령제도'를 보안 확대하여 증인의 증언거절사유와 같은 일정한 사유가 있는 경우와 공무원이 직무상 보관하는 문서의 경우를 제외하고는 모든 문서를 제출하도록 하고 있으며, 당사자가 문서제출명령을 받고 이에 응하지 아니한 때는 법원은 문서에 관한 상대방의 주장을 진실한 것으로 인정할 수 있고(민사소송법 제349조), 5백만원 이하의 과태료에 처할 수 있습니다(동법 제318, 제311조 제1항)

②문서송부촉탁신청은 제출의무가 있든 없든 가리지 않고 그 문서를 법원에 송부하여 줄 것을 촉탁하는 절차를 말하며, 다만 당사자가 법령에 의하여 문서의 정본 또는 등본을 청구할 수 있는 경우에는 할 수 없습니다.(동법 제352조), 이는 국가기관, 지방자치단체, 학교, 병원, 또는 법인이 보관하고 있는 문서를 이용하고자 할 때 많이 이용됩니다. 법원의 송부촉탁을 받은 소지자는 정당한 사유가 없는 한 문서를 송부하여야 하며(동법시행규칙 제114조 제1항) 당해 문서를 보관하고 있지 않거나 기타 송부촉탁에 따를 수 없는 사정이 있는 때에는 그 사유를 촉탁법원에 통지하여야 합니다.(동조 제2항), 여기서 중요한 사안은 "법령에 의하여 문서의 정본 또는 등본을 청구할 수 있는 경

우"의 예로 정보공개법에 의거 정보공개 청구를 하였으나 비공개 결정처분을 받았을 경우 민사소송법 제352조의 규정이 추인되기 때문에 비공개 결정처분을 받은 청구자는 법원에 문서송부촉탁신청을 할 수 있다는 것입니다.

'서증의 증거조사 방법'을 안내하라고 권유 드리는 이유는 공공기관이 정보공개법에 의거 불가피하게 비공개 결정한 경우 이를 미리 청구인에게 알려줄 경우 불복제기를 상당부분 해소할 수 있기 때문입니다. 문서제출명령 및 문서송부촉탁신청으로 정보를 취득하거나 법원에 입증자료로 간단하게 해결할 것을 불복심판청구, 불복소송 제기로 어렵게 다툴 필요가 없기 때문입니다.

귀하의 질의내용과 관련, 청구인(학교폭력의 피해자 학부모)이 공개 청구한 "사고경위서 및 징계관련서 일체"의 정보를 법 제9조 제1항 제4호에 의거 비공개하기 위해서는 현재 진행되고 있는 소송의 당사자가 학교장 등 당해 공공기관장이어야 하며, 해당 정보를 공개하는 것이 당해 공공기관이 소송업무를 수행하면서 이를 공개할 경우 소송업무의 공정한 수행에 현저한 지장을 줄 만한 상당한 이유가 있어야 합니다.

소송의 당사자가 가해자와 피해자 학생의 보호자간 소송이라면 법 제9조 제1항 제4호가 아닌 제6호의 비공개 세부기준에 의거 접근하셔야 됩니다. 왜냐하면 가해자가 당해 정보의 이해관계자인 '제3자'에 해당되기 때문이며 이에 대한 공개여부 결정은 후술하는 '비교·형량원칙'에 따라 절차를 이행하셔야 됩니다.

정보공개법의 입법체계는 제3조인 '정보공개의 원칙'이 선언적 의미의 강행규정이고, 비공개에 관한 규정인 법 제9조 제1항 각 호가 예외적으로 공개하지 아니할 수 있다는 임의규정이며, 부분공개를 명시하고 있는 법 제14조는 당해 정보에 공개할 정보와 비공개 대상 정보가 혼합되어 있을 경우 이를 물리적·기술적으로 분리 가능하다면 반드시 비공개 정보를 가린 형태로 공개할 정보를 공개하여야 한다는 의무규정으로 해석할 수 있는 바, 비공개 정보를 가린 형태로 부분공개를 하더라도 청구인의 청구취지(청구사유 및 정보 사용목적)에 맞는 공개의 실익이 없다고 판단될 경우에만 전부 비공개가 가능한 것으로 이해하셔야 됩니다. 또한, 청구자가 공개 청구한 정보를 당해 공공기관에서 공개여부를 결정하는 것은 처리부서 담당자가 우월적 지위, 판단여지, 결정재량권을 이용하여 독자적인 자의적 해석에 의거 결정하는 것이 아니고 반드시 공개로 인한 청구자의 이익과 비공개로 보호되는 법 제9조 제1항 각호의 보호이익을 비교·형량하여 구체적인 상황에 따라 개별적으로 판단하여 결정하여야 합니다. 비교·형량의 방법을 간단하게 설명 드리면, 해당 정보가 법 제9조 제1항 각호에 해당되는 비공개 정보라 하여 무조건 비공개하는 것이 아니고 ①정보공개법 제5조, 제10조, 동법시행령 제6조, 동법시행규칙 제2조의 규정에 의한 '별지 제1·2호 서식'인 정보공개청구서를 제출하게 된 청구자의 구체적인 청구취지(청구사유 및 정보의 사용목적)를 근거로 한 공개로 인한 청구자의 이익에 대한 비교·형량, ②해당 정보에 이해관계자인 제3자가 있을 경우 정보공개법 제11조 제3항, 동법시행령 제8조, 동법시행규칙 제4조의 규정에 의한 '별지 제5호서식' 또는 '별지 제6호 서식'의 '제3자 의견서(비공개요청서)' 또는 '제3자 의견청취서'에 기재된 제3자(이해관계인)의 비공개 의견과 구체적 사유를 근거로 한 제3자의 보호이익에 대한 비교·형량, ③정보공개법 제9조 제1항 각 호의 비공개 대상정보에 해당되는지 여부 및 예외적으로 공개 가능한 동법 동조 제1항 제6호 및 제7호의 단서조항 각목에 해당되는지 여부 등을 종합적으로 검토하여 공개 여부를 결정하여야 할 것이고, 처리부서에서 직권으로 공개여부를 결정하기 곤란할 경우 정보공개법 제11조 제2항 제1호의 규정에 의거 당해 공공기관에 설치된 '정보공개심의회'를 개최하여 심의위원간 충분한 토론과 심의를 거쳐 최종 공개여부를 결정하당초 정보공개법의 제정에 따른 우리부의 시행규칙 '별지 제1호 서식'인 정보공개청구서에는 청구인이 정보의 사용목적 즉 청구취지를 기재하도록 하고 있었으나, 2004년 법률 전면개정에 따른 시행규칙을 개정할 당시 '정보의 사용목적' 기재항목이 삭제되었습니다. 따라서 청구자는 공공기관에 청구취지를 밝힐 의무가 없으며, 공공기관 또한 청구자에게 청구취지를 밝힐 것을 강요할 수 없습니다. 그러나 앞서 설명 드린 바와 같이 공공기관의 입장에서 공개여부를 결정하기 위한 비교·형량의 경우 반드시 청구자의 청구취지를 알아야만 공개로 인한 청구자의 이익이 비공개로 보호되는 다른 이익보다 더 큰 사안인지를 파악할 수 있기 때문에 청구자에게 청구취지를 물어야 할 것이고, 만약 청구자가 이를 거부한다면 당해 정보가 비공개 정보로서 공공기관이 비교·형량할 경우 공개로 인한 청구자의 이익은 배제되고 비공개로 보호되어야 할 제3자의 이익 등 법 제9조 제1항 각호의 보호이익에 주안점을 둘 수밖에 없음을 주지시켜야 할 것입니다.

가해자의 "사고경위서 및 징계관련서 일체"의 정보가 당해 가해자 개인의 사생활의 비밀 또는 자유를 침해할 우려가 있다면 법 제9조 제1항 제6호에 의거 비공개가 가능할 것이나, 동법 제14

조에 의거 공개가 가능한 부분과 사생활 침해 우려가 있어 비공개할 부분을 물리적·기술적으로 분리 가능하다면 비공개 대상부분을 가린 형태로 부분 공개하여야 할 것이며, ①법 제14조에 의거 부분 공개할 경우 비공개 정보를 가린 형태로 공개 가능한 나머지 정보를 공개한다 하더라도 청구자의 청구취지(정보의 사용목적 등)의 실현 즉, 공개의 실익이 없다고 판단될 경우, ② 비공개 정보를 가린 형태를 부분 공개할 경우 공개된 정보로 인하여 가린 형태의 비공개 실익이 침해될 우려가 있는 경우에만 전부 비공개가 가능할 것입니다.

최종 공개여부 결정은 ①정보공개법 제5조, 제10조, 동법시행령 제6조, 동법시행규칙 제2조에 의한 '별지 제1호 서식'인 정보공개청구서를 제출하게 된 청구자의 정보공개 청구취지(청구사유 및 정보의 사용목적)를 근거로 한 "공개로 인한 청구자의 이익"을 우선 비교·형량하고, ②정보공개법 제11조 제3항, 동법시행령 제8조, 동법시행규칙 제4조의 규정에 의한 '별지 제5·6호 서식'의 '제3자 의견서(비공개요청서)' 또는 '제3자 의견청취서'로 제출된 제3자(이해관계인)의 비공개 요청의 구체적 사유를 참작한 "비공개로 보호되는 제3자의 보호이익"을 비교·형량한 후 ③정보공개법 제9조 제1항 제6호의 예외적인 공개사항인 단서조항 각목에 해당되는 지 여부를 최종 검토하여 공개 여부를 결정하여야 할 것인 바, 여기서 중요한 사안은 청구인의 청구취지가 단서조항 각목 중 '다목에 해당되는 지 여부입니다.

판례는 "공개하는 것이 개인의 권리구제를 위하여 필요하다고 인정되는 정보'에 해당하는지 여부는 비공개에 의하여 보호되는 개인의 사생활의 비밀 등의 이익과 공개에 의하여 보호되는 개인의 권리구제 등의 이익을 비교교량하여 구체적 사안에 따라 개별적으로 판단하여야 할 것(대법원 2003.12.26. 선고 2002 두 1342 판결)이라고 해석하고 있는 바, 예를 들어 채권자인 청구자가 개인의 권리구제에 필요한 정보임을 입증하는 증거자 료(확정판결문, 지급명령서, 가압류·가등기허가서 등)를 제출하 며 채권확보에 필요한 채무자의 재산상황의 정보를 청구하는 예 와 달리, 청구취지가 개인의 권리구제 사안이나 이를 입증하는 증거자료를 제출할 수 없는 경우 이에 대한 최종 결정은 당해 공공기관이 비교·형량에 의거 결정하여야 합니다.

따라서 가해학생과 피해학생간 사건의 발생장소가 학교로서 당해 사건의 내역을 학교장인 공공기관장이 상세히 알고 있는 경우이 므로 청구인의 청구취지가 단서조항 '다목'에 해당된는 것은 당 연한 것이고, 현재 진행되고 있는 민사소송의 상황에서 이를 비 공개하도라도 민사소송법상 '서증의 증거조사 방법'에 의거 해당 정보에 대한 문서제출 명령 및 문서송부촉탁이 있을 경우 공공 기관장은 해당 정보를 법원에 의무적으로 제출하여야 한다는 점, 정보의 비공개로 인해 제3자가 얻는 이익이 정보의 공개로 인하 여 청구자가 얻는 이익보다 크다고 할 수 없는 점 등을 종합적 으로 고려하여 보면, 가해자의 주민등록번호 등 민감한 식별번호 를 가린 형태로 부분공개하는 것이 타당하다고 사료됩니다.

다만, 당해 정보를 공개할 경우 주의하실 점은 그 비공개의 사 유를 구체적으로 기재할 것을 권유드립니다. 단순히 각호의 법 조문을 명시하는 방법보다 어떤 정보 부분이 어떠한 법익 또는 기본권과 충돌되어 정보공개법 제9조 제1항 몇호에서 정하고 있는 비공개 사유에 해당하는 지를 정보공개 청구자에게 입증될 수 있도록 구체적으로 기재하여야 할 것입니다.

예를 들어 제6호에 관계된 비공개 정보일 경우 "공개 청구된 정보의 이해관계자인 '제3자'에게 법 제13조 제3항, 영 제8조, 시행규칙 제4조에 의거 의견제출의 기회를 준 결과 사생활 침해 등의 이유로 비공개 요청을 하였고, 예외적으로 공개 가능한 단서조항 각목에 해당되지 않으며, 청구인의 청구취지에 근거한 '공개의 이익'과 비공개로 보호될 '제3자의 사생활 침해 보호이익'을 비교·형량한 결과 청구인의 이익이 크다고 볼 수 없어 비공개 함."라는 식으로 청구자에게 입증하시기 바랍니다.

또한 법 제11조 제3항 및 제21조 제1항에 의한 제3자의 비공개 요청에도 불구하고 부분공개 할 경우 제21조 제2항 빛 제3항의 규정에 의거 제3자에게 불복제기의 기회를 주어야 하는 점을 반드시 기억하시기 바라며, 정보공개제도 업무운영 지침 성격의 행정규칙인 우리부의 『정보공개제도 운영지침』 제31쪽의 규정에 의하면, 제3자의 비공개 요청에도 불구하고 공개결정을 하는 경우 공개결정 이유와 공개 실시일을 명시하여 제3자에게 문서로 통지하고, 불복 절차를 제기할 수 있다는 사실과 그 절차를 안내하고 집행정지 신청을 병행할 수 있다는 사실을 안내하도록 규정하고 있으므로 공공기관이 제3자에게 제21조 제2항의 규정을 문서로 통보할 경우 행정심판 청구 시 행정소송 제기를 통한 집행정지 신청까지 행정법원에 병행하도록 구체적으로 안내할 필요성이 크다고 사료됩니다. 대부분의 정보공개청구자나 제3자의 경우 법적 전문지식과 경험이 부족하기 때문에 당해 공공기관에서 그 구체적인 불복제기 절차를 명시하여 통보하지 않을 경우 경험 미숙과 판단착오로 불복소송을 제기할 권리를 사실상 박탈당하는 결과를 초래하기 때문입니다.

일상생활복귀의 지원

제4장 일상생활복귀의 지원

1. 피해학생 및 가해학생에 대한 일상생활 복귀 지원

① 학교폭력은 본인이나 그 가족에게 큰 마음의 상처를 남깁니다. 실제로 학교폭력에 노출된 학생들은 대부분 일상생활 적응에 어려움을 호소하고 있습니다.

② 학교와 학교폭력 관련 기관에서는 학교폭력의 피해를 입은 학생이나 가해를 한 학생이 심리불안을 비롯한 여러 가지 갈등을 극복하고, 일상생활에 무리 없이 복귀할 수 있도록 다양한 프로그램을 진행하고 있습니다.

2. 심리치료 및 상담프로그램

2-1. 심리치료 및 상담프로그램의 내용

① 학교폭력의 피해를 입은 학생(이하 "피해학생"이라 함)이나 가해경험이 있는 학생(이하 "가해학생"이라 함)은 일상생활로 돌아가고 싶어도 다른 사람들의 시선에 자존심이 상하거나 또 다시 같은 일이 반복될까 두려워 이를 꺼리는 경우가 있습니다. 피해학생과 가해학생의 일상생활에 다시 적응할 수 있도록 학교폭력대책자치위원회와 학교폭력 관련 기관에서는 적절한 조치를 취하고 있습니다.

② 예를 들어, 학교폭력대책자치위원회는 피해학생이 학교폭력으로 받은 정신적·심리적 충격으로부터 회복하는 것을 돕기 위해서 학교 내의 전문상담교사나 학교폭력 관련 기관의 전문가에게 심리상담 및

조언을 받도록 조치할 수 있습니다(학폭법 제16조제1항제1호). 또한, 가해학생에게는 자기반성을 통한 학교폭력재발 방지를 위해서 학내외 전문가에 의한 특별교육이수 또는 심리치료를 받도록 조치할 수 있습니다(학폭법제17조제1항제5호).

③ 청소년폭력예방재단, 한국교육개발원을 비롯한 여러 단체에서는 피해학생과 가해학생이 외상후스트레스장애 해소 등 심리적인 안정을 찾아 학교나 일상생활에 무리 없이 복귀할 수 있도록 학교폭력 치료 관련 프로그램을 개발해서 학교나 각 학교폭력 관련 기관 등에 보급하고 있습니다. 그 중 대표적인 프로그램은 다음과 같습니다.

프로그램	대상	프로그램 특징	주요 방법
무지개 프로그램	초·중·고피해학생	·다중지능 ·정서지능 ·문제해결능력발달	인터넷게시판 답글 달기, 비디오감상, 역할극
친구야 놀자 프로그램	초·중 피해학생	·피해자 치료 ·대인관계능력증진	집단상담,심리극, 캠코더를 활용한 영화제작활동
따돌림 당하는 학생을 위한집단 상담 프로그램	피해학생	·자기주장훈련 ·대인관계훈련 ·자기인식 증진	역할극, 과제수행
KEDI 학교폭력 피해·가해학생 교육프로그램	피해학생 및 가해학생	·피해자 치료 ·대인관계능력증진 ·자존감 향상 ·의사소통능력향상	역할극, 각종 게임
학교폭력 가해학생 특별 프로그램	가해학생	·자기이해 ·갈등해결능력향상 ·의사소통능력향상	개인상담, 집단상담, 칭찬일기, 독서 및 봉사활동, 기관방문
학교폭력개입 프로그램	가해학생	·자존감 향상 ·의사소통능력향상 ·분노조절 ·갈등해결능력향상	집단미술치료, 개인상담, 농촌봉사활동, 부모교육

학교폭력 가해학생 선도·교육프로그램	초·중·고 가해학생	·대인관계능력향상 ·분노·스트레스해결 ·갈등해결능력향상 ·공동체의식 함양	역할극, 비디오시청, 봉사체험, 협력게임, 그림그리기

2-2. 심리치료 및 상담프로그램의 이용

① 심리치료 및 상담프로그램은 피해학생 또는 가해학생이 개별적으로 기관을 찾아가서 이용할 수도 있지만, 학교폭력대책자치위원회 또는 학교폭력 상담 및 신고기관을 통해 적절한 프로그램을 소개받을 수도 있습니다.

② 예를 들어, '학교폭력SOS지원단'에서는 학교폭력사실이 접수되면 학교에 알리고 상담, 의료 서비스, 법률 서비스 등을 통합 지원해주며, 피해학생·가해학생 치료프로그램을 연계해 주고 정기적인 사후상담을 통해 해당 학생이 학교생활에 잘 적응할 수 있도록 도와주고 있습니다.

2-3. 수강명령

① 학교폭력이 소년부로 이송되어 보호처분을 받은 가해학생은 수강명령을 받을 수 있습니다(「소년법」 제32조제1항).

② 수강명령 프로그램은 가해학생이 자기 자신의 기질, 성격, 강점 및 약점이 무엇인지를 파악해서 자기 자신을 이해하고, 이를 통해 자신의 행동을 반성하도록 해서 사건의 재발을 방지하는 것을 목적으로 합니다. 이 목적을 달성하기 위해서 수강명령 프로그램은 분노조절, 진로상담, 인성상담 등으로 구성됩니다.

2-4. 소년원에서의 사회복귀 지원

① 소년원에서는 법원 소년부에서 보호처분을 받은 10세 이상 19세 미만의 소년을 수용하여 교과교육, 직업능력 개발훈련, 의료·재활교육 등을 통해 안정적인 사회복귀를 지원합니다.

② ㉠ 중장비, 제과제빵. 사진영상 등 직업능력 개발훈련, ㉡ 취업 지원, ㉢ 문신제게 시술실 운영, ㉣ 청소년자립생활관 운영, ㉤ 그룹홈 설치·운영 등을 통해 소년원을 출원한 사람의 사회복귀를 지원하고 있습니다.

2-5. 대안교육센터

법무부 대안교육센터에서는 법원·검찰청·보호관찰·학교 등에서 의뢰한 위기청소년에 대한 인성교육, 체험교육 및 부모 등에 대한 보호자 교육을 실시해서 해당 위기청소년이 좀 더 안정된 심리상태를 유지하고 지속적인 보호를 받을 수 있도록 지원하고 있습니다.

3. 종합지원 프로그램

(한국청소년상담복지개발원의 청소년자립지원사업)

① 가해학생 또는 피해학생이 학업을 중단한 경우에 이 학생들이 사회에서 방황하는 시간을 줄이고 자신의 가치를 적극적으로 실현할 수 있도록 한국청소년상담복지개발원은 학업 지원·직업 지원교실 및 사회성 향상교실을 운영하고 있습니다.

② 또한, 여성가족부와 한국청소년상담복지개발원은 학업을 중단했을 뿐 아니라 경제활동을 하지 못해 경제적·사회적·심리적으로 어려움을 겪는 청소년들이 건강하고 올바르게 자립할 수 있도록 도와주

는 토탈 자립준비지원사업인 "두드림존 프로젝트"를 운영하고 있습니다.

③ 두드림존 프로젝트의 내용은 한국청소년상담복지개발원 홈페이지(www.kyci.or.kr)에서 확인하실 수 있습니다.

4. 학부모 대상 프로그램

4-1. 한국청소년상담복지개발원의 '이음부모교육'

① 한국청소년상담복지개발원은 자녀교육 개념을 재정립해서 부모를 대상으로 바람직한 부모 역할에 대한 체계적인 교육인 이음부모교육을 실시하고 있습니다.

② 이음부모교육은 자녀와 함께 성장하는 부모의 3대 요소로 자신을 이해하는 부모, 소신 있는 부모, 자녀를 이해하는 부모를 설정하고 부모교육 프로그램을 제공하고 있습니다.

③ 이음부모교육 프로그램의 내용은 한국청소년상담복지개발원 홈페이지(www.kyci.or.kr)에서 확인하실 수 있습니다.

4-2. 보호소년 보호자 특별교육

① 학교폭력이 소년보호재판으로 다루어진 경우에 소년부 판사는 가정상황 등을 고려해서 필요하다고 판단되면 보호자에게 소년원·소년분류심사원 또는 보호관찰소 등에서 실시하는 소년의 보호를 위한 특별교육을 받을 것을 명할 수 있습니다(「소년법」 제32조의2제3항 및 「보호소년 등의 처우에 관한 법률」 제42조의3).

② 보호소년 보호자 특별교육은 자녀를 이해하고 바람직한 부모역

할을 수행하는데 필요한 자녀양육 기술을 개선시켜 부모와 자녀관계
를 향상할 것을 그 목적으로 합니다.

◆ **따돌림과 폭력에 지속적으로 노출되어 있어 학교에 가기를 두려
워하고 있는 경우 도움을 줄 수 있는 곳이 있나요?**

Q. 자녀가 따돌림과 폭력에 지속적으로 노출되어 있어 학교에
가기를 두려워하고 있습니다. 우리아이에게 도움을 줄 수 있
는 곳이 있으면 소개하여 주시고 하루 속히 아이를 위한 대
책 마련을 간곡히 부탁드리는 바입니다.

A. 폭력으로 인해 자라나는 학생들의 밝은 마음에 씻을 수 없는 상
처를 주지 않기 위하여 다각적인 노력을 하고 있습니다. '학교폭
력 예방 및 대책에 관한 법률'을 제정하여 학생들의 학교폭력을
교육적 차원에서 해결하고 있으며, 범정부차원에서도 공동 대응
하고 있습니다. 또한 시도교육청이나 학교현장에서도 학교폭력을
예방하고 학교폭력으로 피해 받은 학생들을 위하여 다각적인 노
력을 하고 있습니다.

그리고 Wee센터라는 사업을 진행하고 있습니다. Wee센터는
개인적, 가정적, 사회적으로 힘들고 어려운 학생들에 대하여 다
양한 프로그램을 적용하여 운영하는 교육 업입니다. 이곳에는
전문상담교사, 심리치료사, 사회복지사 등 이 배치되어 다양한
도움을 받을 수 있을 것입니다. 이곳은 가정에서 출퇴근을 하면
서 이용하는 장소임입니다. 자세한 내용을 알고 싶으시면 아래
의 연락처로 문의해보시기 바랍니다.

◆ Wee 센터에서 운영되는 서비스는 어떤 것이 있나요?

Q. Wee 센터에서 운영되는 서비스는 어떤 것이 있나요?

A. Wee 센터는 상담서비스와 학생의 잠재력, 학교 및 사회적응력, 글로벌 리더십 등을 향상 시키는 다양하고 전문화된 맞춤형 프로그램을 운영합니다. 임상심리사에 의한 심리검사 및 사례 진단, 전문상담사에 의한 가정문제, 학교폭력, ADHD등의 위기 유형별 상담, 사회복지사에 의한 지역사회와 연계한 장학금 지원과 같은 복지 혜택, 학습치료사에 의한 학습컨설팅을 실시하여 학생들의 특기와 적성, 상황에 맞는 전문화된 서비스가 제공됩니다.

◆ 같은 학교에 다니는 선배가 자주 저를 협박해서 무서워 학교에 가기가 싫은데 저는 어떻게 대처해야 하나요?

Q. 같은 학교에 다니는 선배가 자주 저를 협박합니다. 무서워서 학교에 가기가 싫은데 저는 어떻게 대처해야 하나요?

A. 학교폭력으로 피해를 당한 학생은 부모 또는 교사에게 그 사실을 알리거나, 학교의 학교폭력대책자치위원회에 신고할 수 있습니다. 이 경우 학교폭력대책자치위원회는 심리상담 및 조언, 일시보호 등의 피해학생에 대한 조치를 취할 것을 교장에게 요청하며, 교장은 이에 따라야 합니다.
또한, 피해 학생은 가해학생을 고소하여 형사절차를 진행할 수 있으며, 가해학생과 그 감독의무자 및 학교 등을 상대로 손해(치료비 및 위자료 등)에 대한 배상을 청구할 수 있습니다.

◇ 학교폭력대책자치위원회

① 학교폭력대책자치위원회란 학교폭력의 예방 및 대책에 관련된 사항을 심의하기 위해 학교에 설치한 기관을 말합니다.

② 학교폭력으로 피해를 당한 학생은 부모 또는 교사에게 그 사실을 알리거나, 학교의 학교폭력대책자치위원회에 신고할 수 있습니다.

③ 피해학생이 학교폭력대책자치위원회에 신고한 경우 학교폭력대책자치위원회는 피해학생의 보호를 위해 필요하다고 인정되면 피해학생에 대해 심리상담 및 조언, 일시보호, 치료 및 치료를 위한 요양, 학급 교체, 그 밖에 피해학생의 보호를 위한 조치를 할 것을 교장에게 요청할 수 있습니다.

◇ 수사기관에 고소

① 학교폭력의 피해자는 가해자를 수사기관(경찰 또는 검찰)에 고소할 수 있습니다.

② 고소를 한 피해학생은 사건처리결과 등 수사 진행사항 및 각종 지원제도 등에 대한 정보를 제공받을 수 있습니다.

◇ 손해배상

① 학교폭력의 피해자는 가해학생, 그 감독의무자(부모 등) 및 학교 등을 상대로 손해(치료비 및 위자료 등)에 대한 배상을 청구할 수 있습니다.

② 학교폭력의 피해자는 가해자에 대한 형사재판 과정에서 형사법원에 배상명령을 신청함으로써 민사소송을 따로 제기할 필요 없이 간편한 방법으로 민사적인 손해배상명령을 받아 낼 수도 있습니다.

부 록
- 관련 법령 -

학교폭력예방 및 대책에 대한 법률

학교폭력예방 및 대책에 관한 법률
(약칭: 학교폭력예방법)

[시행 2016.6.23.] [법률 제13576호, 2015.12.22., 일부개정]

제1조(목적) 이 법은 학교폭력의 예방과 대책에 필요한 사항을 규정함으로써 피해학생의 보호, 가해학생의 선도·교육 및 피해학생과 가해학생 간의 분쟁조정을 통하여 학생의 인권을 보호하고 학생을 건전한 사회구성원으로 육성함을 목적으로 한다.

제2조(정의) 이 법에서 사용하는 용어의 정의는 다음 각 호와 같다. <개정 2009.5.8., 2012.1.26., 2012.3.21.>

1. "학교폭력"이란 학교 내외에서 학생을 대상으로 발생한 상해, 폭행, 감금, 협박, 약취·유인, 명예훼손·모욕, 공갈, 강요·강제적인 심부름 및 성폭력, 따돌림, 사이버 따돌림, 정보통신망을 이용한 음란·폭력 정보 등에 의하여 신체·정신 또는 재산상의 피해를 수반하는 행위를 말한다.

1의2. "따돌림"이란 학교 내외에서 2명 이상의 학생들이 특정인이나 특정집단의 학생들을 대상으로 지속적이거나 반복적으로 신체적 또는 심리적 공격을 가하여 상대방이 고통을 느끼도록 하는 일체의 행위를 말한다.

1의3. "사이버 따돌림"이란 인터넷, 휴대전화 등 정보통신기기를 이용하여 학생들이 특정 학생들을 대상으로 지속적, 반복적으로 심리적 공격을 가하거나, 특정 학생과 관련된 개인정보 또는 허위사실을 유포하여 상대방이 고통을 느끼도록 하는 일체의 행위를 말한다.

2. "학교"란 「초·중등교육법」 제2조에 따른 초등학교·중학교·고등학교·특수학교 및 각종학교와 같은 법 제61조에 따라 운영하는 학교를 말한다.

3. "가해학생"이란 가해자 중에서 학교폭력을 행사하거나 그 행위에

가담한 학생을 말한다.

4. "피해학생"이란 학교폭력으로 인하여 피해를 입은 학생을 말한다.

5. "장애학생"이란 신체적·정신적·지적 장애 등으로 「장애인 등에 대한 특수교육법」 제15조에서 규정하는 특수교육을 필요로 하는 학생을 말한다.

제3조(해석·적용의 주의의무) 이 법을 해석·적용함에 있어서 국민의 권리가 부당하게 침해되지 아니하도록 주의하여야 한다.

제4조(국가 및 지방자치단체의 책무) ① 국가 및 지방자치단체는 학교폭력을 예방하고 근절하기 위하여 조사·연구·교육·계도 등 필요한 법적·제도적 장치를 마련하여야 한다.

② 국가 및 지방자치단체는 청소년 관련 단체 등 민간의 자율적인 학교폭력 예방활동과 피해학생의 보호 및 가해학생의 선도·교육활동을 장려하여야 한다.

③ 국가 및 지방자치단체는 제2항에 따른 청소년 관련 단체 등 민간이 건의한 사항에 대하여는 관련 시책에 반영하도록 노력하여야 한다.

④ 국가 및 지방자치단체는 제1항부터 제3항까지의 규정에 따른 책무를 다하기 위하여 필요한 행정적·재정적 지원을 하여야 한다. <개정 2012.3.21.>

제5조(다른 법률과의 관계) ① 학교폭력의 규제, 피해학생의 보호 및 가해학생에 대한 조치에 있어서 다른 법률에 특별한 규정이 있는 경우를 제외하고는 이 법을 적용한다.

② 제2조제1호 중 성폭력은 다른 법률에 규정이 있는 경우에는 이 법을 적용하지 아니한다.

제6조(기본계획의 수립 등) ① 교육부장관은 이 법의 목적을 효율적으로 달성하기 위하여 학교폭력의 예방 및 대책에 관한 정책 목표·방향을 설정하고, 이에 따른 학교폭력의 예방 및 대책에 관한 기본계획

(이하 "기본계획"이라 한다)을 제7조에 따른 학교폭력대책위원회의 심의를 거쳐 수립·시행하여야 한다. <개정 2012.3.21., 2013.3.23.>

② 기본계획은 다음 각 호의 사항을 포함하여 5년마다 수립하여야 한다. 이 경우 교육부장관은 관계 중앙행정기관 등의 의견을 수렴하여야 한다. <개정 2012.3.21., 2013.3.23.>

1. 학교폭력의 근절을 위한 조사·연구·교육 및 계도
2. 피해학생에 대한 치료·재활 등의 지원
3. 학교폭력 관련 행정기관 및 교육기관 상호 간의 협조·지원
4. 제14조제1항에 따른 전문상담교사의 배치 및 이에 대한 행정적·재정적 지원
5. 학교폭력의 예방과 피해학생 및 가해학생의 치료·교육을 수행하는 청소년 관련 단체(이하 "전문단체"라 한다) 또는 전문가에 대한 행정적·재정적 지원
6. 그 밖에 학교폭력의 예방 및 대책을 위하여 필요한 사항

③ 교육부장관은 대통령령으로 정하는 바에 따라 특별시·광역시·특별자치시·도 및 특별자치도(이하 "시·도"라 한다) 교육청의 학교폭력 예방 및 대책과 그에 대한 성과를 평가하고, 이를 공표하여야 한다. <신설 2012.1.26., 2013.3.23.>

제7조(학교폭력대책위원회의 설치·기능) 학교폭력의 예방 및 대책에 관한 다음 각 호의 사항을 심의하기 위하여 국무총리 소속으로 학교폭력대책위원회(이하 "대책위원회"라 한다)를 둔다. <개정 2012.3.21.>

1. 학교폭력의 예방 및 대책에 관한 기본계획의 수립 및 시행에 대한 평가
2. 학교폭력과 관련하여 관계 중앙행정기관 및 지방자치단체의 장이 요청하는 사항
3. 학교폭력과 관련하여 교육청, 제9조에 따른 학교폭력대책지역위원회, 제10조의2에 따른 학교폭력대책지역협의회, 제12조에 따른 학교폭력대책자치위원회, 전문단체 및 전문가가 요청하는 사항

[제목개정 2012.3.21.]

제8조(대책위원회의 구성) ① 대책위원회는 위원장 2명을 포함하여 20명 이내의 위원으로 구성한다.

② 위원장은 국무총리와 학교폭력 대책에 관한 전문지식과 경험이 풍부한 전문가 중에서 대통령이 위촉하는 사람이 공동으로 되고, 위원장 모두가 부득이한 사유로 직무를 수행할 수 없을 때에는 국무총리가 지명한 위원이 그 직무를 대행한다.

③ 위원은 다음 각 호의 사람 중에서 대통령이 위촉하는 사람으로 한다. 다만, 제1호의 경우에는 당연직 위원으로 한다. <개정 2013.3.23., 2014.11.19.>

1. 기획재정부장관, 교육부장관, 미래창조과학부장관, 법무부장관, 행정자치부장관, 문화체육관광부장관, 보건복지부장관, 여성가족부장관, 국민안전처장관, 방송통신위원회 위원장, 경찰청장

2. 학교폭력 대책에 관한 전문지식과 경험이 풍부한 전문가 중에서 제1호의 위원이 각각 1명씩 추천하는 사람

3. 관계 중앙행정기관에 소속된 3급 공무원 또는 고위공무원단에 속하는 공무원으로서 청소년 또는 의료 관련 업무를 담당하는 사람

4. 대학이나 공인된 연구기관에서 조교수 이상 또는 이에 상당한 직에 있거나 있었던 사람으로서 학교폭력 문제 및 이에 따른 상담 또는 심리에 관하여 전문지식이 있는 사람

5. 판사·검사·변호사

6. 전문단체에서 청소년보호활동을 5년 이상 전문적으로 담당한 사람

7. 의사의 자격이 있는 사람

8. 학교운영위원회 활동 및 청소년보호활동 경험이 풍부한 학부모

④ 위원장을 포함한 위원의 임기는 2년으로 하되, 1차에 한하여 연임할 수 있다.

⑤ 위원회의 효율적 운영 및 지원을 위하여 간사 1명을 두되, 간사는 교육부장관이 된다. <개정 2013.3.23.>

⑥ 위원회에 상정할 안건을 미리 검토하는 등 안건 심의를 지원하고, 위원회가 위임한 안건을 심의하기 위하여 대책위원회에 학교폭력대책실무위원회(이하 "실무위원회"라 한다)를 둔다.

⑦ 그 밖에 대책위원회의 운영과 실무위원회의 구성·운영에 필요한 사항은 대통령령으로 정한다.

[전문개정 2012.3.21.]

제9조(학교폭력대책지역위원회의 설치) ① 지역의 학교폭력 문제를 해결하기 위하여 시·도에 학교폭력대책지역위원회(이하 "지역위원회"라 한다)를 둔다. <개정 2012.1.26.>

② 특별시장·광역시장·특별자치시장·도지사 및 특별자치도지사는 지역위원회의 운영 및 활동에 관하여 시·도의 교육감(이하 "교육감"이라 한다)과 협의하여야 하며, 그 효율적인 운영을 위하여 실무위원회를 둘 수 있다. <개정 2012.1.26.>

③ 지역위원회는 위원장 1인을 포함한 11인 이내의 위원으로 구성한다.

④ 지역위원회 및 제2항에 따른 실무위원회의 구성·운영에 필요한 사항은 대통령령으로 정한다.

제10조(학교폭력대책지역위원회의 기능 등) ① 지역위원회는 기본계획에 따라 지역의 학교폭력 예방대책을 매년 수립한다.

② 지역위원회는 해당 지역에서 발생한 학교폭력에 대하여 교육감 및 지방경찰청장에게 관련 자료를 요청할 수 있다.

③ 교육감은 지역위원회의 의견을 들어 제16조제1항제1호부터 제3호까지나 제17조제1항제5호에 따른 상담·치료 및 교육을 담당할 상담·치료·교육 기관을 지정하여야 한다. <개정 2012.1.26.>

④ 교육감은 제3항에 따른 상담·치료·교육 기관을 지정한 때에는 해당 기관의 명칭, 소재지, 업무를 인터넷 홈페이지에 게시하고, 그 밖에 다양한 방법으로 학부모에게 알릴 수 있도록 노력하여야 한다. <신설 2012.1.26.>

[제목개정 2012.1.26.]

제10조의2(학교폭력대책지역협의회의 설치·운영) ① 학교폭력예방 대책
을 수립하고 기관별 추진계획 및 상호 협력·지원 방안 등을 협의하
기 위하여 시·군·구에 학교폭력대책지역협의회(이하 "지역협의회"라
한다)를 둔다.
② 지역협의회는 위원장 1명을 포함한 20명 내외의 위원으로 구성한다.
③ 그 밖에 지역협의회의 구성·운영에 필요한 사항은 대통령령으로
정한다.
[본조신설 2012.3.21.]

제11조(교육감의 임무) ① 교육감은 시·도교육청에 학교폭력의 예방과
대책을 담당하는 전담부서를 설치·운영하여야 한다.
② 교육감은 관할 구역 안에서 학교폭력이 발생한 때에는 해당 학교
의 장 및 관련 학교의 장에게 그 경과 및 결과의 보고를 요구할 수
있다.
③ 교육감은 관할 구역 안의 학교폭력이 관할 구역 외의 학교폭력과
관련이 있는 때에는 그 관할 교육감과 협의하여 적절한 조치를 취하
여야 한다.
④ 교육감은 학교의 장으로 하여금 학교폭력의 예방 및 대책에 관한
실시계획을 수립·시행하도록 하여야 한다.
⑤ 교육감은 제12조에 따른 자치위원회가 처리한 학교의 학교폭력빈
도를 학교의 장에 대한 업무수행 평가에 부정적 자료로 사용하여서
는 아니 된다.
⑥ 교육감은 제17조제1항제8호에 따른 전학의 경우 그 실현을 위하
여 필요한 조치를 취하여야 하며, 제17조제1항제9호에 따른 퇴학처
분의 경우 해당 학생의 건전한 성장을 위하여 다른 학교 재입학 등
의 적절한 대책을 강구하여야 한다. <개정 2012.1.26., 2012.3.21.>
⑦ 교육감은 대책위원회 및 지역위원회에 관할 구역 안의 학교폭력의
실태 및 대책에 관한 사항을 보고하고 공표하여야 한다. 관할 구역
밖의 학교폭력 관련 사항 중 관할 구역 안의 학교와 관련된 경우에

도 또한 같다. <개정 2012.1.26., 2012.3.21.>

⑧ 교육감은 학교폭력의 실태를 파악하고 학교폭력에 대한 효율적인 예방대책을 수립하기 위하여 학교폭력 실태조사를 연 2회 이상 실시하고 그 결과를 공표하여야 한다. <신설 2012.3.21., 2015.12.22.>

⑨ 교육감은 학교폭력 등에 관한 조사, 상담, 치유프로그램 운영 등을 위한 전문기관을 설치·운영할 수 있다. <신설 2012.3.21.>

⑩ 교육감은 관할 구역에서 학교폭력이 발생한 때에 해당 학교의 장 또는 소속 교원이 그 경과 및 결과를 보고함에 있어 축소 및 은폐를 시도한 경우에는 「교육공무원법」 제50조 및 「사립학교법」 제62조에 따른 징계위원회에 징계의결을 요구하여야 한다. <신설 2012.3.21.>

⑪ 교육감은 관할 구역에서 학교폭력의 예방 및 대책 마련에 기여한 바가 큰 학교 또는 소속 교원에게 상훈을 수여하거나 소속 교원의 근무성적 평정에 가산점을 부여할 수 있다. <신설 2012.3.21.>

⑫ 제1항에 따라 설치되는 전담부서의 구성과 제8항에 따라 실시하는 학교폭력 실태조사 및 제9항에 따른 전문기관의 설치에 필요한 사항은 대통령령으로 정한다. <개정 2012.3.21.>

제11조의2(학교폭력 조사·상담 등) ① 교육감은 학교폭력 예방과 사후조치 등을 위하여 다음 각 호의 조사·상담 등을 수행할 수 있다.

1. 학교폭력 피해학생 상담 및 가해학생 조사
2. 필요한 경우 가해학생 학부모 조사
3. 학교폭력 예방 및 대책에 관한 계획의 이행 지도
4. 관할 구역 학교폭력서클 단속
5. 학교폭력 예방을 위하여 민간 기관 및 업소 출입·검사
6. 그 밖에 학교폭력 등과 관련하여 필요로 하는 사항

② 교육감은 제1항의 조사·상담 등의 업무를 대통령령으로 정하는 기관 또는 단체에 위탁할 수 있다.

③ 교육감 및 제2항에 따른 위탁 기관 또는 단체의 장은 제1항에 따른 조사·상담 등의 업무를 수행함에 있어 필요한 경우 관계 기관

의 장에게 협조를 요청할 수 있다.

④ 제1항에 따라 조사·상담 등을 하는 관계 직원은 그 권한을 표시하는 증표를 지니고 이를 관계인에게 보여주어야 한다.

⑤ 제1항제1호 및 제4호의 조사 등의 결과는 학교의 장 및 보호자에게 통보하여야 한다.

[본조신설 2012.3.21.]

제11조의3(관계 기관과의 협조 등) ① 교육부장관, 교육감, 지역 교육장, 학교의 장은 학교폭력과 관련한 개인정보 등을 경찰청장, 지방경찰청장, 관할 경찰서장 및 관계 기관의 장에게 요청할 수 있다. <개정 2013.3.23.>

② 제1항에 따라 정보제공을 요청받은 경찰청장, 지방경찰청장, 관할 경찰서장 및 관계 기관의 장은 특별한 사정이 없으면 이에 응하여야 한다.

③ 제1항 및 제2항에 따른 관계 기관과의 협조 사항 및 절차 등에 필요한 사항은 대통령령으로 정한다.

[본조신설 2012.3.21.]

제12조(학교폭력대책자치위원회의 설치·기능) ① 학교폭력의 예방 및 대책에 관련된 사항을 심의하기 위하여 학교에 학교폭력대책자치위원회(이하 "자치위원회"라 한다)를 둔다. 다만, 자치위원회 구성에 있어 대통령령으로 정하는 사유가 있는 경우에는 교육감의 보고를 거쳐 둘 이상의 학교가 공동으로 자치위원회를 구성할 수 있다. <개정 2012.1.26.>

② 자치위원회는 학교폭력의 예방 및 대책 등을 위하여 다음 각 호의 사항을 심의한다. <개정 2012.1.26.>

1. 학교폭력의 예방 및 대책수립을 위한 학교 체제 구축
2. 피해학생의 보호
3. 가해학생에 대한 선도 및 징계
4. 피해학생과 가해학생 간의 분쟁조정
5. 그 밖에 대통령령으로 정하는 사항

③ 자치위원회는 해당 지역에서 발생한 학교폭력에 대하여 학교장 및 관할 경찰서장에게 관련 자료를 요청할 수 있다. <신설 2012.3.21.>

④ 자치위원회의 설치·운영 등에 필요한 사항은 지역 및 학교의 규모 등을 고려하여 대통령령으로 정한다. <개정 2012.3.21.>

제13조(자치위원회의 구성·운영) ① 자치위원회는 위원장 1인을 포함하여 5인 이상 10인 이하의 위원으로 구성하되, 대통령령으로 정하는 바에 따라 전체위원의 과반수를 학부모전체회의에서 직접 선출된 학부모대표로 위촉하여야 한다. 다만, 학부모전체회의에서 학부모대표를 선출하기 곤란한 사유가 있는 경우에는 학급별 대표로 구성된 학부모대표회의에서 선출된 학부모대표로 위촉할 수 있다. <개정 2011.5.19.>

② 자치위원회는 분기별 1회 이상 회의를 개최하고, 자치위원회의 위원장은 다음 각 호의 어느 하나에 해당하는 경우에 회의를 소집하여야 한다. <신설 2011.5.19., 2012.1.26., 2012.3.21.>

1. 자치위원회 재적위원 4분의 1 이상이 요청하는 경우
2. 학교의 장이 요청하는 경우
3. 피해학생 또는 그 보호자가 요청하는 경우
4. 학교폭력이 발생한 사실을 신고받거나 보고받은 경우
5. 가해학생이 협박 또는 보복한 사실을 신고받거나 보고받은 경우
6. 그 밖에 위원장이 필요하다고 인정하는 경우

③ 자치위원회는 회의의 일시, 장소, 출석위원, 토의내용 및 의결사항 등이 기록된 회의록을 작성·보존하여야 한다. <신설 2011.5.19.>

④ 그 밖에 자치위원회의 구성·운영에 필요한 사항은 대통령령으로 정한다. <개정 2011.5.19.>

[제목개정 2011.5.19.]

제14조(전문상담교사 배치 및 전담기구 구성) ① 학교의 장은 학교에 대통령령으로 정하는 바에 따라 상담실을 설치하고, 「초·중등교육법」 제19조의2에 따라 전문상담교사를 둔다.

② 전문상담교사는 학교의 장 및 자치위원회의 요구가 있는 때에는

학교폭력에 관련된 피해학생 및 가해학생과의 상담결과를 보고하여
야 한다.

③ 학교의 장은 교감, 전문상담교사, 보건교사 및 책임교사(학교폭력
문제를 담당하는 교사를 말한다) 등으로 학교폭력문제를 담당하는
전담기구(이하 "전담기구"라 한다)를 구성하며, 학교폭력 사태를 인지
한 경우 지체 없이 전담기구 또는 소속 교원으로 하여금 가해 및 피
해 사실 여부를 확인하도록 한다. <개정 2012.3.21.>

④ 전담기구는 학교폭력에 대한 실태조사(이하 "실태조사"라 한다)와
학교폭력 예방 프로그램을 구성·실시하며, 학교의 장 및 자치위원회
의 요구가 있는 때에는 학교폭력에 관련된 조사결과 등 활동결과를
보고하여야 한다. <개정 2012.3.21.>

⑤ 피해학생 또는 피해학생의 보호자는 피해사실 확인을 위하여 전담
기구에 실태조사를 요구할 수 있다. <신설 2009.5.8., 2012.3.21.>

⑥ 국가 및 지방자치단체는 실태조사에 관한 예산을 지원하고, 관계
행정기관은 실태조사에 협조하여야 하며, 학교의 장은 전담기구에 행
정적·재정적 지원을 할 수 있다. <개정 2009.5.8., 2012.3.21.>

⑦ 전담기구는 성폭력 등 특수한 학교폭력사건에 대한 실태조사의 전
문성을 확보하기 위하여 필요한 경우 전문기관에 그 실태조사를 의뢰
할 수 있다. 이 경우 그 의뢰는 자치위원회 위원장의 심의를 거쳐 학
교의 장 명의로 하여야 한다. <신설 2012.1.26., 2012.3.21.>

⑧ 그 밖에 전담기구 운영 등에 필요한 사항은 대통령령으로 정한
다. <신설 2012.3.21.>

제15조(학교폭력 예방교육 등) ① 학교의 장은 학생의 육체적·정신적
보호와 학교폭력의 예방을 위한 학생들에 대한 교육(학교폭력의 개념
·실태 및 대처방안 등을 포함하여야 한다)을 학기별로 1회 이상 실
시하여야 한다. <개정 2012.1.26.>

② 학교의 장은 학교폭력의 예방 및 대책 등을 위한 교직원 및 학부모
에 대한 교육을 학기별로 1회 이상 실시하여야 한다. <개정 2012.3.21.>

③ 학교의 장은 제1항에 따른 학교폭력 예방교육 프로그램의 구성 및 그 운용 등을 전담기구와 협의하여 전문단체 또는 전문가에게 위탁할 수 있다.

④ 교육장은 제1항부터 제3항까지의 규정에 따른 학교폭력 예방교육 프로그램의 구성과 운용계획을 학부모가 쉽게 확인할 수 있도록 인터넷 홈페이지에 게시하고, 그 밖에 다양한 방법으로 학부모에게 알릴 수 있도록 노력하여야 한다. <개정 2012.1.26.>

⑤ 그 밖에 학교폭력 예방교육의 실시와 관련한 사항은 대통령령으로 정한다. <개정 2011.5.19.>

[제목개정 2011.5.19.]

제16조(피해학생의 보호) ① 자치위원회는 피해학생의 보호를 위하여 필요하다고 인정하는 때에는 피해학생에 대하여 다음 각 호의 어느 하나에 해당하는 조치(수 개의 조치를 병과하는 경우를 포함한다)를 할 것을 학교의 장에게 요청할 수 있다. 다만, 학교의 장은 피해학생의 보호를 위하여 긴급하다고 인정하거나 피해학생이 긴급보호의 요청을 하는 경우에는 자치위원회의 요청 전에 제1호, 제2호 및 제6호의 조치를 할 수 있다. 이 경우 자치위원회에 즉시 보고하여야 한다. <개정 2012.3.21.>

1. 심리상담 및 조언
2. 일시보호
3. 치료 및 치료를 위한 요양
4. 학급교체
5. 삭제 <2012.3.21.>
6. 그 밖에 피해학생의 보호를 위하여 필요한 조치

② 자치위원회는 제1항에 따른 조치를 요청하기 전에 피해학생 및 그 보호자에게 의견진술의 기회를 부여하는 등 적정한 절차를 거쳐야 한다. <신설 2012.3.21.>

③ 제1항에 따른 요청이 있는 때에는 학교의 장은 피해학생의 보호

자의 동의를 받아 7일 이내에 해당 조치를 하여야 하고 이를 자치위원회에 보고하여야 한다. <개정 2012.3.21.>

④ 제1항의 조치 등 보호가 필요한 학생에 대하여 학교의 장이 인정하는 경우 그 조치에 필요한 결석을 출석일수에 산입할 수 있다. <개정 2012.3.21.>

⑤ 학교의 장은 성적 등을 평가함에 있어서 제3항에 따른 조치로 인하여 학생에게 불이익을 주지 아니하도록 노력하여야 한다. <개정 2012.3.21.>

⑥ 피해학생이 전문단체나 전문가로부터 제1항제1호부터 제3호까지의 규정에 따른 상담 등을 받는 데에 사용되는 비용은 가해학생의 보호자가 부담하여야 한다. 다만, 피해학생의 신속한 치료를 위하여 학교의 장 또는 피해학생의 보호자가 원하는 경우에는 「학교안전사고 예방 및 보상에 관한 법률」제15조에 따른 학교안전공제회 또는 시·도교육청이 부담하고 이에 대한 구상권을 행사할 수 있다. <개정 2012.1.26., 2012.3.21.>

1. 삭제 <2012.3.21.>

2. 삭제 <2012.3.21.>

⑦ 학교의 장 또는 피해학생의 보호자는 필요한 경우 「학교안전사고 예방 및 보상에 관한 법률」 제34조의 공제급여를 학교안전공제회에 직접 청구할 수 있다. <신설 2012.1.26., 2012.3.21.>

⑧ 피해학생의 보호 및 제6항에 따른 지원범위, 구상범위, 지급절차 등에 필요한 사항은 대통령령으로 정한다. <신설 2012.3.21.>

제16조의2(장애학생의 보호) ① 누구든지 장애 등을 이유로 장애학생에게 학교폭력을 행사하여서는 아니 된다.

② 자치위원회는 학교폭력으로 피해를 입은 장애학생의 보호를 위하여 장애인전문 상담가의 상담 또는 장애인전문 치료기관의 요양 조치를 학교의 장에게 요청할 수 있다.

③ 제2항에 따른 요청이 있는 때에는 학교의 장은 해당 조치를 하여야 한다. 이 경우 제16조제6항을 준용한다. <개정 2012.3.21.>

[본조신설 2009.5.8.]

제17조(가해학생에 대한 조치) ① 자치위원회는 피해학생의 보호와 가해

학생의 선도·교육을 위하여 가해학생에 대하여 다음 각 호의 어느 하나에 해당하는 조치(수 개의 조치를 병과하는 경우를 포함한다)를 할 것을 학교의 장에게 요청하여야 하며, 각 조치별 적용 기준은 대통령령으로 정한다. 다만, 퇴학처분은 의무교육과정에 있는 가해학생에 대하여는 적용하지 아니한다. <개정 2009.5.8., 2012.1.26., 2012.3.21.>

1. 피해학생에 대한 서면사과
2. 피해학생 및 신고·고발 학생에 대한 접촉, 협박 및 보복행위의 금지
3. 학교에서의 봉사
4. 사회봉사
5. 학내외 전문가에 의한 특별 교육이수 또는 심리치료
6. 출석정지
7. 학급교체
8. 전학
9. 퇴학처분

② 제1항에 따라 자치위원회가 학교의 장에게 가해학생에 대한 조치를 요청할 때 그 이유가 피해학생이나 신고·고발 학생에 대한 협박 또는 보복 행위일 경우에는 같은 항 각 호의 조치를 병과하거나 조치 내용을 가중할 수 있다. <신설 2012.3.21.>

③ 제1항제2호부터 제4호까지 및 제6호부터 제8호까지의 처분을 받은 가해학생은 교육감이 정한 기관에서 특별교육을 이수하거나 심리치료를 받아야 하며, 그 기간은 자치위원회에서 정한다. <개정 2012.1.26., 2012.3.21.>

④ 학교의 장은 가해학생에 대한 선도가 긴급하다고 인정할 경우 우선 제1항제1호부터 제3호까지, 제5호 및 제6호의 조치를 할 수 있으며, 제5호와 제6호는 병과조치할 수 있다. 이 경우 자치위원회에 즉시 보고하여 추인을 받아야 한다. <개정 2012.1.26., 2012.3.21.>

⑤ 자치위원회는 제1항 또는 제2항에 따른 조치를 요청하기 전에 가해학생 및 보호자에게 의견진술의 기회를 부여하는 등 적정한 절차를

거쳐야 한다. <개정 2012.3.21.>

⑥ 제1항에 따른 요청이 있는 때에는 학교의 장은 14일 이내에 해당 조치를 하여야 한다. <개정 2012.1.26., 2012.3.21.>

⑦ 학교의 장이 제4항에 따른 조치를 한 때에는 가해학생과 그 보호자에게 이를 통지하여야 하며, 가해학생이 이를 거부하거나 회피하는 때에는 「초·중등교육법」 제18조에 따라 징계하여야 한다. <개정 2012.3.21.>

⑧ 가해학생이 제1항제3호부터 제5호까지의 규정에 따른 조치를 받은 경우 이와 관련된 결석은 학교의 장이 인정하는 때에는 이를 출석일수에 산입할 수 있다. <개정 2012.1.26., 2012.3.21.>

⑨ 자치위원회는 가해학생이 특별교육을 이수할 경우 해당 학생의 보호자도 함께 교육을 받게 하여야 한다. <개정 2012.3.21.>

⑩ 가해학생이 다른 학교로 전학을 간 이후에는 전학 전의 피해학생 소속 학교로 다시 전학올 수 없도록 하여야 한다. <신설 2012.1.26., 2012.3.21.>

⑪ 제1항제2호부터 제9호까지의 처분을 받은 학생이 해당 조치를 거부하거나 기피하는 경우 자치위원회는 제7항에도 불구하고 대통령령으로 정하는 바에 따라 추가로 다른 조치를 할 것을 학교의 장에게 요청할 수 있다. <신설 2012.3.21.>

⑫ 가해학생에 대한 조치 및 제11조제6항에 따른 재입학 등에 관하여 필요한 사항은 대통령령으로 정한다. <신설 2012.3.21.>

제17조의2(재심청구) ① 자치위원회 또는 학교의 장이 제16조제1항 및 제17조제1항에 따라 내린 조치에 대하여 이의가 있는 피해학생 또는 그 보호자는 그 조치를 받은 날부터 15일 이내, 그 조치가 있음을 안 날부터 10일 이내에 지역위원회에 재심을 청구할 수 있다. <신설 2012.3.21.>

② 자치위원회가 제17조제1항제8호와 제9호에 따라 내린 조치에 대하여 이의가 있는 학생 또는 그 보호자는 그 조치를 받은 날부터 15일 이내, 그 조치가 있음을 안 날로부터 10일 이내에 「초·중등교

육법」 제18조의3에 따른 시·도학생징계조정위원회에 재심을 청구할 수 있다. <개정 2012.3.21.>

③ 지역위원회가 제1항에 따른 재심청구를 받은 때에는 30일 이내에 이를 심사·결정하여 청구인에게 통보하여야 한다. <신설 2012.3.21.>

④ 제3항의 결정에 이의가 있는 청구인은 그 통보를 받은 날부터 60일 이내에 행정심판을 제기할 수 있다. <신설 2012.3.21.>

⑤ 제1항에 따른 재심청구, 제3항에 따른 심사 절차 및 결정 통보 등에 필요한 사항은 대통령령으로 정한다. <신설 2012.3.21.>

⑥ 제2항에 따른 재심청구, 심사절차, 결정통보 등은 「초·중등교육법」 제18조의2제2항부터 제4항까지의 규정을 준용한다. <개정 2012.3.21.>

[본조신설 2012.1.26.]

제18조(분쟁조정) ① 자치위원회는 학교폭력과 관련하여 분쟁이 있는 경우에는 그 분쟁을 조정할 수 있다.

② 제1항에 따른 분쟁의 조정기간은 1개월을 넘지 못한다.

③ 학교폭력과 관련한 분쟁조정에는 다음 각 호의 사항을 포함한다.

1. 피해학생과 가해학생간 또는 그 보호자 간의 손해배상에 관련된 합의조정

2. 그 밖에 자치위원회가 필요하다고 인정하는 사항

④ 자치위원회는 분쟁조정을 위하여 필요하다고 인정하는 때에는 관계 기관의 협조를 얻어 학교폭력과 관련한 사항을 조사할 수 있다.

⑤ 자치위원회가 분쟁조정을 하고자 할 때에는 이를 피해학생·가해학생 및 그 보호자에게 통보하여야 한다.

⑥ 시·도교육청 관할 구역 안의 소속 학교가 다른 학생 간에 분쟁이 있는 경우에는 교육감이 해당 학교의 자치위원회위원장과의 협의를 거쳐 직접 분쟁을 조정한다. 이 경우 제2항부터 제5항까지의 규정을 준용한다.

⑦ 관할 구역을 달리하는 시·도교육청 소속 학교의 학생 간에 분쟁이 있는 경우에는 피해학생을 감독하는 교육감이 가해학생을 감독하

는 교육감 및 관련 해당 학교의 자치위원회위원장과의 협의를 거쳐 직접 분쟁을 조정한다. 이 경우 제2항부터 제5항까지의 규정을 준용한다.

제19조(학교의 장의 의무) 학교의 장은 교육감에게 학교폭력이 발생한 사실 및 제16조, 제16조의2, 제17조, 제17조의2 및 제18조에 따른 조치 및 그 결과를 보고하고, 관계 기관과 협력하여 교내 학교폭력 단체의 결성예방 및 해체에 노력하여야 한다. <개정 2012.3.21.>

제20조(학교폭력의 신고의무) ① 학교폭력 현장을 보거나 그 사실을 알게 된 자는 학교 등 관계 기관에 이를 즉시 신고하여야 한다.
② 제1항에 따라 신고를 받은 기관은 이를 가해학생 및 피해학생의 보호자와 소속 학교의 장에게 통보하여야 한다. <개정 2009.5.8.>
③ 제2항에 따라 통보받은 소속 학교의 장은 이를 자치위원회에 지체 없이 통보하여야 한다. <신설 2009.5.8.>
④ 누구라도 학교폭력의 예비·음모 등을 알게 된 자는 이를 학교의 장 또는 자치위원회에 고발할 수 있다. 다만, 교원이 이를 알게 되었을 경우에는 학교의 장에게 보고하고 해당 학부모에게 알려야 한다. <개정 2009.5.8., 2012.1.26.>
⑤ 누구든지 제1항부터 제4항까지에 따라 학교폭력을 신고한 사람에게 그 신고행위를 이유로 불이익을 주어서는 아니 된다. <신설 2012.3.21.>

제20조의2(긴급전화의 설치 등) ① 국가 및 지방자치단체는 학교폭력을 수시로 신고받고 이에 대한 상담에 응할 수 있도록 긴급전화를 설치하여야 한다.
② 국가와 지방자치단체는 제1항에 따른 긴급전화의 설치·운영을 대통령령으로 정하는 기관 또는 단체에 위탁할 수 있다. <신설 2012.1.26.>
③ 제1항과 제2항에 따른 긴급전화의 설치·운영·위탁에 필요한 사항은 대통령령으로 정한다. <개정 2012.1.26.>
[본조신설 2009.5.8.]

제20조의3(정보통신망에 의한 학교폭력 등) 제2조제1호에 따른 정보통신망을 이용한 음란·폭력 정보 등에 의한 신체상·정신상 피해에 관하여 필요한 사항은 따로 법률로 정한다.

[본조신설 2012.3.21.]

제20조의4(정보통신망의 이용 등) ① 국가·지방자치단체 또는 교육감은 학교폭력 예방 업무 등을 효과적으로 수행하기 위하여 필요한 경우 정보통신망을 이용할 수 있다.

② 국가·지방자치단체 또는 교육감은 제1항에 따라 정보통신망을 이용하여 학교 또는 학생(학부모를 포함한다)이 학교폭력 예방 업무 등을 수행하는 경우 다음 각 호의 어느 하나에 해당하는 비용의 전부 또는 일부를 지원할 수 있다.

1. 학교 또는 학생(학부모를 포함한다)이 전기통신설비를 구입하거나 이용하는 데 소요되는 비용

2. 학교 또는 학생(학부모를 포함한다)에게 부과되는 전기통신역무 요금

③ 그 밖에 정보통신망의 이용 등에 관하여 필요한 사항은 대통령령으로 정한다.

[본조신설 2012.3.21.]

제20조의5(학생보호인력의 배치 등) ① 국가·지방자치단체 또는 학교의 장은 학교폭력을 예방하기 위하여 학교 내에 학생보호인력을 배치하여 활용할 수 있다.

② 다음 각 호의 어느 하나에 해당하는 사람은 학생보호인력이 될 수 없다. <신설 2013.7.30.>

1. 「국가공무원법」 제33조 각 호의 어느 하나에 해당하는 사람

2. 「아동·청소년의 성보호에 관한 법률」에 따른 아동·청소년대상 성범죄 또는 「성폭력범죄의 처벌 등에 관한 특례법」에 따른 성폭력범죄를 범하여 벌금형을 선고받고 그 형이 확정된 날부터 10년이 지나지 아니하였거나, 금고 이상의 형이나 치료감호를 선고받고 그

집행이 끝나거나 집행이 유예·면제된 날부터 10년이 지나지 아니
한 사람

3. 「청소년 보호법」 제2조제5호가목3) 및 같은 목 7)부터 9)까지의
청소년 출입·고용금지업소의 업주나 종사자

③ 국가·지방자치단체 또는 학교의 장은 제1항에 따른 학생보호인
력의 배치 및 활용 업무를 관련 전문기관 또는 단체에 위탁할 수 있
다. <개정 2013.7.30.>

④ 제3항에 따라 학생보호인력의 배치 및 활용 업무를 위탁받은 전
문기관 또는 단체는 그 업무를 수행함에 있어 학교의 장과 충분히
협의하여야 한다. <개정 2013.7.30.>

⑤ 국가·지방자치단체 또는 학교의 장은 학생보호인력으로 배치하
고자 하는 사람의 동의를 받아 경찰청장에게 그 사람의 범죄경력을
조회할 수 있다. <신설 2013.7.30.>

⑥ 제3항에 따라 학생보호인력의 배치 및 활용 업무를 위탁받은 전
문기관 또는 단체는 해당 업무를 위탁한 국가·지방자치단체 또는
학교의 장에게 학생보호인력으로 배치하고자 하는 사람의 범죄경력을
조회할 것을 신청할 수 있다. <신설 2013.7.30.>

⑦ 학생보호인력이 되려는 사람은 국가·지방자치단체 또는 학교의
장에게 제2항 각 호의 어느 하나에 해당하지 아니한다는 확인서를
제출하여야 한다. <신설 2013.7.30.>

[본조신설 2012.3.21.]

제20조의6(영상정보처리기기의 통합 관제) ① 국가 및 지방자치단체는
학교폭력 예방 업무를 효과적으로 수행하기 위하여 교육감과 협의하
여 학교 내외에 설치된 영상정보처리기기(「개인정보 보호법」 제2조제7
호에 따른 영상정보처리기기를 말한다. 이하 이 조에서 같다)를 통합
하여 관제할 수 있다. 이 경우 국가 및 지방자치단체는 통합 관제
목적에 필요한 범위에서 최소한의 개인정보만을 처리하여야 하며, 그
목적 외의 용도로 활용하여서는 아니 된다.

② 제1항에 따라 영상정보처리기기를 통합 관제하려는 국가 및 지방자치단체는 공청회·설명회의 개최 등 대통령령으로 정하는 절차를 거쳐 관계 전문가 및 이해관계인의 의견을 수렴하여야 한다.

③ 제1항에 따라 학교 내외에 설치된 영상정보처리기기가 통합 관제되는 경우 해당 학교의 영상정보처리기기운영자는 「개인정보 보호법」 제25조제4항에 따른 조치를 통하여 그 사실을 정보주체에게 알려야 한다.

④ 통합 관제에 관하여 이 법에서 규정한 것을 제외하고는 「개인정보 보호법」을 적용한다.

⑤ 그 밖에 영상정보처리기기의 통합 관제에 필요한 사항은 대통령령으로 정한다.

[본조신설 2012.3.21.]

제21조(비밀누설금지 등) ① 이 법에 따라 학교폭력의 예방 및 대책과 관련된 업무를 수행하거나 수행하였던 자는 그 직무로 인하여 알게 된 비밀 또는 가해학생·피해학생 및 제20조에 따른 신고자·고발자와 관련된 자료를 누설하여서는 아니 된다. <개정 2012.1.26.>

② 제1항에 따른 비밀의 구체적인 범위는 대통령령으로 정한다.

③ 제16조, 제16조의2, 제17조, 제17조의2, 제18조에 따른 자치위원회의 회의는 공개하지 아니한다. 다만, 피해학생·가해학생 또는 그 보호자가 회의록의 열람·복사 등 회의록 공개를 신청한 때에는 학생과 그 가족의 성명, 주민등록번호 및 주소, 위원의 성명 등 개인정보에 관한 사항을 제외하고 공개하여야 한다. <개정 2011.5.19., 2012.3.21.>

제22조(벌칙) ①제21조제1항을 위반한 자는 1년 이하의 징역 또는 1천만원 이하의 벌금에 처한다. <개정 2012.3.21., 2016.5.29.>

② 제17조제9항에 따른 자치위원회의 교육 이수 조치를 따르지 아니한 보호자에게는 300만원 이하의 과태료를 부과한다. <신설 2012.3.21.>

부칙

<제14162호, 2016.5.29.>

이 법은 공포한 날부터 시행한다.

학교폭력예방 및 대책에 관한 법률 시행령
(약칭: 학교폭력예방법 시행령)

[시행 2016.5.10.] [대통령령 제27129호, 2016.5.10., 타법개정]

제1조(목적) 이 영은 「학교폭력예방 및 대책에 관한 법률」에서 위임된 사항과 그 시행에 필요한 사항을 규정함을 목적으로 한다.

제2조(성과 평가 및 공표) 「학교폭력예방 및 대책에 관한 법률」(이하 "법"이라 한다) 제6조제3항에 따른 학교폭력 예방 및 대책에 대한 성과는 「초·중등교육법」 제9조제2항에 따른 지방교육행정기관에 대한 평가에 포함하여 평가하고, 이를 공표하여야 한다.

제3조(학교폭력대책위원회의 운영) ① 법 제7조에 따른 학교폭력대책위원회(이하 "대책위원회"라 한다)의 위원장은 회의를 소집하고, 그 의장이 된다.

② 대책위원회의 회의는 반기별로 1회 소집한다. 다만, 재적위원 3분의 1 이상이 요구하거나 위원장이 필요하다고 인정하는 경우에는 수시로 소집할 수 있다.

③ 대책위원회의 위원장이 회의를 소집할 때에는 회의 개최 5일 전까지 회의 일시·장소 및 안건을 각 위원에게 알려야 한다. 다만, 긴급히 소집하여야 할 때에는 그러하지 아니하다.

④ 대책위원회의 회의는 재적위원 과반수의 출석으로 개의(開議)하고, 출석위원 과반수의 찬성으로 의결한다.

⑤ 대책위원회의 위원장은 필요하다고 인정할 때에는 학교폭력 예방 및 대책과 관련하여 전문가 등을 회의에 출석하여 발언하게 할 수 있다.

⑥ 회의에 출석한 위원과 전문가 등에게는 예산의 범위에서 수당과

여비를 지급할 수 있다. 다만, 공무원인 위원이 그 소관 업무와 직접적으로 관련하여 회의에 출석하는 경우에는 그러하지 아니하다.

제3조의2(대책위원회 위원의 해촉) 대통령은 법 제8조제3항제2호부터 제8호까지의 규정에 따른 대책위원회의 위원이 다음 각 호의 어느 하나에 해당하는 경우에는 해당 위원을 해촉(解囑)할 수 있다.

1. 심신장애로 인하여 직무를 수행할 수 없게 된 경우

2. 직무와 관련된 비위사실이 있는 경우

3. 직무태만, 품위손상이나 그 밖의 사유로 인하여 위원으로 적합하지 아니하다고 인정되는 경우

4. 위원 스스로 직무를 수행하는 것이 곤란하다고 의사를 밝히는 경우

[본조신설 2016.5.10.]

제4조(학교폭력대책실무위원회의 구성·운영) ① 법 제8조제6항에 따른 학교폭력대책실무위원회(이하 "실무위원회"라 한다)는 위원장(이하 "실무위원장"이라 한다) 1명을 포함한 12명 이내의 위원으로 구성한다. <개정 2013.3.23.>

② 실무위원장은 교육부차관이 되고, 위원은 기획재정부, 교육부, 미래창조과학부, 법무부, 행정자치부, 문화체육관광부, 보건복지부, 여성가족부, 국민안전처, 국무조정실 및 방송통신위원회의 고위공무원단에 속하는 공무원과 경찰청의 치안감 또는 경무관 중에서 소속 기관의 장이 지명하는 사람 각 1명이 된다. <개정 2013.3.23., 2014.11.19.>

③ 제2항에 따라 실무위원회의 위원을 지명한 자는 해당 위원이 제3조의2 각 호의 어느 하나에 해당하는 경우에는 그 지명을 철회할 수 있다. <신설 2016.5.10.>

④ 실무위원회의 사무를 처리하기 위하여 간사 1명을 두며, 간사는 교육부 소속 공무원 중에서 실무위원장이 지명하는 사람으로 한다. <개정 2013.3.23., 2016.5.10.>

⑤ 실무위원장이 부득이한 사유로 직무를 수행할 수 없을 때에는 실무위원장이 미리 지명하는 위원이 그 직무를 대행한다. <개정 2016.5.10.>

⑥ 회의는 대책위원회 개최 전 또는 실무위원장이 필요하다고 인정할 때 소집한다. <개정 2016.5.10.>

⑦ 실무위원회는 대책위원회의 회의에 부칠 안건 검토와 심의 지원 및 그 밖의 업무수행을 위하여 필요한 경우에는 이해관계인 또는 관련 전문가를 출석하게 하여 의견을 듣거나 의견 제출을 요청할 수 있다. <개정 2016.5.10.>

⑧ 실무위원장은 회의를 소집할 때에는 회의 개최 7일 전까지 회의 일시·장소 및 안건을 각 위원에게 알려야 한다. 다만, 긴급히 소집하여야 할 때에는 그러하지 아니하다. <개정 2016.5.10.>

제5조(학교폭력대책지역위원회의 구성·운영) ① 법 제9조제1항에 따른 학교폭력대책지역위원회(이하 "지역위원회"라 한다)의 위원장은특별시·광역시·특별자치시·도·특별자치도(이하 "시·도"라 한다)의 부단체장(특별시의 경우에는 행정(1)부시장, 광역시 및 도의 경우에는 행정부시장 및 행정부지사를 말한다)으로 한다.

② 지역위원회의 위원장은 회의를 소집하고, 그 의장이 된다.

③ 지역위원회의 위원장이 부득이한 사유로 직무를 수행할 수 없을 때에는 지역위원회 위원장이 미리 지명하는 위원이 그 직무를 대행한다.

④ 지역위원회의 위원은 학식과 경험이 풍부하고 청소년보호에 투철한 사명감이 있는 사람으로서 다음 각 호의 어느 하나에 해당하는 사람 중에서 특별시장·광역시장·특별자치시장·도지사·특별자치도지사(이하 "시·도지사"라 한다)가 교육감과 협의하여 임명하거나 위촉한다.

1. 해당 시·도의 청소년보호 업무 담당 국장 및 시·도교육청 생활지도 담당 국장

2. 해당 시·도의회 의원 또는 교육위원회 위원

3. 시·도 지방경찰청 소속 경찰공무원

4. 학생생활지도 경력이 5년 이상인 교원

5. 판사·검사·변호사

6. 「고등교육법」 제2조에 따른 학교의 조교수 이상 또는 청소년 관련 연구기관에서 이에 상당하는 직위에 재직하고 있거나 재직하였던 사람으로서 학교폭력 문제에 대한 전문지식이 있는 사람

7. 청소년 선도 및 보호 단체에서 청소년보호활동을 5년 이상 전문적으로 담당한 사람

8. 「초·중등교육법」 제31조제1항에 따른 학교운영위원회(이하 "학교운영위원회"라 한다)의 위원 또는 법 제12조제1항에 따른 학교폭력대책자치위원회(이하 "자치위원회"라 한다) 위원으로 활동하고 있거나 활동한 경험이 있는 학부모 대표

9. 그 밖에 학교폭력 예방 및 청소년 보호에 대한 지식과 경험이 있는 사람

⑤ 지역위원회 위원의 임기는 2년으로 한다. 다만, 지역위원회 위원의 사임 등으로 새로 위촉되는 위원의 임기는 전임위원 임기의 남은 기간으로 한다.

⑥ 시·도지사는 제4항제2호부터 제9호까지의 규정에 따른 지역위원회의 위원이 제3조의2 각 호의 어느 하나에 해당하는 경우에는 해당 위원을 해임하거나 해촉할 수 있다. <신설 2016.5.10.>

⑦ 지역위원회의 사무를 처리하기 위하여 간사 1명을 두며, 지역위원회의 위원장과 교육감이 시·도 또는 시·도교육청 소속 공무원 중에서 협의하여 정하는 사람으로 한다. <개정 2016.5.10.>

⑧ 지역위원회 회의의 운영에 관하여는 제3조제2항부터 제6항까지의 규정을 준용한다. 이 경우 "대책위원회"는 "지역위원회"로 본다. <개정 2016.5.10.>

제6조(학교폭력대책지역실무위원회의 구성·운영) 법 제9조제2항에 따른 실무위원회는 7명 이내의 학교폭력 예방 및 대책에 관한 실무자 및 민간 전문가로 구성한다.

제7조(학교폭력대책지역협의회의 구성·운영) ① 법 제10조의2에 따른 학교폭력대책지역협의회(이하 "지역협의회"라 한다)의 위원장은 시·군·구

의 부단체장이 된다.

② 지역협의회의 위원장은 회의를 소집하고, 그 의장이 된다.

③ 지역협의회의 위원장이 부득이한 사유로 직무를 수행할 수 없을 때에는 위원장이 미리 지정하는 위원이 그 직무를 대행한다.

④ 지역협의회의 위원은 학식과 경험이 풍부하고 청소년보호에 투철한 사명감이 있는 사람으로서 다음 각 호의 어느 하나에 해당하는 사람 중에서 시장·군수·구청장이 해당 교육지원청의 교육장과 협의하여 임명하거나 위촉한다. <개정 2014.6.11.>

1. 해당 시·군·구의 청소년보호 업무 담당 국장(국장이 없는 시·군·구는 과장을 말한다) 및 교육지원청의 생활지도 담당 국장(국장이 없는 교육지원청은 과장을 말한다)

2. 해당 시·군·구의회 의원

3. 해당 시·군·구를 관할하는 경찰서 소속 경찰공무원

4. 학생생활지도 경력이 5년 이상인 교원

5. 판사·검사·변호사

6. 「고등교육법」 제2조에 따른 학교의 조교수 이상 또는 청소년 관련 연구기관에서 이에 상당하는 직위에 재직하고 있거나 재직하였던 사람으로서 학교폭력 문제에 대하여 전문지식이 있는 사람

7. 청소년 선도 및 보호 단체에서 청소년보호활동을 5년 이상 전문적으로 담당한 사람

8. 학교운영위원회 위원 또는 자치위원회 위원으로 활동하거나 활동한 경험이 있는 학부모 대표

9. 그 밖에 학교폭력 예방 및 청소년보호에 대한 지식과 경험을 가진 사람

⑤ 지역협의회 위원의 임기는 2년으로 한다. 다만, 지역위원회 위원의 사임 등으로 새로 위촉되는 위원의 임기는 전임위원 임기의 남은 기간으로 한다.

⑥ 시장·군수·구청장은 제4항제2호부터 제9호까지의 규정에 따른 지

역협의회의 위원이 제3조의2 각 호의 어느 하나에 해당하는 경우에
는 해당 위원을 해임하거나 해촉할 수 있다. <신설 2016.5.10.>
⑦ 지역협의회에는 사무를 처리하기 위해 간사 1명을 두며, 간사는 지
역협의회의 위원장과 교육장이 시·군·구 또는 교육지원청 소속 공무원
중에서 협의하여 정하는 사람으로 한다. <개정 2014.6.11., 2016.5.10.>

제8조(전담부서의 구성 등) 법 제11조제1항에 따라 다음 각 호의 업무
를 수행하기 위하여 시·도교육청 및 교육지원청에 과·담당관 또는 팀
을 둔다. <개정 2014.6.11.>
1. 학교폭력 예방과 근절을 위한 대책의 수립과 추진에 관한 사항
2. 학교폭력 피해학생의 치료 및 가해학생에 대한 조치에 관한 사항
3. 그 밖에 학교폭력의 예방 및 대책과 관련하여 교육감이 정하는
   사항

제9조(실태조사) ① 법 제11조제8항에 따라 교육감이 실시하는 학교폭
력 실태조사는 교육부장관과 협의하여 다른 교육감과 공동으로 실시
할 수 있다. <개정 2013.3.23.>
② 교육감은 학교폭력 실태조사를 교육 관련 연구·조사기관에 위탁할
수 있다.

제10조(전문기관의 설치 등) ① 교육감은 법 제11조제9항에 따라 시·도
교육청 또는 교육지원청에 다음 각 호의 업무를 수행하는 전문기관을
설치·운영할 수 있다. <개정 2014.6.11.>
1. 법 제11조의2제1항에 따른 조사·상담 등의 업무
2. 학교폭력 피해학생·가해학생에 대한 치유프로그램 운영 업무
② 교육감은 제1항제2호에 따른 치유프로그램 운영 업무를 다음 각
호의 어느 하나에 해당하는 기관·단체·시설에 위탁하여 수행하게 할
수 있다. <개정 2012.7.31., 2012.9.14.>
1. 「청소년복지 지원법」 제31조제1호에 따른 청소년쉼터, 「청소년 보
   호법」 제35조제1항에 따른 청소년 보호·재활센터 등 청소년을 보

호하기 위하여 국가·지방자치단체가 운영하는 시설

2. 「청소년활동진흥법」 제10조에 따른 청소년활동시설

3. 학교폭력의 예방과 피해학생 및 가해학생의 치료·교육을 수행하는 청소년 관련 단체

4. 청소년 정신치료 전문인력이 배치된 병원

5. 학교폭력 피해학생·가해학생 및 학부모를 위한 프로그램을 운영하는 종교기관 등의 기관

6. 그 밖에 교육감이 치유프로그램의 운영에 적합하다고 인정하는 기관

③ 제1항에 따른 전문기관의 설치·운영에 관한 세부사항은 교육감이 정한다.

제11조(학교폭력 조사·상담 업무의 위탁 등) 교육감은 법 제11조의2제2항에 따라 학교폭력 예방에 관한 사업을 3년 이상 수행한 기관 또는 단체 중에서 학교폭력의 예방 및 사후조치 등을 수행하는 데 적합하다고 인정하는 기관 또는 단체에 법 제11조의2제1항의 업무를 위탁할 수 있다.

제12조(관계 기관과의 협조 사항 등) 법 제11조의3에 따라 학교폭력과 관련한 개인정보 등을 협조를 요청할 때에는 문서로 하여야 한다.

제13조(자치위원회의 설치 및 심의사항) ① 법 제12조제1항 단서에서 "대통령령으로 정하는 사유가 있는 경우"란 학교폭력 피해학생과 가해학생이 각각 다른 학교에 재학 중인 경우를 말한다.

② 법 제12조제2항제5호에서 "대통령령으로 정하는 사항"이란 학교폭력의 예방 및 대책과 관련하여 법 제14조제3항에 따른 책임교사 또는 학생회의 대표가 건의하는 사항을 말한다.

제14조(자치위원회의 구성·운영) ① 법 제13조제1항에 따른 자치위원회의 위원은 다음 각 호의 어느 하나에 해당하는 사람 중에서 해당 학교의 장이 임명하거나 위촉한다.

1. 해당 학교의 교감
2. 해당 학교의 교사 중 학생생활지도 경력이 있는 교사
3. 법 제13조제1항에 따라 선출된 학부모대표
4. 판사·검사·변호사
5. 해당 학교를 관할하는 경찰서 소속 경찰공무원
6. 의사 자격이 있는 사람
7. 그 밖에 학교폭력 예방 및 청소년보호에 대한 지식과 경험이 풍부
   한 사람
② 자치위원회의 위원장은 위원 중에서 호선(互選)하며, 위원장이 부
득이한 사유로 직무를 수행할 수 없을 때에는 위원장이 미리 지정하
는 위원이 그 직무를 대행한다.
③ 자치위원회의 위원의 임기는 2년으로 한다. 다만, 자치위원회 위원
의 사임 등으로 새로 위촉되는 위원의 임기는 전임위원 임기의 남은
기간으로 한다.
④ 학교의 장은 제1항제2호부터 제7호까지의 규정에 따른 자치위원
회의 위원이 제3조의2 각 호의 어느 하나에 해당하는 경우에는 해당
위원을 해임하거나 해촉할 수 있다. <신설 2016.5.10.>
⑤ 자치위원회의 회의는 재적위원 과반수의 출석으로 개의하고, 출석
위원 과반수의 찬성으로 의결한다. <개정 2016.5.10.>
⑥ 자치위원회의 위원장은 해당 학교의 교직원에서 자치위원회의 사
무를 처리할 간사 1명을 지명한다. <개정 2016.5.10.>
⑦ 자치위원회의 회의에 출석한 위원에게는 예산의 범위에서 수당과 여비
를 지급할 수 있다. 다만, 공무원인 위원이 그 소관 업무와 직접적으로
관련하여 회의에 출석한 경우에는 그러하지 아니하다. <개정 2016.5.10.>
⑧ 자치위원회의 위원장은 회의 일시를 정할 때에는 일과 후, 주말 등
위원들이 참석하기 편리한 시간으로 정하여야 한다. <개정 2016.5.10.>

제15조(상담실 설치) 법 제14조제1항에 따른 상담실은 다음 각 호의
시설·장비를 갖추어 상담활동이 편리한 장소에 설치하여야 한다.

1. 인터넷 이용시설, 전화 등 상담에 필요한 시설 및 장비

2. 상담을 받는 사람의 사생활 노출 방지를 위한 칸막이 및 방음시설

제16조(전담기구 운영 등) 법 제14조제3항에 따른 전담기구는 가해 및 피해 사실 여부에 관하여 확인한 사항을 학교의 장 및 자치위원회(자치위원회의 요청이 있는 경우만을 말한다)에 보고하여야 한다.

제17조(학교폭력 예방교육) 학교의 장은 법 제15조제5항에 따라 학생과 교직원 및 학부모에 대한 학교폭력 예방교육을 다음 각 호의 기준에 따라 실시한다.

1. 학기별로 1회 이상 실시하고, 교육 횟수·시간 및 강사 등 세부적인 사항은 학교 여건에 따라 학교의 장이 정한다.

2. 학생에 대한 학교폭력 예방교육은 학급 단위로 실시함을 원칙으로 하되, 학교 여건에 따라 전체 학생을 대상으로 한 장소에서 동시에 실시할 수 있다.

3. 학생과 교직원, 학부모를 따로 교육하는 것을 원칙으로 하되, 내용에 따라 함께 교육할 수 있다.

4. 강의, 토론 및 역할연기 등 다양한 방법으로 하고, 다양한 자료나 프로그램 등을 활용하여야 한다.

5. 교직원에 대한 학교폭력 예방교육은 학교폭력 관련 법령에 대한 내용, 학교폭력 발생 시 대응요령, 학생 대상 학교폭력예방 프로그램 운영 방법 등을 포함하여야 한다.

6. 학부모에 대한 학교폭력 예방교육은 학교폭력 징후 판별, 학교폭력 발생 시 대응요령, 가정에서의 인성교육에 관한 사항을 포함하여야 한다.

제18조(피해학생의 지원범위 등) ① 법 제16조제6항 단서에 따른 학교안전공제회 또는 시·도교육청이 부담하는 피해학생의 지원범위는 다음 각 호와 같다.

1. 교육감이 정한 전문심리상담기관에서 심리상담 및 조언을 받는 데

드는 비용

2. 교육감이 정한 기관에서 일시보호를 받는 데 드는 비용

3. 「의료법」에 따라 개설된 의료기관, 「지역보건법」에 따라 설치된 보건소·보건의료원 및 보건지소, 「농어촌 등 보건의료를 위한 특별조치법」에 따라 설치된 보건진료소, 「약사법」에 따라 등록된 약국 및 같은 법 제91조에 따라 설립된 한국희귀의약품센터에서 치료 및 치료를 위한 요양을 받거나 의약품을 공급받는데 드는 비용

② 제1항의 비용을 지원 받으려는 피해학생 및 보호자가 학교안전공제회 또는 시·도교육청에 비용을 청구하는 절차와 학교안전공제회 또는 시·도교육청이 비용을 지급하는 절차는 「학교안전사고 예방 및 보상에 관한 법률」 제41조를 준용한다.

③ 학교안전공제회 또는 시·도교육청이 법 제16조제6항에 따라 가해학생의 보호자에게 구상(求償)하는 범위는 제2항에 따라 피해학생에게 지급하는 모든 비용으로 한다.

제19조(가해학생에 대한 조치별 적용 기준) 법 제17조제1항의 조치별 적용 기준은 다음 각 호의 사항을 고려하여 결정하고, 그 세부적인 기준은 교육부장관이 정하여 고시한다. <개정 2013.3.23.>

1. 가해학생이 행사한 학교폭력의 심각성·지속성·고의성

2. 가해학생의 반성 정도

3. 해당 조치로 인한 가해학생의 선도 가능성

4. 가해학생 및 보호자와 피해학생 및 보호자 간의 화해의 정도

5. 피해학생이 장애학생인지 여부

제20조(가해학생에 대한 전학 조치) ① 초등학교·중학교·고등학교의 장은 자치위원회가 법 제17조제1항에 따라 가해학생에 대한 전학 조치를 요청하는 경우에는 초등학교·중학교의 장은 교육장에게, 고등학교의 장은 교육감에게 해당 학생이 전학할 학교의 배정을 지체 없이 요청하여야 한다.

② 교육감 또는 교육장은 가해학생이 전학할 학교를 배정할 때 피해학생의 보호에 충분한 거리 등을 고려하여야 하며, 관할구역 외의 학교를 배정하려는 경우에는 해당 교육감 또는 교육장에게 이를 통보하여야 한다.

③ 제2항에 따른 통보를 받은 교육감 또는 교육장은 해당 가해학생이 전학할 학교를 배정하여야 한다.

④ 교육감 또는 교육장은 제2항과 제3항에 따라 전학 조치된 가해학생과 피해학생이 상급학교에 진학할 때에는 각각 다른 학교를 배정하여야 한다. 이 경우 피해학생이 입학할 학교를 우선적으로 배정한다.

제21조(가해학생에 대한 우선 출석정지 등) ① 법 제17조제4항에 따라 학교의 장이 출석정지 조치를 할 수 있는 경우는 다음 각 호와 같다.

1. 2명 이상의 학생이 고의적·지속적으로 폭력을 행사한 경우
2. 학교폭력을 행사하여 전치 2주 이상의 상해를 입힌 경우
3. 학교폭력에 대한 신고, 진술, 자료제공 등에 대한 보복을 목적으로 폭력을 행사한 경우
4. 학교의 장이 피해학생을 가해학생으로부터 긴급하게 보호할 필요가 있다고 판단하는 경우

② 학교의 장은 제1항에 따라 출석정지 조치를 하려는 경우에는 해당 학생 또는 보호자의 의견을 들어야 한다. 다만, 학교의 장이 해당 학생 또는 보호자의 의견을 들으려 하였으나 이에 따르지 아니한 경우에는 그러하지 아니하다.

제22조(가해학생의 조치 거부·기피에 대한 추가 조치) 자치위원회는 법 제17조제1항제2호부터 제9호까지의 조치를 받은 학생이 해당 조치를 거부하거나 기피하는 경우에는 법 제17조제11항에 따라 학교의 장으로부터 그 사실을 통보받은 날부터 7일 이내에 추가로 다른 조치를 할 것을 학교의 장에게 요청할 수 있다.

제23조(퇴학학생의 재입학 등) ① 교육감은 법 제17조제1항제9호에 따라 퇴학 처분을 받은 학생에 대하여 법 제17조제12항에 따라 해당 학생의 선도의 정도, 교육 가능성 등을 종합적으로 고려하여 「초·중등교육법」 제60조의3에 따른 대안학교로의 입학 등 해당 학생의 건전한 성장에 적합한 대책을 마련하여야 한다.

② 제1항에서 규정한 사항 외에 가해학생에 대한 조치 및 재입학 등에 필요한 세부사항은 교육감이 정한다.

제24조(피해학생 재심청구 및 심사 절차 및 결정 통보 등) ① 법 제17조의2제5항에 따라 피해학생 또는 보호자가 지역위원회에 재심을 청구할 때에는 다음 각 호의 사항을 적어 서면으로 하여야 한다.

1. 청구인의 이름, 주소 및 연락처

2. 가해학생

3. 청구의 대상이 되는 조치를 받은 날 및 조치가 있음을 안 날

4. 청구의 취지 및 이유

② 지역위원회는 청구인, 가해학생 및 보호자 또는 해당 학교에 심사에 필요한 자료 또는 정보의 제출을 요구할 수 있고, 청구인, 가해학생 또는 해당 학교는 특별한 사유가 없으면 이를 즉시 제출하여야 한다.

③ 지역위원회는 직권으로 또는 신청에 따라 청구인, 가해학생 및 보호자 또는 관련 교원 등을 지역위원회에 출석하여 진술하게 할 수 있다.

④ 지역위원회는 필요하다고 인정할 때에는 전문가 등 참고인을 출석하게 하거나 서면으로 의견을 들을 수 있다.

⑤ 지역위원회의 회의는 비공개를 원칙으로 한다.

⑥ 지역위원회는 재심사 결정 시 법 제16조제1항 각 호와 제17조제1항 각 호의 어느 하나에 해당하는 조치(수 개의 조치를 병과하는 경우를 포함한다)를 할 것을 해당 학교의 장에게 요청할 수 있다.

⑦ 지역위원회의 재심 결과는 결정의 취지와 내용을 적어 청구인과

가해학생에게 서면으로 통보한다.

제25조(분쟁조정의 신청) 피해학생, 가해학생 또는 그 보호자(이하 "분쟁당사자"라 한다) 중 어느 한 쪽은 법 제18조에 따라 해당 분쟁사건에 대한 조정권한이 있는 자치위원회 또는 교육감에게 다음 각 호의 사항을 적은 문서로 분쟁조정을 신청할 수 있다.

1. 분쟁조정 신청인의 성명 및 주소
2. 보호자의 성명 및 주소
3. 분쟁조정 신청의 사유

제26조(자치위원회 위원의 제척·기피 및 회피) ① 자치위원회의 위원은 법 제16조, 제17조 및 제18조에 따라 피해학생과 가해학생에 대한 조치를 요청하는 경우와 분쟁을 조정하는 경우 다음 각 호의 어느 하나에 해당하면 해당 사건에서 제척된다.

1. 위원이나 그 배우자 또는 그 배우자였던 사람이 해당 사건의 피해학생 또는 가해학생의 보호자인 경우 또는 보호자였던 경우
2. 위원이 해당 사건의 피해학생 또는 가해학생과 친족이거나 친족이었던 경우
3. 그 밖에 위원이 해당 사건의 피해학생 또는 가해학생과 친분이 있거나 관련이 있다고 인정하는 경우

② 학교폭력과 관련하여 자치위원회를 개최하는 경우 또는 분쟁이 발생한 경우 자치위원회의 위원에게 공정한 심의를 기대하기 어려운 사정이 있다고 인정할 만한 상당한 사유가 있을 때에는 분쟁당사자는 자치위원회에 그 사실을 서면으로 소명하고 기피신청을 할 수 있다.

③ 자치위원회는 제2항에 따른 기피신청을 받으면 의결로써 해당 위원의 기피 여부를 결정하여야 한다. 이 경우 기피신청 대상이 된 위원은 그 의결에 참여하지 못한다.

④ 자치위원회의 위원이 제1항 또는 제2항의 사유에 해당하는 경우에는 스스로 해당 사건을 회피할 수 있다.

제27조(분쟁조정의 개시) ① 자치위원회 또는 교육감은 제25조에 따라 분쟁조정의 신청을 받으면 그 신청을 받은 날부터 5일 이내에 분쟁조정을 시작하여야 한다.

② 자치위원회 또는 교육감은 분쟁당사자에게 분쟁조정의 일시 및 장소를 통보하여야 한다.

③ 제2항에 따라 통지를 받은 분쟁당사자 중 어느 한 쪽이 불가피한 사유로 출석할 수 없는 경우에는 자치위원회 또는 교육감에게 분쟁조정의 연기를 요청할 수 있다. 이 경우 자치위원회 또는 교육감은 분쟁조정의 기일을 다시 정하여야 한다.

④ 자치위원회 또는 교육감은 자치위원회 위원 또는 지역위원회 위원 중에서 분쟁조정 담당자를 지정하거나, 외부 전문기관에 분쟁과 관련한 사항에 대한 자문 등을 할 수 있다.

제28조(분쟁조정의 거부·중지 및 종료) ① 자치위원회 또는 교육감은 다음 각 호의 어느 하나에 해당하는 사유가 발생한 경우에는 분쟁조정의 개시를 거부하거나 분쟁조정을 중지할 수 있다.

1. 분쟁당사자 중 어느 한 쪽이 분쟁조정을 거부한 경우
2. 피해학생 등이 관련된 학교폭력에 대하여 가해학생을 고소·고발하거나 민사상 소송을 제기한 경우
3. 분쟁조정의 신청내용이 거짓임이 명백하거나 정당한 이유가 없다고 인정되는 경우

② 자치위원회 또는 교육감은 다음 각 호의 어느 하나에 해당하는 사유가 발생한 경우에는 분쟁조정을 끝내야 한다.

1. 분쟁당사자 간에 합의가 이루어지거나 자치위원회 또는 교육감이 제시한 조정안을 분쟁당사자가 수락하는 등 분쟁조정이 성립한 경우
2. 분쟁조정 개시일부터 1개월이 지나도록 분쟁조정이 성립하지 아니한 경우

③ 자치위원회 또는 교육감은 제1항에 따라 분쟁조정의 개시를 거부

하거나 분쟁조정을 중지한 경우 또는 제2항제2호에 따라 분쟁조정을 끝낸 경우에는 그 사유를 분쟁당사자에게 각각 통보하여야 한다.

제29조(분쟁조정의 결과 처리) ① 자치위원회 또는 교육감은 분쟁조정이 성립하면 다음 각 호의 사항을 적은 합의서를 작성하여 자치위원회는 분쟁당사자에게, 교육감은 피해학생 및 가해학생 소속 학교 자치위원회와 분쟁당사자에게 각각 통보하여야 한다.

1. 분쟁당사자의 주소와 성명
2. 조정 대상 분쟁의 내용
   가. 분쟁의 경위
   나. 조정의 쟁점(분쟁당사자의 의견을 포함한다)
3. 조정의 결과

② 제1항에 따른 합의서에는 자치위원회가 조정한 경우에는 분쟁당사자와 조정에 참가한 위원이, 교육감이 조정한 경우에는 분쟁당사자와 교육감이 각각 서명날인하여야 한다.

③ 자치위원회의 위원장은 분쟁조정의 결과를 교육감에게 보고하여야 한다.

제30조(긴급전화의 설치·운영) 법 제20조의2에 따른 긴급전화는 경찰청장과 지방경찰청장이 운영하는 학교폭력 관련 기구에 설치한다.

제31조(정보통신망의 이용 등) 법 제20조의4제3항에 따라 국가·지방자치단체 또는 교육감은 정보통신망을 이용한 학교폭력 예방 업무를 다음 각 호의 기관 및 단체에 위탁할 수 있다.

1. 「한국교육학술정보원법」에 따라 설립된 한국교육학술정보원
2. 공공기관의 위탁을 받아 정보통신망을 이용하여 교육사업을 수행한 실적이 있는 기업
3. 학교폭력 예방에 관한 사업을 3년 이상 수행한 기관 또는 단체

제32조(영상정보처리기기의 통합 관제) 법 제20조의6제1항에 따라 영상정보처리기기를 통합하여 관제하려는 국가 및 지방자치단체는 다음

각 호의 절차를 거쳐 관계 전문가와 이해관계인의 의견을 수렴하여야
한다.
  1. 「행정절차법」에 따른 행정예고의 실시 또는 의견 청취
  2. 학교운영위원회의 심의

제33조(비밀의 범위) 법 제21조제1항에 따른 비밀의 범위는 다음 각 호
와 같다.
  1. 학교폭력 피해학생과 가해학생 개인 및 가족의 성명, 주민등록번
     호 및 주소 등 개인정보에 관한 사항
  2. 학교폭력 피해학생과 가해학생에 대한 심의·의결과 관련된 개인별
     발언 내용
  3. 그 밖에 외부로 누설될 경우 분쟁당사자 간에 논란을 일으킬 우
     려가 있음이 명백한 사항

제34조(규제의 재검토) 교육부장관은 제15조에 따른 상담실 설치기준에
대하여 2015년 1월 1일을 기준으로 2년마다(매 2년이 되는 해의 1월
1일 전까지를 말한다) 그 타당성을 검토하여 개선 등의 조치를 하여
야 한다.
[본조신설 2014.12.9.]

부칙

<제27129호, 2016.5.10.>

이 영은 공포한 날부터 시행한다.

◆ 편저 이 창 복 ◆

- 경찰공무원 명예퇴직
- 로펌사무소 청소년 담당실무 국장
- 안산 학교폭력 선도위원
- 학교폭력 청소년 비행방지 위원회 연구위원
- 학교폭력 청소년 비행방지 위원회 회장
- 저서 : 형벌법 실무대전
        형사사건 쉽게 해결하는방법
        진정서 탄원서 내용증명서 고소장 작성방법

학교폭력 해소와 법률적대처	정가 18,000원

2018年 8月 20日 2판 인쇄
2018年 8月 25日 2판 발행
  편 저 : 이 창 복
  발행인 : 김 현 호
  발행처 : 법문 북스
  공급처 : 법률미디어

152-050
서울 구로구 경인로 54길4(구로동 636-62)
TEL : 2636-2911~2, FAX : 2636-3012
등록 : 1979년 8월 27일 제5-22호
Home : www.lawb.co.kr

▌ISBN 978-89-7535-609-4 (13360)
▌파본은 교환해 드립니다.
▌본서의 무단 전재·복제행위는 저작권법에 의거, 3년 이하의
징역 또는 3,000만원 이하의 벌금에 처해집니다.

신간 · 개정판 안내(법문북스·법률미디어)

책 명	저 자	정 가
1. 현대 형벌법대전(전2권)	이 상 범	280,000
2. 범죄수사규칙	신 현 덕	160,000
3. 사이버 수사·형벌총서	김 창 범 외	160,000
4. 쉬운 상업등기 실제	김 영 환	160,000
5. 법률학대사전	이 병 태	180,000
6. 법인 상업등기 실무사례총서	김 만 기	160,000
7. 수사해법과 형벌사례연구	이 창 현	140,000
8. 형벌법요설과 수사기술	김 정 수	68,000
9. 조세의 정의와 실무이론	생활법률연구원	70,000
10. 민사소송의 실제와 기술	대한법령편찬연구회	90,000
11. 형벌형법의 실제와 정해	이 상 범	140,000
12. 형벌형사특별법의 실제와 정해	이 상 범	140,000
13. 부동산제문제와 법률적 연구	대한부동산법률문제연구회	85,000
14. 민사소송실제와 법원유해(전2권)	김 만 길	340,000
15. 상거래시 수표.어음의 법률적 문제와 이해	김 창 범	65,000
16. 민사소송실제와 법원유해(전2권)	김 만 길	340,000
17. 채권 총론·각론의 조문분석과 법리	이 기 옥	85,000
18. 형사특별법 형벌문제분석과 조사기법	김 정 수	130,000
19. 형법 형사문제문제분석과 조사기법	김 정 수	130,000
20. 형벌의 이해와 실제연구	김 창 범	80,000
21. 법률학지식입문대사전	이 상 범 외	160,000
22. 실용법인등기요설	김 만 길	160,000
23. 토지건물소송과 법원처리절차	김 용 한	160,000
24. 물권법.민법총칙의 이해와 분석	이 기 옥	85,000
25. 친족상속의 이해와 분석	이 기 옥	85,000
26. 정석상업등기실무해설 (전2권)	정 재 영 외	340,000
27. 정석부동산등기실무해결 (전2권)	김 만 길 외	340,000
28. 가사(가족관계)소송과 실무정해	박 근 영 외	160,000
29. 민법주석대전(전3권)	경 수 근 외	450,000
30. 민사소송집행실무이론절차(전4권)	김 만 길 외	600,000
31. 법률종합서식	오 시 영 외	150,000
32. 최신계약실무이론총서(전2권)	박 종 훈 외	320,000
33. 민사집행.경매 실무이론	이 재 천	140,000
34. 채무자 회생 파산 분석 요해	이 상 범	160,000
35. 가압류가처분경매총서	김 만 길 외	320,000
36. 실용법인등기요설	김 만 길 외	180,000
37. 법률법원규정특별연구(전2권)	이 상 범	320,000

과거에는 학교폭력이 주로 물리적인 신체적 폭력이었다면 최근의
학교폭력은 언어폭력이나 사이버 폭력으로 발전하고 또 집단적·반복적으로
발생하고 있습니다.
아울러 그 가해·피해 연령이 점점 낮아진다는 특징이 있으며,
특히 정보통신망의 발전으로 인터넷이나 SNS 등을 이용한 사이버 폭력이
급증하고 있습니다.
이렇게 심각하게 사회문제로 대두하고 있는 학교폭력
문제에 효과적으로 대처하기 위해 정부에서는
2004년 「학교폭력예방 및 대책에 관한 법률」를 제정하였습니다.

13360
ISBN 978-89-7535-609-4

18,000원